Leo Pollmann

Was steht wirklich im Koran?

Leo Pollmann

Was steht wirklich im Koran?

2. Auflage

Einbandgestaltung: Peter Lohse, Heppenheim
Einbandabbildung: Koranschüler bei der Lektüre
(Pakistanische Dawat-e-Islami-Schüler lesen aus dem Koran, 15. April 2006, Hyderabad); © dpa-Report

2., unveränderte Auflage 2013

Die Herausgabe dieses Werks wurde durch
die Vereinsmitglieder der WBG ermöglicht.
Satz: Janß GmbH, Pfungstadt
Gedruckt auf säurefreiem und alterungsbeständigem Papier
Printed in Germany

Besuchen Sie uns im Internet: www.wbg-wissenverbindet.de

ISBN 978-3-534-25636-5

Elektronisch sind folgende Ausgaben erhältlich:
eBook (PDF): 978-534-73422-1
eBook (epub): 978-534-73423-8

Inhaltsverzeichnis

Vorwort

Angesichts der Fülle von Publikationen über den Islam kann man sich fragen, ob wirklich noch ein weiteres Buch zu diesem Thema notwendig sei. Indes fehlt bisher eine dialogbereite, von kritischer Faszination getragene Hinführung zu den großen Texten des Islam, allen voran dem Koran, eine Hinführung, die bei aller Bereitschaft, sich auf diese Texte einzulassen und sich von ihnen berühren zu lassen, Unterschiede zum Christentum nicht unter den Tisch kehrt oder zurückhält.

Die Kapitel führen in konzentrischen Kreisen in Struktur und Entwicklung der koranischen Botschaft und des Islam ein. Das erste Kapitel, ‚Der Geist des Islam', führt von außen, durch Beobachtungen zur tiefen Zäsur, welche die Auswanderung nach Medina im Koran hinterließ, und durch das aktuelle Problem des islamistischen Terrors geleitet, an den Koran heran. Das zweite Kapitel, ‚Mohammeds Umgang mit der Bibel', zeigt auf, wie sich der Koran bzw. Mohammed über die Bibel und apokryphe biblische Erzählungen positioniert. Es endet mit der signifikanten Beobachtung, dass der Koran bestimmte in der Bibel stark vertretene Themen, wie das der Arbeit und das der Gottesliebe, nicht oder jedenfalls nicht vergleichbar energisch aufgreift. Das dritte Kapitel, ‚Freude und Lachen', setzt diese Linie fort und behandelt das gespaltene Verhältnis des Korans zu diesen in der Bibel durchaus positiv besetzten werthaften Äußerungen des Menschen. Das vierte Kapitel widmet sich dem Leben Mohammeds und schafft damit Voraussetzungen für eine historische Einordnung der koranischen Botschaft. Das fünfte Kapitel baut darauf auf, indem es die innere Entwicklung der koranischen Botschaft nachzeichnet. Das sechste Kapitel widmet sich der Formelhaftigkeit im Koran, das siebte wendet sich von hier aus dem Hadith zu. Das achte behandelt, vom Koran ausgehend, die muslimische Gesetzgebung, wie diese in den Jahrhunderten nach Mohammeds Tod entwickelt wurde. Besonderes Augenmerk gilt dabei den „Rechten" der Frau.

Bei alldem werden Wiederholungen nicht gescheut. Sie wiederholen nicht nur, sondern vertiefen oder akzentuieren. Dies ist dem Gegenstand angemessen: Der Koran lebt mit der Wiederholung. Eingedenk dessen, dass der Islam in hohem Maße Texten, denen des Korans und denen des Hadith, verpflichtet ist und buchstäblich mit ihnen und aus ihnen lebt, wird darüber hinaus dem Zitat zentrale und gehäufte Bedeutung zukommen.

Das Ganze ergibt so eine der behandelten Sache entsprechende, lebendige, gewissermaßen hautnahe Einführung in die Welt des Islam. Es trägt dem Umstand Rechnung, dass der Islam in einem kaum zu überschätzenden Maße durch seine Texte motiviert und auch demotiviert wird.

Zur Wiedergabe arabischer Begriffe in Umschrift sei noch vermerkt, dass diese, soweit möglich, nach den Transkriptionsregeln der Deutschen Morgenländischen Gesellschaft erfolgt. Arabische Begriffe, die eingedeutscht worden sind, wie „Koran", „Hadith", „Scharia", „Djihad", „Hidschra", wurden wie deutsche Begriffe behandelt. Der Plural von Hadith lautet demnach hier Hadithe (statt ahadīṯ). Folgerichtig und im Einklang mit dem Rechtschreibeduden lautet der Genitiv von „der Koran" „des Korans". Bei „Islam" gestattet dieses Regelwerk die Meidung eines solchen, in diesem Fall leicht kakophon wirkenden Endungs-s. Wir schreiben also: „des Korans", aber „des Islam". Zitate behalten selbstverständlich die Schreibung, in der ich sie vorfinde.

Schließlich sei noch vorab festgehalten, dass ich beim interpretatorischen Umgang mit dem Koran diesen als ein im weiten Sinn literarisches Werk betrachte, das Mohammed, von Offenbarungen geleitet, schuf und das ihn zum Verfasser hat. Moustafa El Kady danke ich für die gründliche Durchsicht des Manuskripts.

1. Der Geist des Islam. Aus gegebenem Anlass

Die Ereignisse vom 11. September 2001 sowie die von Madrid, London und Scharm el Scheich haben in dramatischer Weise Anlass gegeben, sich mit dem Islam zu befassen. Die Frage, ob eine Religion Terrorakte dieses Ausmaßes und überhaupt jegliche Form von Terror rechtfertigen könne, beschäftigt uns. Dies umso mehr als die Religion, in deren Namen hier Terror ausgeübt wird, Islam heißt, was mit dem arabischen Wort für ‚Friede', salām, zusammenhängt. Die Bezeichnung ‚Islam' begegnet wiederholt im Koran, und zwar als Name für die von Mohammed auf Geheiß Allahs begründete Religion.[1] Islam bedeutet, vom gleichen Wortstamm abgeleitet, Hingabe (an Gott), meint also, dass man seinen Frieden in Gott, in der Unterwerfung unter seinen Willen suche. Es ist kein Zufall, dass sich im arabischen Raum eine eigenständige Mystik entwickelt hat: die der Sufis,[2] allerdings wohl auch nicht, dass man in dieser christliche Einflüsse entdecken kann. Das „Entwerden", von dem die Sufis gern sprechen, meint Krieg (Djihad) gegen sich selbst, gegen seine Neigungen. Wenn der Koran von Djihad spricht, so ist dieser, richtig verstanden, auch zunächst einer gegen sich selbst, aber nicht nur. Er kann hier auch Kampf mit den Waffen bedeuten. Und wenn die Sufis viel von Gottesliebe sprechen, so ist das im Koran vergleichsweise selten der Fall.

Wir wollen im Folgenden einigen Fragen nachgehen, die sich in diesem Zusammenhang ergeben. Dabei gilt dem Fall des bewaffneten Kampfes, des Krieges, unsere besondere Aufmerksamkeit.

Der Koran wird die hauptsächliche Quelle für unsere Untersuchung sein. Ein Moslem ist ja jemand, der glaubt, dass „Allah der Größte und Mohammed sein Prophet" ist. Was Allah, Gott, seinem Propheten offenbart hat, enthält nun einmal in der Hauptsache der Koran mit seinen 114 Suren. Dazu tritt der sogenannte Hadith. Er enthält die mündlichen Überlieferungen dessen, was Mohammed noch gesagt und getan haben soll. Der Hadith hat im Islam fast den gleichen Rang wie der Koran selbst, ist aber eine weniger sichere Quelle.

Als eine Art Glaubensbekenntnis kann man die erste Sure, die Fatiha, ansehen.[3] Da sie mit ihren acht Versen kurz und übersichtlich ist, wollen wir sie eingangs betrachten – die zweite und zugleich längste Sure beispielsweise zählt nicht weniger als 286, größtenteils wesentlich umfangreichere Verse. Die erste Sure ist, wie alle Suren, den Psalmen vergleichbar: auf Grund ihrer melodiösen Sprache, aber auch wegen der Einteilung in Prosaverse (ayāt, was zunächst ‚Zeichen' heißt). Der Eingangsvers lautet wie bei jeder Sure (mit Ausnahme der über die Buße, der neunten, Al-Tauba) so: „Im Namen Gottes, des Erbarmers, des Barmherzigen." Dieser Eröffnungsvers ist so etwas wie das Kreuzzeichen bei den Katholiken und die entsprechende Formel – „Im Namen des Vaters, des Sohnes und des Heiligen Geistes" – bei den Protestanten. Hier ist der Blick ausschließlich auf den einen Gott und seine verlässliche Barmherzigkeit gerichtet. Das Hocken auf Knien und Fußsohlen und die tiefe Verbeugung bis auf den Boden bzw. auf den Gebetsteppich unterstreichen den Willen, sich Gott gegenüber zurückzunehmen, und sind Ausdruck der Ergebenheit. Gottes Wort an den Propheten soll ungehindert in den Gläubigen einfließen. Ein rhythmisches Vor- und Rückwärtsbewegen steht im Einklang mit dem Rhythmus der in der Regel nicht nur gelesenen, sondern ausgesprochenen, wenn nicht gesungenen Verse. Es dient der Durchdringung mit dem Wort.

Die Sure lautet insgesamt:

„*1. Im Namen Gottes, des Erbarmers, des Barmherzigen.*
2. Lob sei Gott, dem Herrn der Welten,
3. dem Erbarmer, dem Barmherzigen,
4. der Verfügungsgewalt besitzt über den Tag des Gerichtes.
5. Dir dienen wir, und Dich bitten wir um Hilfe.
6. Führe uns den geraden Weg,
7. den Weg derer, die Du begnadet hast, die nicht dem Zorn verfallen und nicht irregehen."[4]

Beachten wir zunächst den geradezu poetisch zu nennenden Aufbau. Die vier ersten Verse sind ganz Gott zugewandt, preisen ihn mit seinen hervorstechenden Attributen. Er ist der Erbarmer, der Barmherzige; er ist der Herr der Welten, hat das Weltall geschaffen und lenkt es; und er ist der Meister des Jüngsten Gerichtes, der Rechenschaft verlangen wird über Gut und Böse. In letzterem Attribut Gottes tritt der eschatologische, der endzeitliche Zug des Islam hervor; in ihm kulminiert die Lobpreisung. Ihm begegnet man übrigens auf Schritt und Tritt im Koran. Beachten wir aber auch, dass als Gegengewicht dazu das tröstliche Attribut Gottes – er ist barmherzig – wiederholt wird. Mit dem eschatologischen, richterlichen Aspekt Allahs wird der zweite Teil der Sure eingeleitet. Er richtet den Blick auf den Menschen, auf den Gläubigen. Dieser ist zum Gottesdienst bestimmt und soll nur von Gott Hilfe erflehen, soll auf Ihn all sein Vertrauen setzen: „Dir dienen wir, und Dich bitten wir um Hilfe."

Der Gottesdienst soll im Übrigen kein Selbstzweck sein. Gott soll dem Menschen helfen, den geraden Weg zu gehen. „Führe uns den geraden Weg." Das arabische Wort für „gerade" ist „mustaqīm". Es meint „gerade, redlich, rechtschaffen". Auch diese Rede vom geraden Weg ist ein Leitmotiv des Korans. Es wird im letzten, vergleichsweise langen Vers, die innere Bewegung der Sure abrundend, auf Gott rückbezogen: „Den Weg derer, die Du begnadet hast, die nicht dem Zorn verfallen und nicht irregehen." Hier wird aber auch deutlich, dass der Blick ausdrücklich und ausgedehnt auf diejenigen gerichtet wird, die Gottes Missfallen erregt haben und irregegangen sind. Viele Suren des Korans halten sich ausgiebig bei denen auf, die nicht glauben, und drohen ihnen Gottes Strafgericht an. Der Rechtgläubige, der Muslim, definiert sich maßgeblich über seinen Unterschied vom Ungläubigen oder Andersgläubigen und von denjenigen, die nicht den von Gott gewollten geraden Weg gehen. Das im Übrigen kurze und knappe sogenannte Glaubensbekenntnis des Muslim verweilt auffällig wortreich bei denjenigen, die nicht dazugehören, und es grenzt diese aus. Es gibt damit dem ganzen Koran eine Grundausrichtung vor. Im christlichen Glaubensbekenntnis fehlt eine solche Ausgrenzung; es verweilt ausschließlich bei dem positiv zu Glaubenden.

Andererseits wäre es verfehlt, von hier aus auf eine grundsätzliche Intoleranz des Islam zu schließen. Ganz im Gegenteil enthält der Koran mehrere ausdrückliche Aufforderungen zur Duldung von Andersgläubigen. In Sure 2, Vers 256 steht zu lesen: „Es gibt keinen Zwang in der Religion". Die Sure 109 ist ganz diesem Thema gewidmet. Ich will sie als Ganzes zitieren:

„Im Namen Gottes, des Erbarmers, des Barmherzigen.
1 Sprich: ‚O ihr Ungläubigen,
2 ich verehre nicht, was ihr verehrt,
3 auch ihr verehrt nicht, was ich verehre.
4 Weder ich werde verehren, was ihr verehrt habt,
5 noch werdet ihr verehren, was ich verehre.
6 Ihr habt eure Religion, und ich habe eine[5] *Religion.*'"

Zweierlei wird hier deutlich. Einmal zieht der Prophet einen klaren Trennungsstrich zwischen sich und den Ungläubigen oder Andersgläubigen. Damit sind in dieser frühen, vor der Hidschra eingegebenen Sure wohl die gemeint, die noch die alten Götter verehren. Sodann zieht Mohammed aber auch klar die Konsequenz, den Irrenden zu dulden. Duldung und ausführliche Distanzierung gehen Hand in Hand. Wenn man den letzten Vers – Ihr habt eure Religion, und ich habe eine Religion – für sich allein zitiert, wie es oft geschieht, geht diese Botschaft, auf die es Mohammed ankommt, verloren.

Wie wenig seine Duldung mit echter Toleranz, die das andere in seiner Eigenwertigkeit anerkennt, zu tun hat, zeigen zahllose Passagen, darunter Sure 5, Vers 9–10. Im Vers 9 lesen wir: „Gott hat denen, die glauben und die guten Werke tun, versprochen: Bestimmt ist für sie Vergebung und großartiger Lohn." Und der Vers 10 stellt klar: „Und diejenigen, die nicht glauben und unsere Zeichen für Lüge erklären, das sind die Gefährten der Hölle."

Das Christentum war allerdings jahrhundertelang noch viel weiter von echter Toleranz gegenüber Andersgläubigen entfernt. Sätze wie „Es gibt keinen Zwang in der Religion" (2,256), „Ihr habt eure Religion, und ich habe eine Religion" (109,6) oder noch „Wer nun will, möge glauben, und wer will, möge ungläubig sein" (18,29) würde man im Neuen Testament oder in den Verlautbarungen der Päpste und Konzilien vergeblich suchen. Auch würde man hier keine solch eindeutige Aufforderung zur Duldsamkeit finden, wie sie Mohammed an anderer Stelle, Sure 16,125, so formuliert: „Ruf zum Weg deines Herrn mit Weisheit und schöner Ermahnung, und streite mit ihnen auf die beste Art. Dein Herr weiß besser, wer von seinem Weg abirrt; und Er weiß besser, wer die sind, die der Rechtleitung folgen." So war man denn auch unter den ersten Kalifen, den sogenannten rechtgeleiteten Kalifen, gegenüber anderen Konfessionen sehr zurückhaltend. Man mischte sich nicht ein, ließ, von einzelnen Übergriffen abgesehen, den Christen ihren Glauben und ihre Kirchen.[6] Mohammed selbst verhielt sich allerdings gegenüber den Juden von Medina anders. Zunächst schloss er mit ihnen einen Vertrag ab, der ihre Duldung vorsah. Als sich herausstellte, dass sie ihm im Kampf gegen die Mekkaner in den Rücken zu fallen drohten, verjagte er sie Stamm um Stamm aus der Stadt.

Dass sich der Geist der Duldsamkeit teilweise noch lange erhielt, zeigt auch der Vergleich zwischen dem Verhalten von Muslimen und Christen im späteren Spanien. Während im katholischen Spanien des 15. und 16. Jahrhunderts zahllose Juden die Wahl hatten zu konvertieren oder ausgewiesen zu werden oder, schlimmer noch, auf dem Scheiterhaufen zu landen, hatte zuvor das muslimische Spanien Toleranz in beachtlichem Ausmaß geübt. Es duldete beispielsweise den Fortbestand katholischer Kirchen und Gemeinden. Man hoffte eben, dass das Beispiel muslimischen Glaubens und muslimischer Lebensgestaltung die erwünschte Überzeugungskraft ausüben möge.

Bei alldem sind allerdings die historischen Umstände zu beachten. In den südlichen Provinzen Spaniens hatten die Muslime lange ungefährdet die Macht inne. Das erklärt bis zu einem gewissen Grade den Mut zur Toleranz. Umgekehrt gilt, dass den Muslimen nichts anderes als solche Toleranz übrig blieb, solange sie eine insignifikante Minderheit waren. Die beiden wichtigen Sätze „Ihr habt eure Religion, und ich habe eine Religion" sowie „Wer nun will, möge glauben, und wer will, möge ungläubig sein" und auch die signifikante Sure 109 entstammen der Zeit vor der Hidschra, vor Mohammeds Weggang von Mekka nach Medina.

Diese Hidschra, dieser Weggang von Mekka, ist eine bedeutende Zäsur, die sich im Koran einschneidend bemerkbar macht. Mohammed hatte um 610 unserer Zeitrechnung den Ruf Allahs empfangen. Er hatte sich dann zunächst an die Bewohner seiner Heimatstadt Mekka gewandt und dort wenig Widerhall gefunden. Mekka war gewissermaßen die Hochburg des Götzendienstes. Hier stand und steht noch die berühmte Kaaba mit ihren damals rund 350 Götterbildnissen. Mekka lebte von solcher Berühmtheit. Die Anhänger Mohammeds hingegen blieben lange eine Minderheit, überwiegend von Frauen und Sklaven, die überdies der Verfolgung ausgesetzt waren. Unter diesen Umständen predigte der Prophet 13 Jahre lang friedlich den Islam. Die vor der Hidschra verfassten Suren spiegeln diesen Sachverhalt. Auffällig oft erfolgt in ihnen der Hinweis auf das Jenseits und den Lohn, den der Gläubige im Paradies zu erwarten hat. So heißt es im Vers 32 der Sure 6:

> „*Das diesseitige Leben ist nur ein Spiel und Zerstreuung. Die jenseitige Wohnung ist gewiß besser für die, die rechtschaffen sind.*"

In einer dieser Suren legt Gott Mohammed ans Herz, das Beispiel anderer Propheten zu befolgen, die im Falle der Verfolgung geduldig auf Gott vertrauten (6,34). Ganz in diesem Sinne heißt es im Vers 69 der gleichen Sure:

> „*Denjenigen, die gottesfürchtig sind, obliegt in keiner Weise, sie zur Rechenschaft zu ziehen, sondern nur das Ermahnen, auf daß sie gottesfürchtig werden.*"

In diesen *vor* der Hidschra entstandenen Suren, nicht weniger als 88 von 114, ist verständlicherweise nirgends von Krieg und Kampf die Rede[7]: Der Krieg war in der mekkanischen Zeit noch kein Thema.

Es wäre aber falsch anzunehmen, dass es sich bei dieser Duldsamkeit nur um eine taktische Linie des frühen Islam handle. Das belegt die zitierte zweite, *nach* der Hidschra inspirierte Sure, in der es heißt: „Es soll kein Zwang sein in der Religion". Das gleiche Bild ergibt ja auch das maurische Spanien. Im Übrigen finden sich über den ganzen Koran hinweg immer wieder Hinweise auf den Lohn im Jenseits. In der achten Sure heißt es im 67. Vers mit geradezu programmatischer Deutlichkeit: „Ihr wollt die Güter des Diesseits, und Gott will das Jenseits." Ganz in dieser Richtung liegt auch das muslimische „Gott ist mir Genüge" (hasbiya allahu), das in den Suren 8 und 9, die beide nach der Hidschra entstanden, jeweils gleich zweimal in Abwandlung begegnet (8,62.64; 9,59.129).[8] Es mag genügen, eine dieser Stellen zu zitieren: „Wenn sie dich aber hintergehen wollen, so ist Allah fürwahr deine Genüge". Theresia von Avila wird später genau in diesem Sinne in Zeiten von Not und Bedrängnis ihr „Gott allein genügt" sprechen.

Der Islam, wie er sich im Koran darbietet, stellt sich bewusst nicht als historisch geworden, sondern als ein Gesamtentwurf dar. Deswegen folgt auch die Anordnung der Suren nicht dem Zeitpunkt ihrer Entstehung (Herabsendung), sondern (weitgehend) dem Prinzip der abnehmenden Länge: Die längsten Suren kommen am Anfang, die kürzesten am Ende. Die Eingangssure, die Fatiha, stellt diesbezüglich allerdings eine bedeutsame Ausnahme dar. Sie ist eine der kürzesten Suren und eröffnet doch den Koran. Es mag dies mit kompositorischen Fragen zusammenhängen, damit, dass so dem Leser der Einstieg in den Text erleichtert wird. Der entscheidende Grund für diese Ausnahme dürfte aber gewesen sein, dass diese Sure den Islam bündig auf den Nenner eines Glaubensbekenntnisses bringt, welches diese Vorrangstellung verdient. Außerdem ist so klargestellt, dass die Entwicklungen, die sich in Medina anbahnen und die streckenweise in der sehr langen zweiten Sure und mehr noch in der sechsten Sure den Ton angeben, die hin zu einer kampfbetonten Religion weisen, nicht den Blick dafür verstellen sollten, dass der Geist des Islam zunächst etwas Anderes, spezifisch Friedfertiges meint. Diese friedfertige Botschaft findet ja auch darin ihren Ausdruck, dass sich mekkanische Suren über den ganzen Text verstreut finden. Das hat mit ihrer relativen Länge zu tun und ist, von daher gesehen, zufällig zustande gekommen, ist aber auch sinnvoll. Die mekkanischen Suren eröffnen den Reigen mit der eingangs zitierten ersten Sure; sie dominieren vorübergehend ab der Sure 10 (Sure 10–21) und beschließen den Reigen mit den Suren 111 bis 114. Sie sind so etwas wie der Urkoran: Sinnmitte und Zusammenhalt des Korans.

Die Voranstellung des sogenannten Glaubensbekenntnisses zeigt, dass man sich durchaus bewusst bleibt, wo die eigentliche Sinnmitte des Islam liegt. In diese Richtung weist auch die Tatsache, dass eine ganze Reihe der medinischen Suren (Sure 5, 24, 58, 59, 62–66, 110) gar keine Referenz auf Kampf enthalten, und sich die anderen meistens nur beiläufig, versweise, diesem Thema widmen. Die großen Themen des Korans bleiben die Einheit Gottes, seine Barmherzigkeit, Szenen aus dem Alten Testament, die Leute der Schrift (Juden und Christen), der gerade Weg der Gerechten, die Irrwege der Ungläubigen und derjenigen, die vom Glauben abgefallen sind, die Strafen, die ihnen drohen, das Jüngste Gericht und die himmlischen Gärten, die den Gerechten als Lohn winken.

In der sehr lockeren Einheit des Korans erfolgt nach der Hidschra nur eine Ausweitung auf Motive, die aktuell geworden sind, unter anderem das des bewaffneten Kampfes. Wie gesagt, hatte Mohammed, Karawanenführer und Kaufmann, mit einer reichen Kaufmannswitwe aus Mekka verheiratet, von 610 bis 622 friedlich in dieser Stadt seine Lehren verkündigt und seinen Anhängern wohlweislich nicht nahegelegt, für Verfolgung Vergeltung zu üben und zum Schwert zu greifen. Das hätte die heidnischen Stämme noch mehr aufgebracht gegen die Vertreter der neuen Lehre, die dem ererbten heidnischen Polytheismus konträr entgegengesetzt war.

Im Jahre 622 kamen dann Konvertiten aus Yathrib, dem heutigen Medina, zu Mohammed, um ihm Gefolgschaft zu loben. Mohammed erkannte, dass in Medina die Bedingungen für seine neue Religion besser sein würden. Er wanderte mit seinen Gefolgsleuten dorthin aus und gründete dort ein erstes politisches Gemeinwesen im Geiste des Islam, mit ihm selbst als Oberhaupt und den bis dahin „herabgesandten“ Suren des Korans als Richtschnur.

Alle zwischen 622 und 632 n. Chr. (dem Todesjahr Mohammeds) offenbarten Suren sind in diesem Zusammenhang zu sehen. Sie sind motivweise Ausdruck der Etablierung Medinas als Zentrum der islamischen Ordnung.[9] Wie gesagt, ändert das nichts an den Grundthemen des Korans. Es spielen aber nun die praktischen Erfordernisse des Gemeinwesens hinein. Und dazu gehört bald auch die Frage, ob Krieg und Kampf erlaubt und vielleicht sogar verpflichtend seien.

So wird Mohammed und seinen Gefolgsleuten in Vers 40 bis 41 der Sure 22 Erlaubnis gegeben, sich zu verteidigen. Die oft zitierten Verse lauten:

> *„Erlaubnis [zum Kampf] ist denen gegeben, die bekämpft werden, weil ihnen ja Unrecht getan wurde – und Gott hat gewiß die Macht, sie zu unterstützen –, ihnen, die zu Unrecht aus ihren Wohnstätten vertrieben wurden, nur weil sie sagen: Unser Herr ist Gott. Und hätte Gott nicht die einen Menschen durch die anderen abgewehrt, so wären gewiß Mönchsklausen, Kirchen, Gebetsstätten und Moscheen zerstört worden, in denen des Namens Gottes viel gedacht wird. Und Gott wird bestimmt die unterstützen, die Ihn unterstützen. Und Gott ist stark und mächtig.“*

Der Krieg wird also nun entsprechend der vorgegebenen Situation – man ist indirekt aus Mekka vertrieben worden – zunächst einmal als Verteidigungskrieg erlaubt.

Mohammed hatte jedenfalls durchschlagenden Erfolg mit seiner neuen, gewissermaßen von Gott gestatteten Linie. Mit seinen etwa 300 männlichen Muslimen besiegte er 624 bei Badr ein Heer von an die tausend erfahrenen Kriegern.

Bei alldem hatte zu gelten, dass man das Maß einhalten sollte. So heißt es in der Sure 2, Vers 190:

> *„Und kämpft auf dem Weg Gottes gegen diejenigen, die gegen euch kämpfen, und begeht keine Übertretungen, denn Gott liebt die nicht, die Übertretungen begehen.“*

Im achten Vers der fünften Sure steht zu lesen:

> *„O ihr, die ihr glaubt, tretet für Gott ein und legt Zeugnis für die Gerechtigkeit ab! Und der Haß gegen bestimmte Leute soll euch nicht dazu verleiten, nicht gerecht zu sein.“*

Mit aller Deutlichkeit wird allerdings auch an anderen Stellen gefordert, dass man sich entschlossen den Ungläubigen entgegenzustellen habe. So liest man in der 2. Sure, Vers 216: „Vorgeschrieben ist euch der Kampf.“ Es wird in Aussicht gestellt, dass Gott hierfür guten Lohn zahle. So geschieht es in Vers 59 bis 60 der Sure 8:

> *„Und diejenigen, die ungläubig sind, sollen nicht meinen, sie seien (euch) voraus. Sie werden nichts vereiteln können. Und rüstet gegen sie, was ihr an Kraft und an einsatzbereiten Pferden haben könnt, um damit den Feinden Gottes und euren Feinden Angst zu machen [...] Und was ihr auf dem Weg Gottes spendet, wird euch voll zurückerstattet, und euch wird nicht Unrecht getan.“*

Im 40. Vers der neunten Sure heißt es: „Rückt aus, ob leicht oder schwer, und setzt euch mit eurem Vermögen und eurer eigenen Person auf dem Weg Gottes ein“. In Sure 9, Vers 111 steht zu lesen:

> *„Gott hat von den Gläubigen ihre eigene Person und ihr Vermögen dafür erkauft, daß ihnen das Paradies gehört, insofern sie auf dem Weg Gottes kämpfen und so töten oder getötet werden.“*

Sure 61, Vers 4 verkündet: „Gott liebt die, die um seinetwillen kämpfen in Reih und Glied.“ Hart und ausführlich geht Mohammed mit denen ins Gericht, die sich ohne triftigen Grund diesem Kampf verweigern (9,81–99). Im 84. Vers der neunten Sure liest man sogar:

> *„Und bete niemals über einen von ihnen, der gestorben ist, und stehe nicht bei seinem Grabe. Sie haben Gott und Seinen Gesandten verleugnet, und sie starben als Frevler.“*

Es wirkt auf uns befremdend, wenn somit in der heiligen Schrift des Islam, im Koran, dem Krieg und der Kriegsführung so viel Bedeutung zukommt. Im Alten Testament ist das wohl auch der Fall. Im Neuen Testament aber, das den Christen oberste Richtschnur ist, finden wir lediglich einmal, bei Lukas, kurz vor Beginn der Leidensgeschichte, eine Stelle, die man als Andeutung der Möglichkeit eines bewaffneten Kampfes für die Sache Jesu deuten könnte. Jesus sagt da sinngemäß, wer jetzt keine Reisetasche und keinen Wanderstab habe, solle seinen Mantel verkaufen und sich dafür ein Schwert erwerben (Lukas 22,36). Aber es gehört schon viel Phantasie dazu, diese einzige einschlägige Stelle im Sinne einer Aufforderung zum Kampf zu lesen. Denn Jesus fragt seine Jünger anschließend, wie viele Schwerter sie haben. Und als sie antworten, sie hätten zwei, sagt er: „Genug davon!" Damit will Jesus wohl bedeuten, dass das Thema für ihn erledigt ist. Schließlich heißt es bei Matthäus (26,52) im gleichen Zusammenhang, als nämlich einer von den Jüngern das Schwert zieht und dem Diener des Hohenpriesters ein Ohr abhaut: „Steck dein Schwert in die Scheide; denn alle, die zum Schwerte greifen, werden durch das Schwert umkommen." Das ist eine sehr deutliche Absage an jede Form von Krieg und bewaffnetem Kampf, eine Absage, an die sich allerdings „christliche" Herrscher und Kirchenfürsten lange, sehr lange nicht gehalten haben.

Im Koran hingegen wird massiv zu Kampf und Krieg ermuntert, zur Verteidigung, als Vergeltung und zur Durchsetzung des Islam. Bedenken wir auch, dass die islamische Zeitrechnung nicht von der ersten Offenbarung oder der Geburt Mohammeds ausgeht, sondern die Hidschra, also die Auswanderung Mohammeds nach Medina, an die sich eine Staatsgründung anschließt, als maßgebliche Zeitenwende ansieht. Das ist bedeutsam: Als Zeitenwende gilt der Augenblick, in dem der Islam politisch wurde. Bedeutsam ist auch, dass unmittelbar nach dem sogenannten Glaubensbekenntnis, der ersten Sure, einige der Suren folgen, die von Krieg und Selbstverteidigung handeln.

In diesem Zusammenhang fällt oft das Wort vom heiligen Krieg, dem Djihad. Die Übersetzung dieses Begriffs mit „heiliger Krieg" ist allerdings irreführend. Für „Krieg" im eigentlichen Sinn haben die Araber ein anderes Wort: Harb. Djihad hingegen meint zunächst Anstrengung, Mühe. Djihad ist dementsprechend in erster Linie jede Anstrengung, „die niederen Sinne zu zähmen".[10] Das ist der Djihad Kabīr, der Große Djihad, für Sufis der erste Schritt auf ihrem Pfad der „Entwerdung". Daneben unterscheidet man den Kleinen Djihad in Gestalt eines bewaffneten Kampfes. Er ist, wie gesagt, erlaubt zum Zwecke der Selbstverteidigung und als Vergeltung, nach manchen Fundamentalisten allerdings auch zur Ausbreitung des Islam.

Dagegen ist zu bedenken, dass die mit Abstand größte Anzahl der Suren, alle vor der Hidschra inspirierten und noch eine ganze Anzahl medinischer Suren, insgesamt 101 von 114, den Geist des Islam als friedfertig begründen. Die Suren, die unter gewissen Umständen den Krieg befürworten und sogar als Pflicht einfordern, sind durch die historische Situation mit ausgelöst worden. Sie formulieren politische Gebote der Stunde, nicht religiöse Eingebungen. Sie stehen im Zusammenhang mit Mohammeds Schaffung eines zivilisierten Gemeinwesens. Zu bedenken ist bei alldem allerdings, dass der Islam nicht (wie das Christentum) streng, wenn überhaupt, zwischen „religiös" und „profan" unterscheidet. Alles ist „religiös", ist Zeichen im Allzusammenhang der auf Gott hinweisenden Schöpfung. Das gilt auch für die verschärften Bestimmungen für die Kleidung der Frauen. Sie beinhaltet keine Abwertung. Das bekräftigen die ebenfalls in der Zeit nach der Hidschra entstandenen Aussagen zur Gleichberechtigung der Frau. In der Sure 2, der auch einige der wichtigsten Verse zum Verteidigungskrieg entstammen (2,190–193), heißt es von den Frauen: „Sie sind eine Bekleidung für euch, und ihr seid eine Bekleidung für sie." (Vers 187) In der Sure 4, die Al-Nisā', „Die Frauen" überschrieben ist, steht im Vers 32 zu lesen: „Die Männer erhalten einen Anteil von dem, was sie erworben haben und die Frauen einen Anteil von dem, was sie erworben haben." Im Vers 124 der gleichen Sure heißt es: „Diejenigen, die etwas von den guten Werken tun, ob Mann oder Weib, und dabei gläubig sind, werden ins Paradies eingehen."

Dies sind beachtliche Aussagen, die eine Gleichberechtigung der Frau zu beinhalten scheinen. Das Gebot, sich zu verhüllen, hat zunächst nichts mit Missachtung zu tun. Allerdings steht solchen Aussagen beispielsweise die gesetzliche Bestimmung zur Erbberechtigung von Kindern gegenüber. Da hat ein Junge das Gewicht von zwei Mädchen. Und wenn Mohammed in Sure 2,227 ff. wiederholt anführt, unter welchen Voraussetzungen ein Mann eine Frau entlassen darf, so ist anscheinend gar nicht vorgesehen, dass eine Frau ihren Mann entlässt. Mohammed selbst hat sich übrigens an die Einehe gehalten, solange seine erste Frau, Chadidja, lebte. Dann hat er sich seinem inzwischen erworbenen Status gemäß mehrere Frauen gehalten. Doch zurück zum Thema des Glaubenskampfes:

Die Frage, ob man in einer Situation der Verteidigung sei, ist oft eine Frage der Interpretation. Die vielen ausdrücklichen Aufforderungen zum Kampf geben geschickten Mullahs eine Handhabe, in ihren Koranschulen solche Verse und Suren mit besonderer Intensität und Hingabe einzuüben und zu „verinnerlichen". (Es gibt auch zu denken, wenn in den Moscheen die Nische, die nach Mekka weist, „mihrāb" heißt, ein Wort, das den gleichen Stamm hat wie „harb", „Krieg". Seine endgültige Ausrichtung nach Mekka erhielt der Islam nach der Hidschra, mit Mohammeds Kriegszug gegen Mekka, seiner Eroberung der Stadt und der Reinigung der Kaaba von den Götzenbildern [630–631].)

Es ist also kein Wunder, wenn sich für viele die Werte umgekehrt haben, der kleine Djihad zum großen oder gar zum größten Djihad (Djihad Akbar) geworden ist und umgekehrt und wenn Djihad nicht mehr zunächst als Anstrengung gegen sich selbst, sondern vor allem als bewaffneter Kampf gegen die Ungläubigen verstanden wird. Man könnte sagen, dass hier von einer historischen Lage ausgehend die religiöse Sinnmitte des Islam verfehlt wird. Für solche Muslime hat sich der Begriff des Islamisten durchgesetzt. Der Islamist dient nicht dem Geist des Islam wie der Muslim, sondern er bedient sich islamischer Botschaften, um mit Gewalt seine Ideen durchzusetzen.

Einer dieser Islamisten, Abdel Salam Farag, hat sogar versucht, in einer Schrift, ›Der verlorengegangene Glaubenspfeiler‹, die Anzahl der islamischen Glaubenspfeiler von fünf auf sechs zu erhöhen und den sogenannten heiligen Krieg hinzuzunehmen.[11] Als fünf Grundpfeiler werden gemeinhin und gemäß einem angesehenen Hadith[12] genannt: das Glaubensbekenntnis, das rituelle Gebet, die Armensteuer, das Fasten und die Pilgerfahrt nach Mekka. Dazu ist zu sagen, dass Mohammed im Koran nirgends diese fünf Pflichten des Muslimen geschlossen nennt. In Sure 9, Vers 18 finden wir stattdessen folgende fünf Grundsätze genannt: an Gott glauben, an den Jüngsten Tag glauben, das Gebet verrichten, die Armensteuer zahlen, keine Menschenfurcht haben. Dem Fasten widmet sich Mohammed allerdings in Sure 2, Vers 183–187 und der Pilgerfahrt nach Mekka in Sure 2, Verse 189, 196–203 sowie in Sure 22, Verse 26–37. Der von manchen Islamisten gewünschte sechste Glaubenspfeiler ist jedenfalls nicht aus dem Koran zu begründen. Man muss allerdings auch zugeben, dass dieser Irrtum durch die Stellen des Korans nahegelegt wird, an denen Mohammed zum bewaffneten Kampf aufruft und mit denen ins Gericht geht, die sich dieser Aufgabe verweigern.

Was aber die Selbstmordattentate, insbesondere die vom 11. September, vermutlich von Osama bin Laden, einem Schüler von Abdel Salam Farag, gelenkt, anbetrifft, so stehen sie zunächst eindeutig im Gegensatz zum Geist des Islam, wie ihn der Koran verbürgt. In der Sure 3 steht im Vers 145 zu lesen: „Niemand kann sterben, außer mit der Erlaubnis Gottes.“ Noch deutlicher ist Sure 4, Vers 29–30:

> *„Und tötet nicht einander. Gott ist barmherzig zu euch. Wer es (doch) in Übertretung und Unrecht tut, den werden wir in einem Feuer brennen lassen.“*

Eine andere Übersetzung verdeutlicht das Gemeinte: „Und tötet euch nicht selber."[13] Bedenken wir aber auch, dass in beiden Fällen eine Hintertür geöffnet wird, die der seine Schüler indoktrinierende Mullah nutzen kann: „Außer mit der Erlaubnis Gottes" heißt es einschränkend im ersten Fall und „wer es in Übertretung und Unrecht tut" im zweiten Fall. Der dem Geist des Islam treue Muslim wird das richtig verstehen. Er wird wissen, dass es frevelhaft und ungerecht ist, unschuldige Menschen mit in den Tod zu ziehen. In einem Hadith gebietet der Prophet unmissverständlich: „Tötet weder Kinder noch Frauen".[14] Der Islamist kann sich also nur schwerlich die genannten Einschränkungen zunutze machen.

Tut er es dennoch, dann kann er seinen Gefolgsleuten sogar als Märtyrern das himmlische Paradies in Aussicht stellen. Ein weiterer Hadith verspricht ja, „dass das Paradies unter dem Schatten der Schwerter liegt".[15] Und in der Sure 47, Vers 4–6 heißt es: „Denen, die auf dem Weg Gottes getötet werden, läßt Er ihre Werke niemals fehlgehen. Er wird sie rechtleiten und ihre Angelegenheiten in Ordnung bringen, sie ins Paradies eingehen lassen." Und ein Hadith beschreibt das, was den Märtyrer dort erwartet, folgendermaßen:

> *„Der Märtyrer erhält sechs gute Dinge von Gott: ihm wird beim ersten Blutstropfen, den er vergießt, vergeben, er wird von der (möglichen) Bestrafung im Grab bewahrt, er bleibt verschont vor dem großen Schrecken, auf seinem Haupt wird eine Ehrenkrone mit einem Rubin sein, der besser ist als die ganze Welt und was sie enthält, er wird mit 72 Frauen aus der Schar der Mädchen mit den großen, dunklen Augen verheiratet und er darf zum Fürsprecher von 70 seiner Verwandten werden."*[16]

Wir sehen schon: Der Hadith kann blumig und phantasievoll ausfallen. Halten wir uns lieber vorerst an den Koran. Er ist die heilige Schrift der Muslime. Halten wir fest, dass in ihm Krieg und Kampf zwar ausdrücklich, aber eben doch nur im Zusammenhang mit historischen Situationen und mit der zivilisatorischen Berufung Mohammeds, erlaubt und verpflichtend gemacht werden und dass hierdurch die Grundthemen eines friedfertigen Islam nicht berührt werden. Hier, im Koran, ergeben sich Möglichkeiten eines echten Dialogs zwischen Christen und Muslimen.

Der Islam steht nämlich, auch das lehrt der Koran, den Christen durchaus nicht feindselig gegenüber. Mohammed hat Jesus verehrt. Er erwähnt ihn nicht weniger als 25-mal im Koran; er gesteht ihm sogar den Titel Gesandter zu. Dadurch erscheint Jesus in einer Reihe mit Moses und Mohammed. Wie Moses die Thora gebracht hat und Mohammed den Koran übermittelt, so hat Jesus das Evangelium verkündet.[17] Es finden sich im Koran sogar bemerkenswerte christologische Aussagen: Jesus war „das Wort Gottes" (kalimat allāh) und „der Geist Gottes" (ruḥ allāh).[18] Und wenn im Koran zu lesen steht, Jesus sei nicht wirklich gekreuzigt worden, an seiner Stelle habe ein Scheinleib am Kreuz gehangen, er sei ohne zu sterben in den Himmel aufgenommen worden, so ist dieser „Doketismus"[19], den Mohammed von häretischen christlichen Gemeinden übernommen haben könnte, auch Ausdruck der Hochachtung. Der Gedanke an Sühne und Erlösung ist dem Islam fremd. So ist denn auch Jesus nach dem Koran nicht Gottes Sohn und nicht Gott, sondern eben nur ein Prophet und Gesandter Gottes. Das ist aber viel und Teil des islamischen Glaubens. In Sure 3, Vers 84 lesen wir unmissverständlich:

> *„Sprich: Wir glauben an Gott und an das, was auf uns herabgesandt wurde, und an das, was herabgesandt wurde auf Abraham, Ismael, Isaak, Jakob und die Stämme, und an das, was Mose und Jesus und den Propheten von ihrem Herrn zugekommen ist. Wir machen bei keinem von ihnen einen Unterschied."*

An anderer Stelle spricht Mohammed davon, dass die Christen im Unterschied zu Juden und Heiden den Muslimen „in Liebe am nächsten stehen" (5,82).

Hinzu kommt, dass eine ganze Anzahl von Versen zum Ausdruck bringen, dass Mohammed auch Maria, die Mutter Jesu, hoch verehrt. Er hält in diesem Zusammenhang sogar an so etwas wie der unbefleckten Empfängnis fest. Der Engel erklärt dort Maria, die keusch lebt und keinen Mann hat, dass Gottes Geist sie erfüllen werde (vgl. 3,47; 19,20; 66,12). Beachtliche Teile der Sure 19, „Maryam", sind Maria gewidmet.

Jesus ist allerdings für Mohammed, wie gesagt, nicht Gottes Sohn. Die Lehre von der Dreifaltigkeit weist er klar in Sure 4, Vers 171 zurück. Er wendet sich dort ausdrücklich an die Christen und sagt: „Christus Jesus, der Sohn Marias, ist doch nur der Gesandte Gottes und sein Wort, das Er zu Maria hinüberbrachte und ein Geist von Ihm. So glaubt an Gott und Seine Gesandten. Und sagt nicht: Drei. […] Gott ist doch ein einziger Gott. […] erhaben ist Er darüber, daß er ein Kind habe."

Da scheinen sich unüberwindliche Gegensätze aufzutun. Sie haben hauptsächlich mit dem Fundament des islamischen Glaubens zu tun, dem Glauben nämlich an die unendliche Überlegenheit und Größe Gottes. Zwischen diesem Gott und den Menschen gibt es für den Muslimen keine Vermittlung nach Art unseres Glaubens. Wir Christen glauben, daß Gott seinen eingeborenen Sohn herabgesandt hat, um die Menschen zu erlösen, für sie zu leiden. Wir nennen Gott Vater. All das ist dem Islam wesensfremd.[20]

Bedenken wir aber auch, welch ungeheuren Schritt Mohammed dank der Offenbarung des Korans für die Araber des 7. Jahrhunderts vollzog, indem er sie vom Polytheismus der altarabischen Stammesreligionen befreite und auf das Niveau einer monotheistischen Hochreligion hob.[21] Der Koran musste diesen Aspekt verabsolutieren, um sich gegen die polytheistischen Wurzeln altarabischen Denkens durchzusetzen.

Der Theologe Reinhard Leuze schreibt in seinem lesenswerten Buch „Christentum und Islam“: „Gott offenbart sich im Islam [...] als Buch [...]. Die Stelle, die nach christlichem Verständnis von Jesus Christus eingenommen wird, wird im Islam von der Heiligen Schrift, vom Koran besetzt.“[22] Diese Feststellung hat inzwischen eine merkwürdige und bedenkenswerte „Bestätigung“ gefunden. Christoph Luxenberg hat nämlich in seiner Studie „Die syroaramäische Lesart des Koran“ (Berlin 2000, Neuauflage 2004) einige schwer zu interpretierende Koranstellen unter Rückgriff auf das Syro-Aramäische neu erklärt. Eine dieser „Entdeckungen“ betrifft die Lesart der Sure 97 – Al Qadr (Die Bestimmung). Bislang wurde diese als Sure von der Offenbarung des Korans gelesen. Luxenberg liest sie als Botschaft von der Geburt Jesu.[23]

Wie dem auch sei: Der Dialog mit dem Islam ist möglich, und er ist inzwischen seit mehreren Jahrzehnten eröffnet, im Grunde seit dem Zweiten Vatikanischen Konzil.[24]

Wie aktuell und notwendig dieser Dialog ist, lässt sich durch Zahlen belegen. In der Bundesrepublik Deutschland bekannten sich nach der Volkszählung von 1987 2,7 % der Gesamtbevölkerung zum Islam, das waren 1 650 000. Für das Jahr 2000 veranschlagt man 3,2 Millionen, wovon etwa 500 000 eingebürgert wären.[25] Die Zahl nimmt also rasant zu: In 15 Jahren hätte demnach eine runde Verdoppelung der Kopfzahl stattgefunden. Wenn die Entwicklung so weiterginge, wäre die Bundesrepublik Deutschland 2050 überwiegend muslimisch.

Es gibt in manchen Städten jetzt schon Klassen, in denen muslimische Deutsche in der Mehrzahl sind. Die daraus abgeleiteten Ansprüche auf eigenen Religionsunterricht und eigene Gebetsräume liegen auf dem Tisch. In Baden-Württemberg wurde im November 2001 beschlossen, ab dem Schuljahr 2003/2004 islamischen Religionsunterricht in deutscher Sprache anzubieten. Nach einer Probephase an Orten mit hohem muslimischem Bevölkerungsanteil soll der geplante Unterricht dann auf das gesamte Bundesland ausgeweitet werden. An der Ruhr-Universität Bochum plant der Fachbereich Islamwissenschaft die Durchführung von Zusatzveranstaltungen, mit denen muslimische Lehramtsstudierende befähigt werden sollen, islamischen Religionsunterricht zu erteilen.[26] Wenn man bedenkt, dass in manchen arabischen Staaten christliche Missionierung unter Todesstrafe gestellt wird, ergibt sich hieraus ein denkwürdiges Missverhältnis, das aber, meine ich, für uns spricht. Solche Härte mit vergleichbarer Härte unsererseits zu beantworten, wäre ein Verrat an der Botschaft des Evangeliums.

Lassen wir uns, der Ermutigung durch das Zweite Vatikanische Konzil folgend, auf die vielleicht größte Herausforderung unserer Zeit ein, scheuen wir nicht den Dialog. In vielen theologischen Fakultäten Deutschlands gibt es mittlerweile ein Forum für christlich-muslimische Begegnung.

Werden wir uns in diesem Zusammenhang neu bewusst, was wir haben; dass wir mit Texten wie der Bergpredigt und dem Vaterunser und dem Beispiel Jesu selbst, der nicht zur Waffe griff und die Ehebrecherin nicht zur Steinigung freigab, immanente Lehren zu vertreten haben, die keinen Vergleich zu scheuen brauchen. Führen wir den Dialog aber auch mit der gebotenen Hochachtung! Die Muslime praktizieren im Schnitt ihren Glauben wesentlich intensiver durch Fasten und Gebet. Von den in Deutschland lebenden Muslimen geben rund 60 % an, dass sie regelmäßig fasten. Die Speisevorschriften des Islam werden solchen Angaben gemäß sogar von fast 90 % eingehalten.[27] Bedenklich stimmt sicher, wenn die islamische Liga anlässlich ihrer Tagung im Juli 1993 in Kairo ein Arbeitspapier verabschiedet hat, wonach die Migration nach Europa und der Aufbau islamischer Zentren in Europa als Mittel der Islamisierung Europas gesehen werden.[28] ‚Einfach stillehalten' – dies dürfte also wohl ins Auge gehen. Der Muslim, der seinen Glauben aufgibt, unterschreibt damit sein Todesurteil;[29] der Katholik darf den Glauben wechseln, ohne mehr als die Exkommunizierung zu riskieren. Aber lassen wir uns durch diese Missverhältnisse nicht beirren. Versuchen wir es mit dem Dialog und mit einem Wetteifern, wie es Paulus vorsieht.

Viel wäre schon in diesem Zusammenhang gewonnen, wenn sich der Islam auf seine Ursprünge, auf das, was wir den Geist des Islam genannt haben, zurückbesinnen und auch den Frauen und Mädchen wieder mehr Mitgestaltung gestatten würde. Wo muslimische Mädchen die Möglichkeit geboten bekommen, sich auszubilden und die Ausübung eines Berufes anzustreben, ergeben sich neue Chancen.

Dass dies nicht unbedingt eine Abkehr vom Islam bedeuten muss, sondern auch eine Besinnung auf das in Gang bringen kann, was den Islam ursprünglich ausmachte, zeigt eine Autorin, auf deren Werk wir, zum Schluss dieses einleitenden Kapitels kommend, noch einen Blick werfen wollen, Assia Djebar. Sie wurde 1936 in Cherchell bei Algier geboren, besuchte die Koranschule und die französische Grundschule, an der ihr Vater Französisch unterrichtete. Sie wandte sich dann dem Film zu, schrieb seit 1980 zahlreiche

Romane und Erzählungen, die sie zur bedeutendsten Autorin des Maghreb machten. 2000 erhielt sie den Friedenspreis des Deutschen Buchhandels. Sie verfasste ihre Romane und Erzählungen, die in zahlreiche Sprachen, darunter auch ins Deutsche, übersetzt wurden, auf Französisch. Die Auszeichnung durch den Deutschen Buchhandel zeigt an, wie sehr ihre Werke und ihr engagiertes Eintreten für einen anders verstandenen, seinen Anfängen gemäßen Islam auch in Deutschland Beachtung fanden.

Assia Djebar hat dabei vor allem die muslimische Frau im Blick. „Algerische Frauen in ihrem Appartement“ (Femmes d'Alger dans leur appartement, Paris 1980) ist ein Werk, das mit erzählerischen Mitteln an einschlägige Gemälde von Delacroix und Picasso anschließt. Hier bahnt die Autorin der frustrierten Frau, die das Haus nur verlassen darf, um ins Badehaus zu gehen, und die fast ausschließlich unter Frauen lebt, über *ihr* Wort den Weg in die Öffentlichkeit. In „Fern von Medina“ (Loin de Médine, Paris 1991) sucht die Historikerin, die seit 1987 an der Louisiana State University lehrt, an zahlreichen Beispielen den erzählerischen Beweis zu führen, dass die Frau bei den Beduinen und in den frühen Zeiten des Islam eine bedeutende Rolle gespielt hat, als jemenitische Königin, die sich zwar dem Gatten unterwirft, aber nur, um ihn im Endeffekt zu besiegen, als Rebellin, als kriegerische Mitstreiterin und als innig geliebte Tochter des Propheten, Fatima. Mag man sich auch mit dem emanzipatorischen Tenor mancher Romane von Assia Djebar nicht anfreunden können, so ist hier doch ein innerislamischer Dialog angestoßen, der auch uns den Dialog erleichtert.

Im Übrigen hoffe ich gezeigt zu haben, dass dieser Dialog auch anhand des Korans selbst und des einen oder anderen Hadith geführt werden kann. Der Koran steht uns jedenfalls näher als die frauenfeindliche, indoktrinierende und säbelrasselnde, wenn nicht bombenlegende Praxis, die manche Organisationen, angeblich auf den Koran, weit mehr allerdings auf Lehrmeinungen hierzu gestützt, entwickelt haben.

Diese Lehrmeinungen könnten auch ein Hindernis für den angesprochenen Dialog sein. Den Muslimen ist nämlich neben Koran und Hadith, oft fatalerweise, noch heilig, was Rechtsgelehrte und geistliche Führer zu diesen Primär- und Sekundärquellen herausgefunden haben. Diese Lehrmeinungen haben längst, als Konsens oder Übereinstimmung (iǧmāʾ), auch den Status von Quellen des Islam angenommen. Sie haben oft politischen Charakter, eine Tendenz, die ihren Kern in der theokratischen Auffassung vom Staat hat. Man beruft sich hierzu auf den in der Sure 5 viermal enthaltenen, berühmten Satz, dass „Allahs das Königreich der Himmel und der Erde ist“ (Vers 18, 19, 41, 121).

Diese Lehrmeinungen haben als solche den interpretatorischen Zugriff auf den Koran verstellt; sie haben diesen Text seiner Bestimmung als das oft Rezitierte bzw. Gelesene und damit immer wieder neu Bedachte entfremdet.

Der Literaturwissenschaftler Nasr Hamid Abu Zaid stellt in seiner Studie ‚Islam und Politik. Kritik des religiösen Diskurses', vom offiziellen religiösen Diskurs des gegenwärtigen Ägypten ausgehend, fest, dass das zwar hauptsächlich für die Islamisten, aber im Grunde auch für die Gemäßigten gelte. Sie alle hätten das Verständnis dieser Texte eingefroren,[30] hätten ihnen die historische Dimension genommen,[31] hätten sie instrumentalisiert, um die Realität ideologisch zu rechtfertigen.[32]

Abu Zaid zieht daraus die Konsequenz, dass man den Koran aus den Händen der Theologen befreien müsse, damit er wieder seine Wirksamkeit entfalten könne. Er fordert, den Koran als historisch gewordenen Text zu sehen.[33] Schön, dass dies ein Muslim sagt, auch wenn er seither mit dem Anwurf leben muss, ein Ketzer zu sein. Wenn seine Forderung verbreitet Gehör fände, könnte der Dialog zwischen Koranlesern und Lesern des Evangeliums ein gutes Stück vorankommen. Im Christentum war es für den Laien lange, sehr lange nicht möglich, ja nicht einmal gestattet, das Evangelium vorurteilsfrei zu lesen. Wenn sich Muslimen in zunehmendem Maße die Möglichkeit erschlösse, auch ihrerseits den Koran (und vielleicht auch den Hadith) ohne theologische Gängelung zu lesen oder zu rezitieren, dann wäre eine wichtige Voraussetzung für den Dialog gegeben.

Anmerkungen zu Kapitel 1

1 Vgl. etwa 3,19.85; 5,3; 6,125.

2 Dazu Annemarie Schimmel, Mystische Dimensionen des Islam. Die Geschichte des Sufismus, Köln 1985.

3 Daneben wird auch die Sure 112 als ein Glaubensbekenntnis betrachtet. Sie lautet:

„*Im Namen Gottes, des Erbarmers, des Barmherzigen.*
Sprich: ‚Er ist Gott, ein Einziger,
Gott, der Undurchdringliche.
Er hat nicht gezeugt, und Er ist nicht gezeugt worden,
und niemand ist Ihm ebenbürtig.'"

4 Ich zitiere nach Adel Theodor Khoury, Der Koran. Arabisch-Deutsch, 12 Bde., Gütersloh 1990–2001.

5 Man findet gemeinhin die Übersetzung „meine Religion", das steht aber nicht im Text. Durch die Formulierung „ich habe eine Religion" dürfte die Einmaligkeit und geforderte Endgültigkeit des Islam unterstrichen werden.

6 Näheres bei Adel Theodor Khoury, Christen unterm Halbmond. Religiöse Minderheiten unter der Herrschaft des Islam, Freiburg usw. 1994, S. 63, 68, 76 ff.; vgl. auch noch ders., Toleranz im Islam, München/Mainz 1980.

7 Die Meinungen über die Orte der Offenbarung gehen auseinander. Fatima Mernissi, Islam und Demokratie. Die Angst vor der Moderne, Freiburg u. a. 2002, S. 196 spricht von 80 mekkanischen Suren und verzeichnet bei dieser Gelegenheit die Meinung von Ibn Katir, derzufolge nur 25 Suren in Mekka empfangen wurden. Die Zählung 88 basiert auf der benutzten Ausgabe (Anm. 4). Bei alldem ist zu bedenken, dass die medinischen Suren im Schnitt erheblich länger sind.

8 Vgl. noch Sure 3,174.

9 Bassam Tibi, Der wahre Imam, München 2001, S. 60, 89 f. kommt, anders formulierend, zum gleichen Schluss.

10 Hadayatullah Hübsch, Fanatische Krieger im Namen Allahs. Die Wurzeln des islamistischen Terrors, München 2001, S. 92 f. – dass Djihad das friedliche Sichmühen im Geiste des Islam meinen kann, ersieht man aus Hadith 131, 312 und 321 der Riyad-us-Sālihīn (Gärten der Tugendhaften), Bd. 1, Garching/München 1996.

11 Hübsch, a. a. O., S. 79.

12 Riyad-us-Sālihīn, a. a. O., Hadith 60.

13 Die alternative Übersetzung nach: Die Bedeutung des Korans, 17 Teile, München 1991–1992, Teil 5, S. 28.

14 Hazrat Mirza Bashir Ahmad, Vierzig schöne Edelsteine, Frankfurt am Main 1993, S. 99.

15 Ebda., S. 96. – Riyad-us-Sālihīn, a. a. O., Hadith 53.

16 Hübsch, S. 135.

17 Nach Adel Theodor Khoury, Einführung in die Grundlagen des Islam, Graz u. a. ^{2}1981, S. 160 f.

18 Dazu Olaf Schumann, Der Christus der Muslime, Gütersloh 1975, S. 31. Vgl. Koran 2,253; 3,45.

19 Doketismus (von griech. dokein, „scheinen") ist die Lehre, die Christus nur einen Scheinleib zuschreibt und seinen persönlichen Kreuzestod leugnet. – Nach Hans Küng, Der Islam, München/Zürich 2004, S. 795.

20 Der Gedanke, dass Gott die Gläubigen – und nicht die Menschheit – liebt, kommt allerdings zweimal – 3,32 und 5,54 – im Koran vor. Die Stelle 5,54 wird gern von Sufis ins Feld geführt.

21 So Hans Küng, Christentum und Weltreligionen, München 1984, S. 59.

22 Reinhard Leuze, Christentum und Islam, Tübingen 1994, S. 57.

23 Vgl. jetzt auch Christoph Luxenberg, Weihnachten im Koran, in: Inamo 33, 2003, S. 42 ff. – Zu den Schwierigkeiten hinsichtlich des Textverständnisses dieser Sure siehe A. Th. Khoury, Der Koran, a. a. O., Bd. 12, S. 511 sowie Rudi Paret, Der Koran. Übersetzung, Stuttgart/Berlin/Köln, ^{8}2001, S. 434 und ders., Der Koran. Kommentar und Konkordanz, Stuttgart/Berlin/Köln, ^{6}2001, S. 516 f.

24 Dazu Ludwig Hagemann, Christentum. Für das Gespräch mit den Muslimen,

Altenberge 1982, S. 142 ff.; Hans Zirker, Christentum und Islam, Düsseldorf 1984, S. 38–54; vgl. jetzt auch Christian W. Troll, Christen und Muslime: Was verbindet, was trennt?, in: Religionsunterricht heute, 1–2, 2002, S. 1–6.

25 Faruk Sen, Hayrettin Aydin, Islam in Deutschland, München 2002, S. 15. – So auch Monika und Udo Tworuschka, Islam-Lexikon, Düsseldorf 2002, S. 107.

26 Nach Faruk Sen, Hayrettin Aydin, a. a. O., S. 97 ff.

27 Ebda., S. 44 f.

28 Vgl. Bassam Tibi, a. a. O., S. 64.

29 Ebda., S. 68.

30 Nasr Hamid Abu Zaid, Islam und Politik. Kritik des religiösen Diskurses, Frankfurt am Main 1996, S. 85 und passim.

31 Ebda., S. 81.

32 Ebda., S. 64.

33 Dazu Andreas Meier, Gotteswort in Knechtgestalt. Ein islamischer Luther in Ägypten? Abu Zaids provokante Koranexegese als säkulare Reform des Islam. In: Hans-Christoph Goßmann (Hrsg.), Begegnungen zwischen Christentum und Islam, Festschrift für Hans-Jürgen Brandt zum 65. Geburtstag, Ammersbek bei Hamburg 1994, S. 57–73.

2. Mohammeds Umgang mit der Bibel

Mohammed hat die Bibel mutmaßlich nicht gelesen. Einige muslimische Theologen bestreiten, dass Mohammed überhaupt lesen und schreiben konnte. Hinter dieser Behauptung steht das Bemühen, den übernatürlichen Charakter der koranischen Offenbarungen zu betonen.[1] Die biblischen Themen, die Mohammed im Koran behandelt, sind größtenteils nicht der Bibel selbst, sondern apokryphen Versionen und jüdischen Texten über biblische Themen entnommen.[2] Mohammed kannte sie wohl nur vom Hörensagen. Christoph Luxenberg glaubt sogar sagen zu können, es handle sich „beim ‚Ur-Koran' um Texte aus der christlichen Literatur, die über syrische Christen auf die arabische Halbinsel gelangt sind".[3] Ohne so weit zu gehen, räumt auch Hans Küng in ‚Der Islam' den Judenchristen beträchtliche Bedeutung als möglicher Nährboden für den Koran ein.[4] Generell gilt, dass Mohammed das biblische Erzählgut zur Stützung seiner eigenen Position und Lehre einsetzt oder, muslimisch formuliert, dass Gott es ihm zu diesem Zweck „herabsendet". Anders ausgedrückt: Der Koran baut auf der Bibel auf, positioniert sich in ihrer Tradition. Oft lesen sich die Reden biblischer Figuren, etwa Noahs oder Moses', wie Predigten Mohammeds selbst. Die Situationen, in denen sie gesprochen werden, sind ihrerseits oft wie solche aus dem Leben und Wirken des Mohammed, weisen zum mindesten klare Parallelen hierzu auf.

Es wird daher nicht verwundern, wenn sich die großen Zäsuren im Leben Mohammeds, seine Berufung im Jahre 610 und die Hidschra, der Fortgang von Mekka hin nach Medina, im Jahre 622, in der Behandlung der biblischen Themen niederschlagen. Und Ähnliches gilt auch für die drei Perioden seines Auftretens und seiner Lehrtätigkeit in Mekka, die man unterscheidet.[5] Adel Theodor Khoury, dessen zwölfbändige deutsch-arabische Ausgabe des Korans ich verwendet habe, übernimmt diese Datierungen, nicht ohne hier und da Unsicherheiten und Abweichungen zu verzeichnen.[6] Diese im 19. Jahrhundert erstmals (Gustav Weil 1844 und 1872; Theodor Nöldeke 1860) vorgenommenen und seither im Großen und Ganzen bestätigten Datierungen können als verlässlich gelten. Ich lege sie meinen Ausführungen zugrunde.

Funktion der biblischen Erzählungen

Die hauptsächlichen biblischen Erzählungen, die Mohammed im Koran aufbietet, sind, neben der Schöpfungsgeschichte, die ich nicht behandle, die bei ihm stark gerafften Geschichten von Abraham, Noah, Moses, Adam, Lot und dem ägyptischen Joseph. Wiederholt werden auch Jesus und Maria sowie Zacharias genannt. Andere biblische Gestalten begegnen in Aufzählungen oder kurzen Nennungen. Bei dem Begriff der Erzählung oder Geschichte ist zu beachten, dass der Koran anders verfährt als die Bibel. Die Bibel ist Offenbarung als Erzählung vom Wirken Gottes in der Geschichte Israels. Sie ist geschichtliches Erzählen: Die Gestalten haben in dieser Geschichte ihren Ort. Die koranischen Erzählungen von Noah und Moses hingegen begegnen bei zumeist gleichbleibendem Erzählkern jeweils mehrfach, die Geschichte von Moses beispielsweise zwanzigmal, die von Noah neunmal, mal etwas ausführlicher, mal in wenigen Zeilen. Sie haben exemplarischen Charakter. Der Kern ist meist der gleiche: die Konfrontation zwischen Noah bzw. Moses und denen, die ihren Worten keinen Glauben schenken.[7] Die genannte gemeinsame Grundsituation dürfte Anlass gewesen sein, diese Geschichten im mekkanischen Teil des Korans immer wieder aufzugreifen: sie ähneln der Lage Mohammeds in Mekka. Später in Medina erhält er mehr Zuspruch, deswegen werden sie in den medinischen Suren fast gar nicht eingesetzt, und wenn, dann mit anderer Akzentsetzung.

Ein weiterer Unterschied zum biblischen Erzählen, das kontinuierlich voranschreitet, eine Geschichte mit Peripetien und Umständen erzählt, liegt darin, dass der Koran diese Geschichten vielfach als bloße Folge von Reden erzählt. Immer wieder begegnet die Wendung „Er sprach“ (qāla), wobei man oft nur aus dem Inhalt des Gesagten erkennen kann, wer da spricht, ob im Falle der Moses-Geschichten Moses, der Pharao oder Gott selbst. Das wirkt sprachlich unbeholfen, gehört aber zur erzählerischen, mündlich anmutenden Eigenart des Korans.

Es werden auch markante Eingriffe in den biblischen Stoff vorgenommen, um die Nähe zwischen biblischem Geschehen und Mohammeds Erleben zu profilieren. Im Koran ist Noah ein Gesandter, in der Bibel nur ein gottesfürchtiger und gerechter Mann. Auf diese Weise kann die Geschichte Noahs zur Verteidigung von Mohammeds Position eingesetzt werden. Die Worte, die der Koran Noah in den Mund legt, entsprechen in vielem Mohammeds eigenen Predigten. Noah ist ein ‚Warner‘ (naḏīr), so wie Mohammed sich selbst in der mekkanischen Zeit gern als ‚Warner‘ bezeichnet. Er warnt vor dem Gericht des Jüngsten Tages.

Dem Umgang mit Noah und Moses wollen wir uns zunächst widmen. In der ersten Phase der mekkanischen Offenbarung (610–615) deutet sich dieser Umgang noch kaum an. Hier erfolgt nur zweimal, und zwar in relativ späten Suren, eine kurze Erwähnung des Volkes von Noah, das Unrecht tat und frevlerisch war und dafür bestraft wurde (53,52; 51,46). Moses seinerseits wird in Sure 53,36 kurz erwähnt; in Sure 79,15–20 und Sure 51,38–40 wird in knappen Worten seine Geschichte eher gestreift als wirklich erzählt. Weder bei Noah noch bei Moses erfolgt in diesen Suren die später charakteristische Zuspitzung auf die Konfrontation von einem Gesandten Gottes und dem sich seiner Botschaft widersetzenden Volk.

In diesen frühen Jahren hatte sich eben Mohammeds eigene Position noch kaum gefestigt, so dass sich die tendenzielle Gleichsetzung mit der von Noah und Moses noch nicht anbot. Erst in den letzten Suren der ersten mekkanischen Phase begegnen Formeln, die zu erkennen geben, dass Mohammed nun seine Position als die eines Begründers einer Religion sieht. In der Sure 55 heißt es z. B.: „Der Erbarmer hat den Koran gelehrt"; und in der Sure 109 lesen wir: „Ihr habt eure Religion und ich habe eine Religion." Mohammed ist sich jetzt bewusst geworden, dass er mit dem Koran eine Religion vertritt, die derjenigen seiner Vorväter widerspricht.

In der zweiten mekkanischen Phase (615–620) werden die Geschichten von Noah und Moses ausgebaut. Hier lässt sich beobachten, dass die Grenzen zwischen der Geschichte Noahs und der Berufung Mohammeds verwischt und überspielt werden. Die Sure 54 ist hierfür charakteristisch. Einleitend handelt sie von dem Streit mit den ungläubigen Mekkanern (1–8). „So kehre dich von ihnen ab" (6), spricht da Gott zu Mohammed, die Hidschra gewissermaßen vorwegnehmend. Es folgt scheinbar unvermittelt, aber eben doch als historisches Beispiel für Verstocktheit, die Geschichte von Noah und Noahs Volk. Ich zitiere:

> *„9 Schon vor ihnen hat das Volk Noahs [den Gesandten] der Lüge geziehen. Sie ziehen unseren Diener der Lüge und sagten: ‚Ein Besessener.' Und er wurde [von ihnen] zurechtgewiesen. 10 Da rief er zu seinem Herrn: ‚Ich bin unterlegen, so unterstütze Du [mich].' 11 Da öffneten Wir die Tore des Himmels durch ein niederströmendes Wasser 12 und ließen aus der Erde Quellen hervorbrechen. Und das Wasser traf zusammen nach festgelegtem Befehl. 13 Und Wir trugen ihn auf einem Schiff mit Planken und Nägeln, 14 das vor unseren Augen dahinfuhr. Dies als Lohn für den, der Verleugnung erfahren hatte. 15 Und Wir ließen es als Zeichen zurück. Aber gibt es denn jemanden, der es bedenkt? 16 Und wie waren dann*

meine Pein und meine Warnungen? 17 Und Wir haben den Koran leicht zu bedenken gemacht. Aber gibt es denn jemanden, der es bedenkt?“

So weit das Zitat. Der Ausdruck „der Lüge zeihen“ (kaḏḏaba) in Vers 9, der häufig im Koran vorkommt, bezeichnet genau das, was man in Mekka mit Mohammed machte. Und man hat auch ihn einen Besessenen (maǧnūn) genannt und ihn „zurechtgewiesen“. Wenn es in Vers 14 heißt: „Dies als Lohn für den, der Verleugnung erfahren hatte“, so ist auch hier die Parallelität zu Mohammeds Erfahrungen mit Gott gegeben. Mit Vers 15 klinkt sich der Text dann aus der Betrachtung einer Geschichte aus und sagt, welche Bedeutung diese für die Gegenwart hat. Gott selbst spricht hier: „Und Wir ließen es als Zeichen zurück.“ Mit dem Begriff „Zeichen“ ist ein wichtiger Terminus des Korans gefallen, ein Begriff, der im Übrigen auch in der Bibel gewichtig ist. Die Geschichte Noahs ist für den Muslim ein Zeichen, in dem sich Gott offenbart. Mit dem Halbvers „Aber gibt es denn jemanden, der es bedenkt?“, klagt Gott, der hier kaum von Mohammed zu trennen ist, über die fehlende Bereitschaft, die Zeichensprache Gottes zu bedenken; und das gilt genauso für die Mekkaner wie seinerzeit für das Volk Noahs. Man erkennt nicht die Zeichen, die in Warnungen und Strafen liegen, die Gott über die Menschen schickt. Und hierauf blendet der Text ausdrücklich die Gegenwart der Offenbarung im Koran ein: „Und Wir haben den Koran leicht zu bedenken gemacht.“ Gott bzw. Mohammed will sagen: Der Koran ist ein deutliches Zeichen der Warnung, das eigentlich jeder verstehen müsste; aber er wird in Mekka nicht oder nur ganz wenig beachtet.

Sehr deutlich ist auch die Parallelsetzung zwischen biblischer Geschichte und Mohammeds Botschaft im Falle von Moses, dessen Geschichte Mohammed im Koran eine vorrangige Stelle einräumt. Wie gesagt: Zwanzigmal erzählt er sie.

In der zweiten Phase der mekkanischen Verkündigung (615–620) erfolgt die klare Parallelsetzung zwischen Moses und Mohammed. In Sure 37 (114–122) sagt Gott, dass er Moses und Pharao das „deutliche Buch“ (al kitāb al mustabīn) habe zukommen lassen und sie den „geraden Weg“ (ṣirāṭ mustaqīm) geführt habe.[8] Mohammed bezeichnet den Koran oft als „deutliches Buch“, das den geraden Weg führt.

In den Suren 20 und 26 gipfelt diese Entwicklung vorerst. Eingangs der Sure 20 sagt Gott: „2 Wir haben den Koran nicht auf dich hinabgesandt, damit du unglücklich bist, 3 sondern als Erinnerung für den, der gottesfürchtig ist, 4 herabgesandt von dem, der die Erde und die erhabenen Himmel geschaffen hat.“ Mit der Wendung „nicht […] damit du unglücklich bist“ wird wohl darauf angespielt, dass Mohammed zunächst fast keinen Erfolg und somit allen Grund hatte, traurig zu sein. Seine Getreuen waren lange nur seine Frau Chadidja, sein Freund Abu Bakr, sein Vetter Ali und einige Frauen und Sklaven. Wenig später im Text erzählt Gott dann Mohammed, vielleicht um ihn aufzurichten, die Geschichte von Moses. Und es ist dies die ausführlichste Fassung der Geschichte im Koran; sie umfasst 90 Verse (9–98) und steht in mehrfacher Hinsicht parallel zu den Erfahrungen, die Mohammed in Mekka machte.

Als Gott Moses im brennenden Dornbusch erscheint, spricht dieser die klassischen Formeln für den Eingottglauben im Koran und gibt einige Anweisungen, die islamischen Vorstellungen und Gepflogenheiten entsprechen. Er sagt: „14 Siehe, ich bin Gott. Es gibt keinen Gott außer Mir. So diene Mir und verrichte das Gebet zu meinem Gedächtnis. 15 Wahrlich, die Stunde kommt – Ich halte sie fast verborgen – 16 damit jeder Seele vergolten wird für das, worum sie sich bemüht." Den Hinweis auf das Jüngste Gericht („wahrlich, die Stunde kommt") und auf die Vergeltung von Gut und Böse findet man in sehr vielen Suren. Und das tägliche Gebet (ṣalāt) ist ein fester Bestandteil des Islam. Indem Gott Moses aufträgt, zum Pharao zu gehen, der ein Übermaß an Frevel zeige (24), ergibt sich eine Parallele zu Mohammed, weil dieser zu den Vornehmen der Quraysch-Sippe gehen musste, die noch den alten Göttern dienten.

Sodann sagt Moses: „25 Mein Herr, weite mir meine Brust, 26 und mache mir meine Angelegenheit leicht, 27 und löse einen Knoten in meiner Zunge, 28 so daß sie meine Worte begreifen." In diesen Worten, die auf Exodus 4,10 aufbauen,[9] scheint wiederum das Schicksal Mohammeds durch. Wenn Moses im Koran sagt: „und löse einen Knoten in meiner Zunge", so wie es im Buch Exodus heißt: „Ich bin unbeholfen mit Mund und Zunge", so spielt er auf etwas an, was auch für Mohammed galt. Mohammed war kein gewandter Redner und kein gelehrter Mann. Zweimal nennt sich Moses im Koran einen ungelehrten Propheten (7,157.158); einmal sagt hier Moses von sich, dass „er sich kaum deutlich ausdrückt" (43,52) und ein andermal: „Meine Zunge ist nicht gelöst" (26,13).

An Moses fasziniert auch das hohe Maß an göttlicher Fügung, das diesen von der Wiege an begleitete. Mohammed verlor seinen Vater, als seine Mutter mit ihm schwanger war; er war sechs Jahre alt, als seine Mutter starb, wuchs somit als Vollwaise auf. Der Großvater, der ihn dann aufzog, starb zwei Jahre später; darauf übernahm ein Onkel, Abu Tālib, das Kind. Und doch hat Gott Mohammed in seiner Barmherzigkeit wunderbar geführt und reichlich beschenkt. Wenn Gott in unserem Text zu Moses sagt: „Und ich habe dich für mich aufgezogen" (41), so könnte er das auch zu Mohammed gesagt haben. Es hat seine guten Gründe, wenn Moses im Koran einen bevorzugten Platz erhält und immer wieder von ihm erzählt wird, bald kurz und knapp, bald, wie in unserem Fall, ausführlich.

Vieles entspricht dabei dem biblischen Bericht, so etwa, wenn der Pharao alle jüdischen Knaben töten lässt; wenn der kleine Moses im Körbchen am Nilufer ausgesetzt wird; wenn es gelingt, Moses' Mutter als Amme für den Kleinen bestellen zu lassen (Ex. 2,7); wenn Moses den Hirtinnen von Midjan hilft, ihr Vieh zu tränken (Ex. 2,15 ff.); wenn der Pharao mit seinen Truppen im Roten Meer umkommt; wenn die Juden das Goldene Kalb anbeten oder noch, wenn Moses einen Ägypter tötet (Ex. 2,12). Aber in einigen Punkten kann der Koran auch hier wieder Mohammed in der Tradition des Moses sehen. Das Schicksal des Kleinen zeigt Gottes Fürsorge für den von Ihm Berufenen; Moses hilft den Bedrängten (und das wird auch ein wichtiger Punkt in Mohammeds Lehren sein); der Untergang des Pharao und seiner Truppen führt den Mekkanern vor Augen, wie es denen ergeht, die sich Gottes Botschaft widersetzen. Und die Episode um das Goldene Kalb entspricht ziemlich genau dem Götzendienst, an dem die Mekkaner festhielten.

Es ist auch nicht so, dass der Koran in der Geschichte von Moses nur das erzählt, was zu seinem eigenen Leben und Wirken eine Parallele aufweist. Das zeigt schon die Episode von Moses' Mord an dem Ägypter. Und das zeigt sich auch, wenn der Koran immer wieder mit besonderer Hingabe erzählt, wie Moses vor Pharao ein Zeichen setzt, ein Wunder wirkt, würden wir sagen. Moses wirft seinen Stab auf den Boden, und dieser windet sich als Schlange. Und als der Pharao all seine Zauberer zusammenruft, damit sie ein gleiches Wunder vollbringen, da übertrumpft Moses deren Künste. Es gelingt ihnen zwar, dass ihre Stäbe und Schnüren sich wie Schlangen bewegen, aber der Stab des Moses verschlingt dies Zauberwerk. Diese Episode ist so nicht in der Bibel überliefert. Mohammed hat hier Exodus 4,2 ff. ausgeweitet.[10]

In der dritten Phase der mekkanischen Botschaft (620–622) verstärkt sich die apologetische Praxis des Umgangs mit biblischen Gestalten. Diese Tendenz wird durch den Aufbau der Suren gestützt. So findet sich in Sure 32 das Schema „Göttliche Herkunft der koranischen Botschaft; Widerstand der Gläubigen; Strafgericht Gottes; Geschichte von Moses und dem Pharao als Beleg"; in Sure 11 das Schema „Göttliche Herkunft der koranischen Botschaft; Geschichte Noahs, Moses und anderer als warnende biblische Beispiele für das Schicksal derjenigen, die eine göttliche Botschaft nicht annehmen"; in Sure 40 das Schema „Göttliche Herkunft der koranischen Botschaft; die Ungläubigen und das Gericht, Geschichte vom ungläubigen Pharao; Gottes Allmacht und seine Verurteilung der Ungläubigen" etc. Der Aufbau dieser und vieler anderer Suren bestätigt die Ineinssetzung von Lehre des Mohammed und Lehre biblischer Gestalten. Der Koran positioniert sich in der Tradition biblischer Geschichten und Gestalten.

Die Geschichte Abrahams ist ein weiteres eloquentes Beispiel für diese Ineinssetzung. Mohammed erzählt in den mekkanischen Suren insgesamt achtmal von Abraham. Dreimal (11,64–76; 15,51–60; 51,24–30) erscheinen drei Gäste bei Abraham, die ihm einen Sohn weissagen und im Übrigen zu Lot geschickt sind, um den Untergang von Sodom und Gomorrha zu verkünden. Nur Lot mit seinen Angehörigen, ausgenommen seiner Frau, wird dem Untergang entgehen. Diese Version der Geschichte Abrahams wird eingesetzt als Beispiel für Gottes Allmacht, die in der späten Fruchtbarkeit der Sarah offenkundig wird, und für sein Strafgericht, das die trifft, die seinen Boten nicht glauben. Die Quellen sind hier einmal das Kapitel 18 der Genesis, sodann die apokryphe Schrift von Philo, „De Abrahamo".[11] In fünf weiteren Fassungen der Abraham-Geschichte liegt der Akzent darauf, dass Abraham sich seinem götzendienerischen Vater entgegenstellt (6,74–84; 19,41–50; 21,51–73; 26,69–89; 37,83–113), eine Zuspitzung der Sendung Abrahams, die so nicht in der Bibel zu finden ist und sich das apokryphe „Jubiläenbuch" zunutze macht.[12] Sie entspricht in hohem Maße Mohammeds eigener Position in Mekka, wo die Bevölkerung einschließlich seiner eigenen Sippe dem Götzendienst verfallen war und wo man sich hierzu auf die Vorfahren berufen konnte.

Besonders aufschlussreich ist diesbezüglich die Fassung aus der 6. Sure, welche in der 3. mekkanischen Periode „herabgesandt wurde". Da zeigt Gott Abraham „das Reich der Himmel und der Erde". Ich zitiere:

> *„76 Als nun die Nacht ihn umhüllte, sah er einen Stern. Er sagte: ‚Das ist mein Herr.' Als der aber verschwand, sagte er: ‚Ich liebe die nicht, die verschwinden.' 77 Als er dann den Mond aufgehen sah, sagte er: ‚Das ist mein Herr.' Als der aber verschwand, sagte er: ‚Wenn mein Herr mich nicht rechtleitet, werde ich gewiß zu den abgeirrten Leuten gehören.' 78 Als er dann die Sonne aufgehen sah, sagte er: ‚Das ist mein Herr. Das ist ja größer.' Als sie aber verschwand, sagte er: ‚O mein Volk, ich bin unschuldig an dem, was ihr (Gott) beigesellt. 79 Ich richte mein Gesicht zu dem, der die Himmel und die Erde erschaffen hat, als Anhänger des reinen Glaubens, und ich gehöre nicht zu den Polytheisten.'"*[13]

Mohammed geht hier auf den Götterglauben ein, mit dem er es in Mekka zu tun hatte. Abraham erkennt zunächst einen Stern, dann den Mond, dann die Sonne als seinen Herrn an, bevor er sich zum Monotheismus bekehrt. Mohammed führt gewissermaßen den Götterglauben ad absurdum und stellt ihm den Monotheismus, den er vertritt, entgegen. Weiter unten sagt Gott dann:

> *„82 Denjenigen, die glauben und ihren Glauben nicht mit unrechtem Handeln verhüllen, gehört die Sicherheit, und sie folgen der Rechtleitung. 83 Das ist unser Beweisgrund, den Wir Abraham gegen sein Volk zukommen ließen.“*

Hier werden aus dem Munde Gottes wichtige Grundsätze des Islam bestätigt: der Glaube an den einen Gott, das rechte Handeln und die Befolgung der Rechtleitung, wie sie durch den Koran vorgeschrieben wird. Mohammed betrachtet Abraham als seinen Stammvater und den des Islam. Dem Koran zufolge (2,124 ff.) hat dieser mit Ismael zusammen die Kaaba, das spätere Heiligtum der Muslime erbaut, zu dem jeder Muslim wenigstens einmal im Leben wallfahren sollte. Von Ismael, dem Sohn, den Abraham mit der ägyptischen Magd Hagar zeugte, leitet Mohammed seinen Stammbaum ab, nicht von Isaak, den Abrahams Frau Sarah spät gebar. Ismaels Nachkommenschaft hatte sich östlich von Ägypten, in den heutigen Staaten Saudi-Arabien und Irak niedergelassen. Mohammed positioniert sich in der Tradition seines Stammvaters Abraham und in der von Moses und Noah.

Hiermit hängt es auch zusammen, wenn die Geschichten von Noah und Moses nur in der mekkanischen Zeit die von uns herausgestellten Akzentuierungen verraten. In Mekka fand Mohammed nicht nur fast keinen Zuspruch, sondern hier wurde er auch angefeindet und verfolgt. Deshalb verließ er Mekka und zog nach Medina, wo sich schon eine muslimische Kolonie gebildet hatte und wo er unbehelligt seine Lehre vertreten konnte. Die Geschichte von Noah wird bezeichnenderweise nur in mekkanischen Suren erzählt. Die Geschichte von Moses ihrerseits wird achtzehnmal in mekkanischen Suren und nur zweimal in medinischen Suren erzählt, und zwar in den Suren 2 und 5. In diesen Suren erhält die Moses-Geschichte aber eine andere Zuspitzung. In Sure 2 ist Moses der Führer seines Volkes; und so ist auch Mohammeds Position in Medina. In Sure 5 fordert Moses sein Volk auf, ohne Furcht in das Land einzutreten, das Gott ihnen bestimmt hat. In dieser späten, vielleicht 632, kurz vor Mohammeds Tod anzusetzenden Sure wird also aus der Geschichte des Moses eine Stelle herausgegriffen, die zur neuen Situation des Islam passt: jetzt geht es darum, seine Leute zu ermutigen, den Islam auch anderswohin zu tragen. Mohammed positioniert sich so in gewandelter Lage erneut in der Tradition des Moses.

Auseinandersetzung mit dem Christentum

Beim Umgang mit den Gestalten Jesus und Maria zeichnet sich auch eine klare Trennung zwischen vor und nach der Hidschra ab. Sie sind zwar hier wie dort präsent, jedoch als Zeugen einer in Mekka nicht richtig greifenden Auseinandersetzung mit dem Christentum. Das Wort „Auseinandersetzung" könnte dabei falsche Vorstellungen wecken. Mohammed geht es nämlich kaum darum, sich vom Christentum abzusetzen. Er erkennt dieses als Vorform zur eigenen Position an.

Von Jesus spricht Mohammed in sieben Suren, von denen zwei in Mekka, fünf in Medina entstanden sind (19, 23 in Mekka; 3, 4, 5, 9, 61 in Medina). In der 1. Phase der mekkanischen Offenbarung begegnet Jesus noch gar nicht. Mohammed ist sich, wie wir schon beim Umgang mit Noah und Moses gesehen haben, hier noch nicht richtig bewusst, dass er eine eigene Religion vertritt. Deshalb entfällt der Verweis auf den Gründer des Christentums. Das Thema „Jesus" verstärkt sich dann mit der Zeit. In Sure 19, einer Sure der zweiten mekkanischen Periode, wird Jesus als der Diener Gottes herausgestellt, dem das Buch (die Bibel) zukam – auch den Koran bezeichnet Mohammed als „Buch" (kitāb) – und der wie Mohammed ein Prophet (nabī) ist. In Sure 23,50 heißt es lapidarisch: „Und Wir machten den Sohn Marias und seine Mutter zu einem Zeichen".

Erst in Medina setzt die im Übrigen keineswegs feindselige Auseinandersetzung mit dem Christentum ein: die Vereinnahmung des Christentums als einer Vorform des Islam. In Sure 3,48–51 nennt der Koran Jesus einen Gesandten (rasūl) für die Kinder Israels, dem Gott die Kraft gab, Wunder zu wirken, Blinde und Aussätzige zu heilen und Tote wieder lebendig zu machen. Mohammed findet in diesem Zusammenhang noch ein in der Bibel nicht überliefertes Wunder: Jesus habe aus Ton eine Vogelgestalt geschaffen und dieser, mit Gottes Erlaubnis, Leben eingehaucht. Im Folgenden wird dann Jesus geradezu Sprachrohr eines vorweggenommenen Islam. Er habe gesagt: „50 Fürchtet Gott und gehorchet mir. 51 Gott ist mein Herr und euer Herr, so dienet Ihm. Das ist ein gerader Weg." Hier werden Jesus islamische Vorstellungen in den Mund gelegt. Jesus versteht sich nicht als Gott, sondern als ein Gesandter Gottes. Er verlangt Gehorsam gegenüber seiner Person, eine Vorstellung, die man im Evangelium vergeblich suchen würde. Und die Formel „ein gerader Weg" greift dann eine Wendung auf, die der Koran immer wieder für die sogenannte Rechtleitung des Muslim einsetzt (ṣirāt mustaqīm).[14]

Der Text verfährt also mit Jesus ähnlich wie mit Noah, Moses und Abraham: Er vereinnahmt seine Lehre als Vorform der eigenen Position. In den Suren 43 und 23 beispielsweise behandelt der Koran nacheinander Noah, Moses und Jesus als Propheten; wobei in Sure 23 diese drei ausdrücklich in Analogie zur eigenen Sendung gesetzt werden.

So ist es denn nur folgerichtig, wenn Mohammed all das, was ihm an Jesus fremd ist, weglässt. Er spricht nirgends vom Leiden und vom Kreuzestod Christi. Das passt nicht zur eigenen Lehre. Er hält sich stattdessen an die doketische Vorstellung, dass nur ein Scheinleib am Kreuz gehangen habe.[15] Im Koran spricht Gott zu Jesus: „O Jesus. Ich werde dich abberufen und zu Mir erheben." (3,55) Das ist die koranische Sicht des Todes Jesu. Jesus wird ohne Passion und ohne Kreuzigung in den Himmel gehoben. Dass Mohammed sich damit in Gegensatz zur neutestamentlichen und historischen Überlieferung setzt, weiß Mohammed vielleicht nicht oder es stört ihn nicht. Die Vereinnahmung von Jesus als Vorläufer des Islam hat Vorrang. Ausdrücklich weist der Koran in Sure 4,157 zurück, dass Jesus gekreuzigt worden sei. Den Glauben an die Dreifaltigkeit weist er aus dem gleichen Grund energisch zurück (4,171). Jesus ist wie Mohammed selbst ein Gesandter Gottes und als solcher gewissermaßen sein Vorgänger, den dieser hochschätzt. Jesus steht für ihn in einer Reihe mit Abraham, Noah, Moses und ihm selbst. Und er ist für ihn wie Adam ein bloßer, von Gott aus Erde geschaffener Mensch. In Sure 3,59 heißt es: „Mit Jesus ist es vor Gott wie mit Adam. Er schuf ihn aus Erde, dann sagte Er zu ihm: Sei!, und er war."

Maria hingegen kann der Koran uneingeschränkt als die nehmen und loben, die sie nach christlicher Anschauung ist, als Mutter Jesu, auf die der Geist Gottes herabkam. „O Maria, Gott hat dich auserwählt und rein gemacht, und Er hat dich vor den Frauen der Weltenbewohner auserwählt" (3,42); so lässt er den Engel zu ihr sprechen. Marias Demut („Siehe, ich bin eine Magd des Herrn") sieht Mohammed analog zur Gebetshaltung der Muslime: „O Maria, sei deinem Herrn demütig ergeben, wirf dich nieder und verneige dich mit denen, die sich verneigen." (ebda.) Ihre Jungfräulichkeit ist ihm so wichtig, dass er Joseph nirgends erwähnt. „Gott schafft, was Er will", sagt er zu diesem unerhörten Geschehen (3,47). Damit ist klargestellt, warum er dieses Geheimnis so feiert: Es zeigt die Größe und Allmacht Gottes. „Allahu akbar", Gott ist der Größte, ist der Ruf, der auch heute noch von Minaretten und aus zahlreichen Lautsprechern erschallt, wenn die Gläubigen zum Gebet aufgerufen werden. Dieser Glaube an die Allmacht und unvergleichliche Größe Gottes ist das Fundament des Islam.

Erschaffung des Menschen und sein Sündenfall

Auf diese Allmacht Gottes hebt Mohammed auch ab bei der Erschaffung des Menschen, mit der er die Geschichte Adams und deren Vorgeschichte im Himmel verknüpft. Gott verlangt von den Engeln, sich vor den Menschen niederzuwerfen, und einer, mit Namen Iblis (‚Iblis' ist abgeleitet von griechisch „διαβολος"), verweigert dies. Der Koran erzählt insgesamt siebenmal von diesen Ereignissen, zumeist mit weitgehend gleichlautenden Versatzstücken, fünfmal in Mekka (Sure 38,72–86; 15,29–45; 20,115–125; 17,61–65; 7,11–27), zweimal in Medina (2,31–40; 5,28–32).

Da geht es einmal darum, dass Gott den Engeln bekanntgibt, er wolle den Menschen erschaffen und sie sollten sich vor ihm niederwerfen, sowie um Iblis, den Satan, der sich dieser Aufforderung widersetzt. Er wird aus dem Himmel verbannt, erbittet sich von Gott Aufschub bis zum Jüngsten Tag, erhält diesen und setzt künftig alle seine Mühe daran, die Menschen in die Irre zu führen. Es geht sodann um die Geschichte von Adam und Eva im Paradies und den erfolgreichen Versuch von Iblis, die beiden zu verführen.

Im Fall des himmlischen Vorspiels zur Erschaffung des Menschen (vgl. etwa 38,72–86; 15,29–45) kann Mohammed nicht auf die Bibel zurückgreifen. Diese Episode ist in ihr nur ansatzweise enthalten, und zwar bei Jesaja 14,11–12, wo es heißt: „Hinab ins Totenreich ist deine Pracht gestürzt, mit dem Getöne deiner Harfen [...] Wie bist vom Himmel du gefallen, du Glanzstern." Er dürfte sich hier einer apokryphen jüdischen Schrift, ‚Adam und Eva' bedient haben, in der diese Geschichte mit beträchtlichen Übereinstimmungen zu den koranischen Versionen erzählt wird.[16]

Allerdings ergeben sich bei der Erschaffung des Menschen sowohl zur jüdischen Schrift ‚Adam und Eva' wie auch zum Eingangskapitel der Genesis, das hier partiell herangezogen werden kann, einschneidende Unterschiede. Der Koran erzählt beispielsweise in Sure 38 und Sure 15, dass der Herr seinen Engeln bekanntgegeben habe, er wolle einen Menschen aus Ton schaffen und ihm seinen Geist einblasen. In der apokryphen Schrift ‚Adam und Eva' heißt es, wobei der Teufel Adam anspricht: „Als Gott den Lebensodem in dich blies und dein Gesicht und Gleichnis nach Gottes Bild geschaffen wurde." Diese theologisch bedeutsame Aussage übernimmt der Koran nicht. In der Genesis wird noch eindringlicher auf diesen Sachverhalt eingegangen. „Lasset Uns Menschen machen als Unser Bild und nach Unserem Gleichnis [...] Und Gott schuf den Menschen als Sein Bild. Als Gottes Bild schuf er ihn." Für Mohammed und den Islam besteht zwischen Gott und dem Menschen keinerlei

Form von Vergleichbarkeit und Ähnlichkeit. Gott ist allein der ganz Große und Allmächtige; niemand ist nach seinem Bilde. Verständlich, dass dem Islam die Vorstellung von der menschlichen Würde fremd ist …

Bei der Geschichte vom Sündenfall Adam und Evas im Paradies (vgl. etwa 20,115–125; 7,11–27) ergeben sich auch, wenn man genau liest, gravierende Unterschiede zum dritten Kapitel der Genesis, das hier der Vortext ist. Adam und seine Gattin – der Koran nennt Eva nicht beim Namen – dürfen sich im Paradies nicht einem bestimmten Baum nähern. Iblis, der Satan, tritt zu ihnen heran und sagt: „Nur deswegen hat euch euer Herr diesen Baum verboten, damit ihr nicht zu Engeln werdet oder zu denen gehört, die ewig leben.“ (7,20) Weiter heißt es:

> *„Und als sie dann von dem Baum gekostet hatten, wurde ihnen ihre Blöße offenbar, und sie begannen, Blätter des Paradieses über sich zusammenzuheften. Und der Herr rief ihnen zu: ‚Habe ich euch nicht jenen Baum verboten und euch gesagt: Der Satan ist euch ein offenkundiger Feind?‘ 23 Sie sagten: ‚Unser Herr, wir haben uns selbst Unrecht getan. Und wenn du uns nicht vergibst und dich unser (nicht) erbarmst, werden wir bestimmt zu den Verlierern gehören.‘ 24 Er sprach: ‚Geht hinunter (d. h. verlaßt das Paradies). Die einen von euch sind Feinde der anderen. Ihr habt auf der Erde Aufenthalt und Nutznießung für eine Weile.‘“*

Die Unterschiede zum Bericht der Genesis beginnen damit, dass der Satan den beiden sagt, sie dürften nur nicht von dem Baum essen, weil sie dann zu Engeln würden und ewig leben würden. In der Heiligen Schrift heißt es stattdessen: „Sobald ihr davon esset, gehen euch die Augen auf, und ihr seid wie Gott, erkennend Gutes und Böses.“ Mohammed dürfte diese Formulierung nicht übernommen haben, weil sie eine Art Gotteslästerung enthält. Wie Gott sein ist für muslimische Vorstellungen buchstäblich undenkbar und darf nicht einmal auf hypothetischer Basis gesagt werden. Auch in der Sure 20, wo Mohammed noch von diesem Vorfall erzählt, findet sich eine ganz andere Formulierung als in der Heiligen Schrift. Da spricht der Satan vom Baum der Ewigkeit und von einer Königsherrschaft, die nicht vergeht (20,120). Sodann ist im Koran von Vergebung und Erbarmen die Rede und davon, dass Gott den Menschen „auf der Erde Aufenthalt und Nutznießung für eine Weile“ zusagt. Es werden damit zwei Begriffspaare angesprochen, die im Islam von zentraler Bedeutung sind. Vom Erbarmen Gottes ist im Koran immer wieder die Rede und auch davon, dass der Mensch sein Leben nur als vorübergehende Nutznießung der Erde betrachten soll. Beim Jüngsten Gericht wird dann abgerechnet. Von diesem Erbarmen und dieser Nutznießung ist in der Genesis keine Rede. Stattdessen lesen wir: „So ruht der Fluch um deinetwillen auf dem Acker. In Mühsal sollst du dich dein Leben lang von ihm ernähren. Dir soll er Dorn und Disteln tragen und doch mußt du das Kraut des Feldes essen. Im Schweiße deines Angesichtes wirst du dein Brot verzehren, bis du zur Erde wiederkehrst." (Genesis 1,17–19).

Der Unterschied könnte kaum größer sein. Mit „Aufenthalt" (mustaqarrun) spricht Mohammed die für Araber so wichtige Sesshaftigkeit an, das Wohnenkönnen an einem festen Ort; mit „Nutznießung" (matā'un) spricht er das leihweise und vorübergehende Über-etwas-Verfügen an, von dem im Koran wiederholt die Rede ist. Hier wird spürbar, dass der Islam den Begriff der Erbsünde nicht kennt. Für Adam und Eva hat sich im Islam durch ihren Sündenfall dank Gottes Barmherzigkeit nur geändert, dass sie nicht mehr im Paradies sind, ihre Blöße bedecken müssen und wissen, dass auf sie irgendwann der Tod und das Gericht warten.

Bei alldem wird nicht die Vorstellung von der mühseligen Arbeit im Schweiße des Angesichts aufgegriffen. Das hat mit den arabischen, vom Koran weitgehend bestätigten Wertsetzungen zu tun: Das mühsame Arbeiten zählt weder als Wert noch als Fluch; es kommt ihm einfach keine wesentliche Bedeutung zu. In der Bibel wird das Arbeiten immer wieder hochgehalten,[17] im Koran wird es kaum einmal erwähnt.

Das zeitgenössische Wort für arbeiten, „ištaġala", begegnet im Koran überhaupt nicht. Das diesem Verb zugrunde liegende Verb „šaġala" seinerseits, welches „beschäftigen" und reflexiv „sich beschäftigen" heißt, kommt nur zweimal vor. Einmal wird es negativ, tadelnd eingesetzt. „Unser Vermögen und unsere Angehörigen haben uns zu sehr in Anspruch genommen", lesen wir da (48,11). Die Wendung ist charakteristisch für die Einstellung des Korans zum Arbeiten. Dieses kann bedeuten, dass man seine Aufmerksamkeit Dingen und Tätigkeiten schenkt, die von dem, was einzig wichtig ist, Gott, ablenken. Aufschlussreich ist auch der zweite, positiv angesetzte Beleg für „šaġala", „sich beschäftigen": „Die Gefährten des Paradieses finden heute Beschäftigung und Wohlbehagen. Sie und ihre Gattinnen befinden sich im Schatten und lehnen sich auf Liegen" (36,55). Positiv kann also die Beschäftigung gesehen werden unter der Voraussetzung, dass sie, als paradiesischer Zustand genüsslichen Ausruhens nichts, aber auch gar nichts mit einer Arbeit zu tun hat, die von Gott ablenkt.

„'amila", das zunächst „tun, machen" bedeutet, aber auch „arbeiten" heißen kann, begegnet zwar häufig, 93-mal,[18] aber fast ausschließlich in Wendungen wie „Gutes tun", „gute Werke tun", „Böses tun" u. ä. Ich sehe im Koran nur eine Stelle, wo „'amila" wirklich „arbeiten" meint und bis zu einem gewissen Grad positiv eingesetzt wird; wobei dieses Arbeiten wohl bezeichnenderweise eines von Djinn ist. Im Vers 13 der Sure 34 heißt es von den Djinn des Salomon: „Sie machten ihm, was er wollte an Heiligtümern, Bildwerken, Schüsseln und Trögen und feststehenden Kesseln."[19] Es folgt anscheinend sogar im gleichen Vers eine Aufforderung an die Sippe Davids, ihre Arbeit in Dankbarkeit zu verrichten.[20]

„ṣana'a", das handwerkliches Arbeiten und Verfertigen meint, begegnet immerhin 17-mal, davon aber zehnmal in der schlichten Bedeutung von „machen", mit einer gewissen Neigung zu „erwerbsmäßig machen". Höchst interessant ist nun, dass dieses Machen, wie sich schon bei „'amila", „arbeiten" andeutet, in der Regel negativ und unheilvoll gesehen wird. So heißt es z. B. im Vers 16 der Sure 11: „wertlos ist, was sie in ihm vollbracht haben"; im Vers 31 der Sure 13 liest man: „sie wird eine Katastrophe treffen für das, was sie gemacht haben"; im Vers 69 der Sure 20 steht: „was sie gemacht haben, ist nur die List des Zauberers", im 137. Vers der Sure 7 heißt es: „und Wir zerstörten, was Pharao und sein Volk zu machen pflegten".

Hier kommen wir anlässlich des Begriffs Arbeiten auf Moses und den Pharao zurück: Der Pharao und sein Volk tun genau das, was man nicht tun sollte – sie arbeiten, um ihren Reichtum zu mehren und sich prachtvolle Paläste zu errichten.

Es spricht also alles dafür anzunehmen, dass der Koran empfiehlt, das Arbeiten nur als Lebensunterhalt zu betrachten, auf den es nicht wesentlich ankommt. (Darin kann, volkswirtschaftlich betrachtet, ein Nachteil liegen.) Höchst bedeutsam ist, dass er sogar davor warnt, dem Handel, einer Form der Arbeit, mit der er durch seinen Werdegang sehr vertraut war, den ersten Platz im Leben einzuräumen. In Sure 24, Vers 27 spricht er lobend von Gläubigen, „die weder Handel noch Kaufgeschäfte ablenken vom Gedenken Gottes". In Sure 62,11 ist tadelnd von Leuten die Rede, die, „wenn sie einen Handel oder eine Gelegenheit zur Zerstreuung sehen", hinlaufen und den Gesandten Gottes stehen lassen. „Sprich: Was bei Gott ist, ist doch besser als Zerstreuung und Handel." Rein religiös und theologisch betrachtet verrät diese Unterordnung des Arbeitens unter die Hingabe an Gott ein bewundernswert geschlossenes theologisches System. Religiöse und gesellschaftspolitische Aspekte des Islam liegen nicht auf einer Ebene, sondern letztere sind ersteren unter- und zugeordnet.

Diese Allausrichtung auf die Hingabe an Gott, die jede mittlere Zuwendung zurückstellt, wirkt sich auch auf dem Sektor der Liebe aus, eines Themas, das wie das der Arbeit im Koran kaum vorkommt, während es in der Bibel gang und gäbe ist. Der Koran verzeichnet hier zwar 85 Belege,[21] aber diese stehen mit Ausnahme von nur zweien in Wendungen wie „Gott liebt das Unheil nicht“ (2,205), „Gott liebt, die Gutes tun“ (3,134), „Gott liebt die nicht, die Unrecht tun“ (3,57.140; 42,40), „Gott liebt die, die gerecht handeln“ (5,42; 49,9; 60,81) etc. Vergeblich würde man im Koran einen Satz suchen wie: „Ein neues Gebot gebe ich euch: Liebt einander! Wie ich euch geliebt habe, so sollt auch ihr einander lieben.“ Erst recht fehlt die Vorstellung, dass Gott als der gute Hirt dem verirrten Schaf nachgeht: „Gott liebt die nicht, die Übertretungen begehen“, heißt es stattdessen wiederholt im Koran (2,190; 5,87; 7,55). Man merkt, dass dem Islam ein Vermittler wie Christus fehlt, ein „also hat Gott die Welt geliebt, dass er seinen eingeborenen Sohn dahingab“ (Joh. 3,16); das ist das große Vorbild, dem der Christ nacheifern sollte.

Die beiden einzigen Stellen, an denen im Koran von Gottes Liebe die Rede ist, sind Sure 5,54, wo es heißt: „die Er liebt und die Ihn lieben“, und Sure 3,31, wo wir lesen: „Wenn ihr Gott liebt, dann folgt mir, so wird Gott euch lieben.“ Dieser beiden Verse bedienen sich die Sufis, um ihre Liebesmystik in Übereinstimmung mit dem Koran zu entwickeln. Beachten wir aber auch, dass in beiden Fällen eine Art Bündnis vorliegt: Gott liebt die, die ihn lieben. Gott liebt die, die ihn so lieben, wie es der Koran vorschreibt. Das geht aus dem zweiten Zitat klar hervor: „Wenn ihr Gott liebt, dann folgt mir [d. i. Mohammed], so wird Gott euch lieben.“

Ich will den wichtigen Vers Sure 5,54 ganz zitieren, dann wird noch deutlicher, dass „lieben“ hier den Bund mit Gott und das Zusammengehörigkeitsgefühl der Gläubigen meint:

> *„O ihr, die ihr glaubt, wenn einer von euch von seiner Religion abfällt, so wird Gott [anstelle der Abgefallenen] Leute bringen, die Er liebt und die Ihn lieben, die den Gläubigen gegenüber sich umgänglich zeigen, den Ungläubigen gegenüber aber mit Kraft auftreten, die sich auf dem Weg Gottes einsetzen und den Tadel des Tadelnden nicht fürchten.“*[22]

Einen Satz wie „Darum sollst du den Herrn, deinen Gott lieben mit ganzem Herzen, mit ganzer Seele und mit ganzer Kraft“ (Deut. 6,5), der bei Markus (12,30), Matthäus (22,37) und Lukas (10,27) in ähnlicher Formulierung zu finden ist, würde man im Koran vergeblich suchen. Das gilt natürlich erst recht für das Gebot: „Du sollst deinen Nächsten lieben wie dich selbst.“ Es hat im Christentum solches Gewicht, dass wir es im Levitikus (19,11), bei Markus (12,31), Matthäus (22,39) und Lukas (10,27) gleichlautend finden. Das Gebot, seine Feinde zu lieben (Mt. 5,43 ff. und Lk. 6,27 ff.), entfällt selbstverständlich im Islam auch. Liebe ist im koranischen Islam, wenn überhaupt, nur denkbar als Verbundenheit von Gläubigen untereinander und als Bündnis von Gläubigen mit Gott. Und Letzteres schließt jede innige Beziehung aus. Deshalb gibt es im koranischen Islam auch keine Entsprechung zu dem uns so vertrauten Vater unser oder zur Vorstellung vom Guten Hirten, der dem verirrten Schaf nachgeht und dafür die anderen zurücklässt; oder noch zur Freude über den bekehrten Sünder, die größer ist als die über 99 Gerechte. Undenkbar schließlich wäre auch ein Satz wie: „Ich bin gekommen, um die Sünder zu rufen, nicht die Gerechten." (Mk. 2,17; Mt. 9,13; Lk. 5,32) Im Koran steht wiederholt zu lesen: „Gott liebt die nicht, die Übertretungen begehen" (2,190; 5,87; 7,55), und: „Gott liebt die, die gerecht handeln" (5,42; 49,9; 60,8).

Es mag zunächst überraschen, wenn wir diese tiefgreifenden Unterschiede zwischen christlicher Profilierung der Liebe und muslimischer weitgehender Aussparung dieses Begriffs auf die im Koran vorgeschriebene Hingabe an Gott als immer letztes Motiv zurückführen wollen.

Halten wir in diesem Zusammenhang zunächst einmal fest, dass der Koran immer wieder dazu aufruft, Gutes zu tun und Almosen zu geben.[23] Der Hadith baut diesen Aspekt des Islam noch nach Kräften aus und exemplifiziert ihn. Wenn gleichwohl nicht von Liebe zum Nächsten die Rede ist, so hat dies mit dem Bemühen zu tun, klarzustellen, dass die Hinwendung zum Nächsten erst über die Hingabe an Gott, als deren zeichenhafte Präsenz wertvoll wird. Und wenn kaum von Liebe zu Gott gesprochen wird, so hat dies seinen tiefen Sinn darin, dass der Muslim auf diese Weise nicht vergisst, dass Gott der ganz Große ist, dem sich der Mensch nur mit dem gebotenen Respekt, mit Gottesfurcht zuwenden sollte.

Anmerkungen zu Kapitel 2

1 Dazu Joachim Gnilka, Bibel und Koran. Was sie verbindet, was sie trennt, Freiburg/Basel/Wien 2004, S. 46.

2 Vgl. hierzu die fundamentale Quellenstudie von Heinrich Speyer, Die biblischen Erzählungen im Qoran, 1. Auflage 1931, Nachdruck Darmstadt 1961.

3 Christoph Luxenberg, Die Weintrauben des Paradieses, in: Publik-Forum 7, 9. April 2004, S. 56. Zum Ganzen ausführlich: Christoph Luxenberg, Die syroaramäische Lesart des Koran, 2., erw. Aufl. 2004.

4 Hans Küng, Der Islam, München/Zürich 2004, S. 75 ff. – Zum Ganzen auch Rudi Paret, Mohammed und der Koran, Stuttgart/Berlin/Köln 8. Aufl. 2001, S. 42 ff.

5 Nöldeke, Th. – Schwally, F., Geschichte des Qoran, Teil 1 und 2, Leipzig 3. Aufl. 1961, Teil 3 mit Ergänzungen von G. Bergsträsser und Otto Pretzl, Leipzig 2. Aufl. 1938; Nachdruck des Gesamtwerks Hildesheim 1961. Régis Blachère, Introduction au Coran, Paris 2. Aufl. 1977.

6 Adel Theodor Khoury, Der Koran. Arabisch-Deutsch, Übersetzung und wissenschaftlicher Kommentar, 12 Bde., Gütersloh 1990–2001.

7 Eine geschlossene Nacherzählung der gesamten Geschichten laut Koran findet man bei H. Speyer, a. a. O.

8 Zahlreiche Belege hierzu in: Qurān karîm tasfîr wa bayān ma'a aslāb annazūl lil sayūti ma'a fahāris kāmila lil mavidi'a wa alfād i'abāt Dr. Muhammad Hassan al-Humsi, Dār Arrašîd, Damaskus, Beirut o. J. Es handelt sich um eine Ausgabe des Korans mit einer leider fast nur Verbformen enthaltenden zuverlässigen Konkordanz, auch einer zu Themen des Korans wie „Djihad".

9 Dazu H. Speyer, S. 260.

10 Näherers bei H. Speyer, S. 258 ff.

11 Nach H. Speyer, S. 147 f.

12 Nach H. Speyer, S. 130 ff.

13 Mohammed weicht klar von seinen Quellen (Philo, De Abrahamo; Buch der Jubiläen; nach H. Speyer, S. 125) ab, indem er Abraham gewissermaßen den Prozess der Bekehrung vom Götterglauben vorexerzieren lässt.

14 Vgl. Anm. 8.

15 Vgl. Kap. 1, Anm. 19.

16 Den entsprechenden Abschnitt aus ‚Adam und Eva' zitiert Adel Theodor Khoury in seiner arabisch-deutschen Ausgabe des Korans, Bd. I, S. 228.

17 Vgl. etwa Kolosser 3,23: „Tut eure Arbeit gern, als wäre sie für den Herrn und nicht für den Menschen", 2. Thess. 3,10: „Wir ermahnen sie und gebieten ihnen im Namen Jesu Christi, des Herrn, in Ruhe ihrer Arbeit nachzugehen und ihr selbst verdientes Brot zu essen." Die ‚Neue Konkordanz zur Einheitsübersetzung der Bibel', Düsseldorf u. Stuttgart 1996, verzeichnet 128 Belege für „Arbeit, arbeiten" und gibt weitere 150 Belegstellen an. Der verbreitete Leitsatz christlichen Mönchtums, „ora et labora", wäre für islamisches Denken auch unvorstellbar.

18 Diese und alle einschlägigen Belege nach der in Anmerkung 8 zitierten Konkordanz.

19 Ähnlich 21,82: „und auch unter den Satanen welche, die für ihn tauchten und noch andere Arbeiten verrichteten".

20 Das gilt nur, wenn wir der Übersetzung von A. Th. Khoury folgen. Rudi Paret übersetzt mit guten Gründen anders: „Stattet der Sippe Davids (die euch derartige Errungenschaften hinterlassen hat, euren) Dank ab!"

21 Nach der in Anmerkung 8 dieses Kapitels zitierten Konkordanz.

22 Vgl. auch Hadith 95, 380, 382, 385 und 387 aus den Riyād us Sālihīn, Gärten der Tugendhaften, Garching und München 1996.

23 Vgl. etwa 2,62.197.215; 5,69; 18,88; 19,60; 20,82; 25,71; 28,67.80; 30,44; 34,37; 40,40; 41,33.46; 45,15; 99,7.

3. Freude und Lachen

Die religiöse Grundbotschaft des Korans kann man etwa so umschreiben: Glaubt an den einen Gott und an die Botschaft, die er seinem Gesandten herabgesendet hat; tut Gutes, behandelt eure Frau bzw. eure Frauen gut; setzt euch mit eurem Vermögen und eurer Person für den Islam ein; bemüht euch nicht zu sehr um Diesseitiges, richtet euch vielmehr auf das Jenseits aus. Dann wird euer Lohn im Diesseits und mehr noch im Jenseits groß sein. Auf die Ungläubigen, die dieser Rechtleitung nicht folgen und sich nicht zu ihr bekehren, wartet das Feuer der Hölle.

Diese religiöse Grundbotschaft wird in den 114 Suren variiert, verfeinert und auf Situationen angewendet. So steht in den vor der Hidschra, in Mekka entstandenen Suren die Auseinandersetzung mit dem Polytheismus, mit dem Götterglauben der Vorfahren und des eigenen Stammes im Vordergrund. In den nach der Hidschra, in Medina „herabgesandten" Suren setzt sich Mohammed hingegen überwiegend mit den „Leuten des Buches", d. h. mit Juden und Christen auseinander. Deren Offenbarung (deren „Buch") erkennt Mohammed an, jedoch nur als Vorform, die in der ihm zuteilgewordenen Offenbarung ihre nunmehr maßgebliche Erfüllung gefunden habe. Er sieht sich als „das Siegel der Propheten", als den endgültigen Propheten.

Die Grundbotschaft des Korans ist im gleichen Maße für den gläubigen Moslem eine Frohbotschaft wie für den Ungläubigen die Androhung des Feuers der Hölle. Mohammed macht von diesem Instrumentarium in fast allen Suren reichlich Gebrauch. Immer wieder geht es um die Gläubigen, denen das himmlische Paradies winkt, und um die Ungläubigen, auf die das Feuer wartet. Das arabische Wort für „verkünden", baššara", hält den Charakter der Frohbotschaft fest. Das zugrundeliegende Grundverb, „bašara", heißt „sich freuen". Der zweite Stamm hiervon, „baššara", hat kausative Bedeutung und heißt „frohmachen" und eben auch „verkünden" oder auch „die Frohbotschaft verkünden". Mohammed nennt sich im Koran wiederholt „Freudenbote und Warner" (baššīr wa naḏīr).[1] In dieser Verbindung sind beide Aspekte, das Frohmachen und das Drohen, enthalten.

Freude und Lachen im Koran

Man sollte nun annehmen, dass im Koran viel von Freude die Rede sei, aber dem ist nicht so, nicht einmal im Zusammenhang mit dem Paradies. Dieses wird in der Regel beschrieben als „Gärten, unter denen Bäche fließen".[2] Der Paradiesgarten ist also wohl der Situation der Oase nachempfunden. Ein anderes Wort für „sich freuen", „faraha", begegnet zwar recht häufig, jedoch lässt sich hier etwas Ähnliches beobachten wie bei den Verben im Umkreis des Arbeitens, mit denen wir uns im vorausgehenden Kapitel befasst haben. Mohammed hat offensichtlich Vorbehalte gegenüber gewissen lauten Formen der Freude. Wenn er davon spricht, so gibt er oft zu erkennen, dass darin etwas Trügerisches liegen kann. So heißt es z. B. von den Moslems, die nicht mit Mohammed in den Kampf gezogen sind: „Es freuen sich die Zurückgelassenen darüber, daß sie im Gegensatz zum Gesandten daheimgeblieben sind, und es ist ihnen zuwider, sich mit dem Vermögen und mit ihrer eigenen Person auf dem Weg Gottes einzusetzen. Und sie sagen: ‚Rückt nicht in der Hitze aus!'" (9,81) Und Mohammed warnt diejenigen, die solche Ausflüchte ergreifen und sich freuen: „Sprich: Das Feuer der Hölle ist noch heißer; wenn sie es doch begreifen könnten!" Im Weiteren heißt es sogar: „Und bete niemals über einen von ihnen, der gestorben ist, und stehe nicht bei seinem Grab. Sie haben Gott und seinen Gesandten verleugnet, und sie starben als Frevler." (9,84) Genauso deutlich ist folgende Stelle: „Und meine nicht, daß diejenigen, die sich freuen über das, was sie vollbracht haben [...] der Pein entrinnen. Bestimmt ist für sie eine schmerzhafte Pein." (3,188)

An anderen Stellen scheint noch klarer durch, vor welcher Freude Mohammed warnen will. So heißt es in der Sure 40, Vers 75: „Dies, weil ihr euch auf der Erde zu Unrecht der Freude hinzugeben und unbekümmert zu leben pflegtet". Mit der Freude ist es für Mohammed ähnlich wie mit der Arbeit: Sie kann bedeuten, dass man sich dem Diesseits hingibt, diesem den Platz einräumt, der Gott gebührt. Dieser Gedanke steht im Hintergrund, wenn Mohammed sogar ausdrücklich davor warnt, froh zu sein: „Sei nicht froh, Gott liebt die nicht, die zu sehr froh sind." (28,76) Gewiss denkt hier Mohammed zunächst an seine götzendienerischen Gegner, die es sich gut gehen lassen und die glauben, über den Propheten und seine Jünger lachen zu können. „Sie sollen ein wenig lachen, und sie sollen viel weinen", heißt es an anderer Stelle (9,82). Auch hier spricht Mohammed zunächst von seinen Gegnern, aber diese Warnung des Korans gilt für alle, die zu viel lachen und daraus eine Art Lebensinhalt machen, der die Ausrichtung auf das Jenseits zu kurz kommen lässt. In der Sure 53 warnt Mohammed diejenigen, die lachen anstatt zu weinen, vor der Stunde des Gerichts (53,60). Dann werden sie nichts mehr zu lachen haben, will er sagen.

Seine Haltung gegenüber der Freude und dem Lachen fällt umso mehr auf, als beide Termini in der Heiligen Schrift der Christen häufig vorkommen und dort zumeist ohne Vorbehalt genannt werden. Die Belege zu „Freude" nehmen in der Neuen Konkordanz zur Einheitsübersetzung der Bibel,[3] die ich benutze, elf Spalten ein, die zu „Lachen" immerhin eine ganze Spalte. Darunter sind für koranische Begriffe undenkbare Sätze wie „Doch er, der im Himmel thront, lacht" (Ps. 2,4) und „Gott ließ mich lachen; jeder, der davon hört, wird mit mir lachen" (Gen. 21,6). Man könnte meinen, dass etwas von dieser unterschiedlichen Sichtweise in den Namen der Stammväter von Muslimen und Israeliten bzw. Christen symbolisch zum Tragen komme. Isaak bedeutet „Gott möge lachen", Ismael hingegen „Gott erhört" …

Der Mohammed des Korans ist ein Warner, der das hämische Lachen seiner Gegner anprangert. Der Gläubige soll das Diesseits nur als Ort einer vorübergehenden Nutznießung sehen: „Das diesseitige Leben ist ja nur eine betörende Nutznießung" (3,185)[4], heißt es in leichter Abwandlung zu wiederholten Malen im Koran. Die Gottlosen geben sich dem kurzen Genuss gedankenlos hin (47,12; 15,3; 46,20; 9,69).[5] Freude und Lachen werden daher im Koran nur akzeptiert, wenn sie vom Verdacht frei sind, frevlerische Hingabe an das Diesseits zu sein. Nichts einzuwenden ist daher, wenn Gott die Freude gibt (vgl. etwa 30,36 und 42,48) oder wenn das Lachen Ausdruck des Glaubens ist: „Heute lachen diejenigen, die glauben, über die Ungläubigen" (83,34). Vom Tag des Gerichtes heißt es einmal, dass an ihm die Gläubigen strahlende Gesichter haben, lachen und sich freuen (80,39).

Die Thematik von Freude und Lachen fügt sich so nahtlos in eine Religion ein, die ganz auf das Jenseits ausgerichtet ist. Immer wieder weist Mohammed auf den Jüngsten Tag, das Gericht, „den Tag" oder die Rückkehr zu Gott hin. Schon in der ersten Sure, der Eröffnungssure, heißt es von Gott, dass er Verfügungsgewalt besitzt über den Tag des Gerichtes (Vers 4); in Sure 2, Vers 4 nennt Mohammed die Gläubigen diejenigen, „die über das Jenseits Gewißheit hegen". In der gleichen Sure, Vers 48, legt er den Kindern Israels ans Herz: „hütet euch vor dem Tag, an dem keine Seele für eine andere etwas begleichen kann". „An Gott und den Jüngsten Tag glauben" ist eine Formel, die ebenfalls noch in Sure 2, in den Versen 228 und 232 begegnet. In der Sure 3 finden sich gleich acht Verweise auf das Jüngste Gericht, „den Tag" oder die Rückkehr zu Gott (Vers 9, 25, 55, 77, 114, 161, 189, 185). Diese Belege mögen genügen. Der Gedanke an das Jüngste Gericht ist aus dem Islam nicht wegzudenken. Und hiermit hängt es zusammen, wenn die Freude und das Lachen, insbesondere das seiner Gegner, für Mohammed Zeichen einer verwerflichen Anhänglichkeit an das Diesseits sind.

An zahlreichen Stellen des Korans wägt Mohammed Diesseits und Jenseits gegeneinander ab. „Das sind diejenigen, die das diesseitige Leben gegen das Jenseits erkauft haben", liest man in Sure 2, Vers 86. Mohammed war Kaufmann, bevor ihn seine Berufung erreichte; das spürt man in dieser Formulierung durch. Vergleichbar argumentiert Mohammed in Vers 16 der gleichen zweiten Sure: „Das sind die, die den Irrtum um die Rechtleitung erkauft haben. Doch bringt ihr Handel keinen Gewinn." Mohammed sieht die Ungläubigen als Menschen, die sich das diesseitige Leben erkauft haben, indem sie auf das Jenseits verzichteten. Hinter solchen Formulierungen kann man die sozialen Bedingungen erkennen, unter denen Mohammed lehrte. Wer auf das Jenseits verzichtete, dem Glauben abschwor, machte sich dadurch lieb Kind bei den Reichen und konnte daraus finanzielle Vorteile ziehen. Der Moslem hingegen gab oft die Vorteile des Diesseits auf, wenn er sich für den Islam entschied. Mohammeds Gefolgsleute waren lange überwiegend Frauen und Sklaven. Klar unterscheidet Mohammed: „unter euch gibt es welche, die das Diesseits wollen, und unter euch gibt es welche, die das Jenseits wollen" (3,152). Wer ausschließlich das Diesseits will, ist eben dadurch ein Ungläubiger; und „das Jenseits wollen" ist eine Umschreibung für den Moslem. „Euch wird euer Lohn am Tag der Auferstehung voll erstattet", verspricht er ihnen (3,185) und stellt klar: „Das diesseitige Leben ist ja nur eine betörende Nutznießung." Immer wieder begegnet im Koran diese Wendung.[6] „Genießet nur, ihr treibt ja ins Feuer" (14,30), ermahnt er diejenigen, die sich an das Diesseits hängen. „So genießt nur, ihr werdet es noch zu wissen bekommen", heißt es wiederholt (16,55; 30,34). „Laß sie nur essen und genießen und sich durch die Hoffnung ablenken lassen", steht an anderer Stelle (15,3) zu lesen. „Betört hat sie das diesseitige Leben", sagt Mohammed von diesen Menschen (6,130; 7,51). „Ihr wollt die Güter des Diesseits, und Gott will das Jenseits", ermahnt er sie (8,67). Ein andermal nennt er die Ungläubigen „Diejenigen, die nicht erwarten Uns [d. i. Gott] zu begegnen, die mit dem diesseitigen Leben zufrieden sind" (10,7). Zu wiederholten Malen lehrt er: „Und was immer euch zuteil geworden ist, ist Nutznießung und Schmuck des diesseitigen Lebens. Was aber bei Gott ist, ist besser und beständiger" (28,60; 42,36).

Er mahnt seine Anhänger, nicht neidvoll auf die reichen Ungläubigen zu blicken. „Nicht sollen dir ihr Vermögen und ihre Kinder gefallen. Gott will sie ja im diesseitigen Leben nur peinigen" (9,55 und 9,85). Die Kinder dieser Reichen laufen stolz und gut gekleidet einher. Darin, will Mohammed sagen, liegt für diese sozialen Schichten kein Segen, sondern eher die Aussicht auf eine große Pein im Jenseits: „Denjenigen, die Gold und Silber horten […] verkünde eine schmerzhafte Pein“ (9,34). „Schmerzhafte Pein“ ist eine Umschreibung für „Hölle“. Seine Gläubigen ermahnt er: „Und wißt, daß euer Vermögen und eure Kinder eine Versuchung sind und daß Gott einen großartigen Lohn bereithält“ (8,28). Die Moslems sollen solche Güter nicht als ein großes Glück betrachten, sondern als eine Versuchung, das viel wichtigere Jenseits zu vergessen oder auch nur hintenanzustellen. Die Ungläubigen aber, denen es gut geht, kommen in die Hölle: „Sie haben auf der Erde eine Nutznießung, dann wird ihre Rückkehr zu Uns [d. i. zu Gott] sein. Dann lassen Wir sie die harte Pein kosten dafür, daß sie ungläubig waren.“ (10,70) Die Ungläubigen schauen darauf, welche der sozialen Gruppen „eine bessere Stellung und eine schönere Gesellschaft“ hat. Aber damit befinden sie sich letztlich im Irrtum: „Wie viele Generationen haben Wir vor ihnen verderben lassen, die sie in Ausstattung und Aussehen übertrafen“ (19,73 f.).

Der Moslem sollte also die Frevler nicht um den Lebensgenuss, dessen sie sich brüsten, beneiden. Unmissverständlich heißt es: „Diejenigen aber, die ungläubig sind, genießen und essen, wie das Vieh frißt; das Feuer ist ihre Bleibe“ (47,12). Ein andermal liest man: „Ihr habt eure köstlichen Dinge im diesseitigen Leben aufgezehrt und genossen. Heute wird euch mit der schmählichen Pein vergolten“ (46,20). Deutlich ist auch folgende Stelle: „Genieße deinen Unglauben ein wenig; du gehörst zu den Gefährten des Feuers“ (39,8).

Ähnlich wie im Falle von „Freude“ und „Lachen“ nimmt so das Genießen im Koran eine andere Stellung ein als in der Bibel, genauer im Alten Testament. Dort erhält „genießen“ oft eine positive Bedeutung. Ich zitiere ein paar Stellen. In den Psalmen lesen wir: „Was deine Hände erwarben, kannst du genießen; wohl dir, es wird dir gut ergehen“ (Ps. 128,2). Im Buch der Weisheit werden wir aufgefordert: „Auf, laßt uns die Güter des Lebens genießen und die Schöpfung auskosten, wie es der Jugend zusteht“ (2,6). Bei Jesaia steht geschrieben: „Wohl dem Gerechten, denn ihm geht es gut; er wird die Frucht seiner Taten genießen.“

Der den Köstlichkeiten des Lebens zugewandte Mohammed

Es wäre jedoch völlig verfehlt, in Mohammed einen grimmigen Asketen oder einen Duckmäuser zu sehen. Immer wieder ist im Koran von den „köstlichen Dingen“ (ṭayyibāt) die Rede, die der Gläubige bejahen soll. „Eßt von den köstlichen Dingen, die Wir euch beschert haben“, spricht Gott in Sure 20,

Vers 81. In Sure 7,32 heißt es: „Sprich! Wer hat denn den Schmuck verboten, den Gott für seine Diener hervorgebracht hat, und auch die köstlichen Dinge des Lebensunterhalts?“[7]

Mohammed weiß, dass „bei Gott die schöne Heimstatt“ und dass alles Irdische nur „Nutznießung“ ist. Aber er weiß auch, dass die Frauen begehrenswert sind, und hat sich ihren Reizen nie verschlossen. „Verlockend ist den Menschen gemacht worden die Liebe zu dem, was man begehrt: Frauen, Söhne, ganze Zentner von Gold und Silber, gekennzeichnete Pferde, Vieh und Ackerbau. Das ist Nutznießung des diesseitigen Lebens. Aber bei Gott ist die schöne Heimstatt.“ (3,14) Der Prophet hat die Frau, die lange, bis zu ihrem Tod, seine einzige war, sehr geliebt und geschätzt. Sie war die erste und treue Anhängerin seiner Lehren, hat ihn darin bestärkt, an seine Sendung zu glauben. Drei Jahre nach ihrem Tod, 622, heiratete Mohammed Aischa, später noch weitere Frauen, insgesamt dreizehn. Aischa blieb seine Lieblingsfrau. Einige dieser Frauen waren Witwen von im Kampf gegen die Ungläubigen gefallenen Moslems, so dass sie auf diese Weise mitsamt ihren Kindern versorgt wurden. Tief blicken lassen allerdings die Sonderrechte, die sich Mohammed zubilligte. Sure 33, Vers 50 lautet:

> *„O Prophet, Wir [d. i. Gott] haben dir für erlaubt erklärt zu heiraten: deine Gattinnen […]; das, was deine rechte Hand besitzt von dem, was Gott dir als Beute zugeteilt hat [das sind die Sklavinnen]; die Töchter deines Onkels und die Töchter deiner Tanten väterlicherseits, die Töchter deines Onkels und die Töchter deiner Tanten mütterlicherseits, welche mit dir ausgewandert sind [mit anderen Worten alle Cousinen väterlicher- und mütterlicherseits]; auch jede gläubige Frau […], falls der Prophet sie heiraten will: Dies ist dir vorbehalten im Unterschied zu den Gläubigen [die bekanntlich „nur“ vier Frauen heiraten durften] […], damit für dich kein Grund zur Bedrängnis bestehe.“*

Mohammed erhob also diesbezüglich zugegebenermaßen überdimensionale Ansprüche, wie nach dem Tod von Chadidscha offenkundig wurde. Wir dürfen also wohl festhalten, dass Mohammed den Frauen sehr zugetan war, und dabei dürfte der ansonsten von ihm verurteilte Genuss und mit ihm Freude und Lachen eine Rolle gespielt haben.

Man sagt Mohammed nach, dass er eher ernst gewesen sei und wenig gelacht habe. Doch stehen diesem Befund zahlreiche Belege der Überlieferung entgegen, bei denen es heißt. „Der Gesandte lachte.“[8] Unter den Anlässen, die den Propheten zum Lachen brachten, gibt es da solche eindeutig weltlicher Natur. So lachte er triumphierend, als er im Wettlauf mit Aischa den Sieg davontrug. Oder er rät einer Frau, einen gewissen Sālim zu säugen, und muss lachen, als diese ihn darauf aufmerksam macht, dass dieser ein Erwachsener ist.[9] In anderen Fällen verrät sein Lachen einen frommen Sinn. So lacht er erleichtert, als er durch die rituelle Waschung seine Sünden erlassen bekommt.[10] Nicht selten – zwanzigmal – wird vom Propheten berichtet, dass er herzhaft gelacht habe, so herzhaft, dass seine Weisheitszähne dabei zu sehen waren.[11]

Nach Yusuf Al-Qaradawi berichtet Aischa Folgendes:

> „*Eines Tages fragte mich Allahs Gesandter: ‚Was ist das?‘ Ich antwortete: ‚Meine Puppen.‘ Er fragte: ‚Und was ist das in der Mitte?‘ ‚Ein Pferd‘, antwortete ich. ‚Und was ist daran?‘ fragte er. ‚Flügel‘, sagte ich. ‚Ein Pferd mit Flügeln?‘ fragte er. ‚Hast du nicht gehört, daß Salomo, der Sohn Davids, Pferde mit Flügeln hatte?‘ sagte ich. Darauf lachte Allahs Gesandter so herzlich, daß ich seine Backenzähne sehen konnte.*“[12]

Wie fein Mohammed den Inhalt eines Lachens zu wägen wusste, zeigt die Geschichte von Sarahs Lachen, wie er sie im Koran erzählt.

Wir dürfen annehmen, dass er dabei auf dem Bericht der Genesis, Kapitel 17–18 fußt. Dort spricht Gott zu Abraham und verkündet ihm, dass Er seine Frau Sarah segnen und zur Völkermutter machen wird. Und Abraham fällt auf sein Antlitz, lacht und spricht bei sich: „Sollte einem Hundertjährigen noch ein Kind geboren werden, oder sollte Sarah, die Neunzigjährige, noch gebären können?“ (17,16–17) Und auch Sarah lacht: „sie lacht in sich hinein, indem sie dachte: ‚Welk geworden, sollte ich noch der Liebe pflegen?‘“ (18,12)

Daraus wird im Koran (11,71–73) Folgendes:

> „*Seine Frau stand da. Da lachte sie. Da verkündeten Wir ihr Isaak, und nach Isaak Jakob. Sie sagte: ‚O wehe mir, soll ich noch gebären, wo ich doch alt bin und dieser mein Mann ist ein Greis? Das ist doch eine verwunderliche Sache.‘ Sie [die Boten] sagten: ‚Bist du verwundert über den Befehl Gottes? Die Barmherzigkeit Gottes und seine Segnungen kommen auf euch, ihr Leute des Hauses! Er ist des Lobes und der Ehre würdig.*‘“

Halten wir zunächst einmal fest, dass im Koran Abraham nicht lacht. Das Lachen Abrahams im Text der Genesis dürfte Mohammed leicht frevelhaft und eines Stammvaters nicht würdig erschienen sein. Es beinhaltete einen leichten Zweifel an der Allmacht Gottes. Und was Sarahs Lachen anbetrifft, so setzt er dieses absolut und an den Anfang, noch bevor Sarah späte Nachkommenschaft verkündigt worden ist. Gottes Ratschluss nennt sie sodann, ohne zu lachen, sich lediglich wundernd, eine verwunderliche Sache. Diese Formulierung hebt die gebotene Achtung vor Gott nicht auf. Dass es auf diese ankommt, dass sie als Barmherzigkeit „des Lobes und der Ehre würdig“ ist, wird in der Schlusswendung, die Erzählung auf den Punkt bringend, herausgestellt.

Die Episode veranschaulicht so, was weiter oben zur Behandlung des Lachens gesagt wurde: dass Mohammed im ganz vom religiösen Ernst getragenen Koran dem Lachen gegenüber auf Distanz geht. Nur darf man nicht daraus schließen, dass Mohammed den Freuden des Lebens ablehnend gegenüberstehe und selbst nicht gelacht habe.

Freude an Tieren und an der Natur

Mohammed hat auch seine Freude an Tieren gehabt. Seine Kamelstute Qaswā hat er innig geliebt. Als er in Medina einzog, erbaute er dort, wo sie sich auf die Knie ließ, die erste Moschee. Einem Hadith zufolge, das ich bisher nicht habe ausfindig machen können, soll er sogar den Standpunkt vertreten haben, dass Tiere durchaus das himmlische Paradies mit den Gläubigen teilen können. Wie sehr er einen Blick für Tiere hat, zeigt sich schon daran, dass er im Koran zahlreiche Tiere nennt und man nicht weniger als sechs seiner Suren nach Tieren benannte. Die gewichtige Sure 2 heißt ‚Die Kuh‘, die Sure 6 ‚Das Vieh‘, die Sure 16 ‚Die Bienen‘, die Sure 27 ‚Die Ameisen‘, die Sure 29 ‚Die Spinne‘ und die Sure 105 ‚Der Elefant‘. Manchmal hat die Aufmerksamkeit für Tiere, etwa für die Kuh oder das Kalb, biblische Gründe. Die Israeliten verehrten das Goldene Kalb. Sie sollten Gott eine Kuh zum Opfer bringen. Aber es fällt doch auf, mit welcher Umsicht und Liebe die Eigenschaften dieser Kuh genannt werden. Es soll eine Kuh sein, „die weder alt noch zu jung zum Kalben ist, eben mittleren Alters“ (68). Und es soll „eine gelbe Kuh sein, deren Farbe intensiv ist und den Zuschauern Freude macht“ (69). „Es soll eine Kuh sein, die weder zum Pflügen des Ackers noch zum Bewässern der Felder gezwungen wurde, fehlerfrei und ohne Farbmischung“ (71).

Wie liebevoll denkt sich Mohammed in das Leben der Bienen ein (16,68 f.): „Und dein Herr hat der Biene eingegeben: ‚Nimm die Häuser in den Bergen, in den Bäumen und in den Spalieren. Dann iß von allen Früchten, wandle auf den Wegen deines Herrn, die [dir] leicht gemacht sind.‘“ „Aus ihren Leibern kommt ein Trank von verschiedenen Arten, in dem Heilung für die Menschen ist. Darin ist ein Zeichen für Leute, die nachdenken.“ Mohammed hat gern Honig gegessen, das spürt man hier. Er vergisst aber auch nicht, die Bienen als ein Zeichen zu sehen, das auf den Schöpfer hinweist.

Den Herdentieren widmet er sich wiederholt (16,5 ff.66; 22,34; 23,21):

„Auch hat Er [d. i. Gott] die Herdentiere erschaffen. An ihnen habt ihr Wärme und allerlei Nutzen; und ihr könnt davon essen. Und ihr habt an ihnen Schönes, wenn ihr [sie] abends eintreibt. Und sie tragen eure Lasten in ein Land, das ihr (sonst) nur mit größter Mühe hättet erreichen können." Und dann heißt es weiter im Text: „Und [erschaffen hat Er] die Pferde, die Maultiere und die Esel, damit ihr auf ihnen reitet, und auch [euch] zur Zierde." (16,8) Zu den Herdentieren schreibt er im weiteren Verlauf noch: „Einen Grund zum Nachdenken habt ihr in den Herdentieren. Wir geben euch von dem, was in ihrem Leib zwischen Kot und Blut ist, zu trinken, reine Milch, bekömmlich für die, die sie trinken." (16,66; vgl. auch 23,21)

Die Spinne kommt natürlich nicht so gut weg. Ihrer bedient sich Mohammed für ein Gleichnis: „Mit denen, die sich anstelle Gottes Freunde nehmen, ist es wie mit der Spinne, die sich ein Haus genommen hat. Das schwächste Haus ist ja das Haus der Spinne, wenn sie es doch wüßten!" (29,41) Die Ameisen, die bekanntlich unermüdlich arbeiten, müssen für eine Art Scherz herhalten. Als die Truppen des Salomo zum Ameisental kommen, „sagte eine Ameise: ‚O ihr Ameisen, geht in eure Wohnungen hinein, daß euch nicht Salomo und seine Truppen zermalmen, ohne es zu merken'" (27,18). Salomo lächelt daraufhin erheitert.

Oft ist auch im Koran bewundernd von Vögeln die Rede. Wer sie sieht, wie sie ihre Flügel ausbreiten und einziehen, und dabei nicht vom Himmel fallen, müsste darin, meint Mohammed, ein Zeichen göttlicher Schöpferkraft sehen (67,19).[13] Vögel werden auch als Helfer in der Schlacht betrachtet. Salomo versammelt nach Sure 27,17 ein Heer von Djinn, Menschen und Vögeln. Vögel sind es auch, die gemäß der Sure 105, die ‚Der Elefant' überschrieben ist, den Mekkanern gegen jenes Heer zu Hilfe kamen, das Mitte des 6. Jahrhunderts anrückte, um Mekka zu erobern. Sie bewarfen die Feinde „mit Steinen aus übereinandergeschichtetem Ton", was immer das genau sei, und so wurden diese besiegt. Einer Legende zufolge soll auch der Leitelefant, auf dem der feindliche Heerführer Abrahah ritt, seinen Teil dazu beigetragen haben: Er habe sich geweigert, Mekka zu betreten, habe sich einfach auf die Knie niedergelassen. Dieses Wunder wird in einem Leben Mohammeds nach den frühesten Quellen so erklärt: Der Araber, den man gezwungen hatte, den Elefanten zu führen, habe diesem den Befehl ins Ohr geflüstert, niederzuknien.[14]

Immer wieder werden so die Tiere als Zeichen eingesetzt, über die Gott zu den Menschen spricht. Immer wieder ermahnt Mohammed die Menschen, diese Zeichen zu bedenken. Das Wort „Zeichen" (ayāt) ist eines der häufigsten Wörter im Koran.

Und was für die Tiere gilt, das gilt auch für die Natur im Allgemeinen. Mohammed betrachtet sie liebevoll und einfühlsam, um sie als Zeichen von der Allmacht Gottes zu lesen. Es mag genügen, hierzu eine besonders eindrucksvolle Stelle (16,10–15) ausführlich zu zitieren:

> *„10 Er ist es, der vom Himmel Wasser hat herabkommen lassen. Davon habt ihr etwas zu trinken, und davon wachsen Sträucher, in denen ihr weiden lassen könnt. 11 Er läßt euch dadurch Getreide sprießen und Ölbäume, Palmen, Weinstöcke und allerlei Früchte. Darin ist ein Zeichen für Leute, die nachdenken. 12 Und Er hat euch die Nacht und den Tag, die Sonne und den Mond dienstbar gemacht. Auch die Sterne sind durch seinen Befehl dienstbar gemacht worden. Darin sind Zeichen für Leute, die verständig sind. 13 Und [da ist] auch, was Er euch auf der Erde in verschiedenen Arten geschaffen hat. Darin ist ein Zeichen für Leute, die [es] bedenken. 14 Und Er ist es, der euch das Meer dienstbar gemacht hat, damit ihr frisches Fleisch daraus eßt und Schmuck aus ihm herausholt, um ihn anzulegen. Und du siehst die Schiffe es durchspalten, ja, damit ihr nach etwas von seiner Huld strebt, auf daß ihr dankbar werdet. 15 Und Er hat auf der Erde festgegründete Berge gelegt, daß sie nicht mit euch schwanke, und Flüsse und Wege – auf daß ihr der Rechtleitung folget – 16 und Wegzeichen. Und mit Hilfe der Sterne finden sie die Richtung."*

Mohammed hat seine Freude an Tieren und an der wohlgefügten Natur, und er darf dies, weil sie für den Gläubigen Zeichen sind, die auf die Allmacht und Huld Gottes hinweisen.

Freude auf dem Weg Gottes

Man könnte meinen, dass wir uns von unserem Thema der Freude entfernen, wenn wir in diesem Zusammenhang auf das Thema des Djihad eingehen. Aber dem ist nicht so. Hören wir folgendes Zitat (3,169–171):

> *„Halte diejenigen, die auf dem Weg Gottes getötet werden, nicht für tot. Sie sind vielmehr lebendig bei ihrem Herrn, und sie werden versorgt, und sie freuen sich dabei über das, was Gott ihnen von seiner Huld zukommen ließ. Und sie erwarten die, die hinter ihnen [nachgekommen sind und] sie nicht eingeholt haben, voll Freude darüber, daß auch sie nichts zu befürchten haben und nicht traurig sein werden. Sie empfangen*

mit Freude Gnade und Huld von Gott und [freuen sich] darüber, daß Gott den Lohn der Gläubigen nicht verlorengehen läßt.“

An keiner Stelle des Korans wird so viel von Sichfreuen und Freude gesprochen. Sie ist, wie alle Stellen, die von Kampf handeln und ihn einfordern, zeitlich nach der Hidschra anzusetzen. In Medina begann der bewaffnete Kampf gegen die Mekkaner, gegen die Ungläubigen. Und er nahm bald beachtliche Dimensionen an. Ursache der Feindseligkeiten war einmal das alte Ressentiment der Mekkaner gegen Mohammed und seine Anhänger, sodann das Verlangen der Muslime, an ihren ehemaligen Verfolgern Rache zu üben. Es ging aber auch um handfeste wirtschaftliche Interessen. Die Muslime versuchten ihren Lebensunterhalt unter anderem mit Überfällen auf Karawanen der reichen Mekkaner zu sichern.[15] Mohammed gibt diesem Kampf ums Überleben den Anstrich eines Glaubenskampfes, den Gott den Gläubigen vorschreibt. Es gilt, die Ungläubigen zu vernichten. Wer im Krieg gegen sie fällt, geht dafür in die Freuden des Paradieses ein.

Es kam auch zu richtigen Schlachten. Die Schlacht bei Badr (624) endete mit dem Sieg einer muslimischen Minderheit gegen einen zahlenmäßig überlegenen Gegner: Etwa 300 Muslime besiegten ein Heer von ungefähr 950 mekkanischen Kriegern. Mit diesem Erfolg war für die junge muslimische Gemeinde der Durchbruch gelungen. Mohammeds Religion gewann an Ansehen. Es fiel demgegenüber kaum ins Gewicht, dass man ein Jahr später bei Uhud eine Niederlage bezog. Beim sogenannten Grabenkrieg sodann half den Muslimen von Medina eine Kriegslist, die ihnen ein persischer Muslim empfahl. Sie hoben um die Stadt einen tiefen Graben aus. Der hielt die Mekkaner zurück, und da diese nicht an Belagerungstaktiken gewöhnt waren, zogen sie unverrichteter Dinge wieder ab.

In dieser Zeit nun gelangen zahlreiche Verweise auf Kampf und die Pflicht zu kämpfen in den Koran. Es zeigt sich hier deutlich, dass der Koran auf die zeitgleich herrschenden Umstände eingeht. In den vor der Hidschra entstandenen Suren, das ist bei weitem die Mehrzahl, ist nirgends von Kampf oder vom Kämpfenmüssen die Rede. Lediglich einmal, in Sure 16, Vers 110, lesen wir davon, dass man sich einsetzen soll, jedoch ohne jede Beziehung zu Kampf. „ǧahada“, das Grundverb, von dem „Djihad“ gebildet ist, erscheint im Koran durchweg mit der Bedeutung von „sich einsetzen“. Wenn man so will, kann man hier einen Keim dessen entdecken, was man in den Suren, die nach der Hidschra entstanden sind, oft als Djihad im neuzeitlichen Sinn antrifft: Djihad als bewaffneter Kampf gegen die Ungläubigen. Der besagte Vers, wie gesagt, Sure 16, Vers 110 lautet:

„Dein Herr ist zu denen, die [doch] ausgewandert sind, nachdem sie der Versuchung ausgesetzt wurden, und sich dann eingesetzt haben und standhaft gewesen sind [...] voller Vergebung und barmherzig."

Hier ist wohl die Rede von den muslimischen Mekkanern, die nach Äthiopien auswanderten, um der Verfolgung durch die Ungläubigen zu entgehen und der Versuchung, unter diesem Druck seinen Glauben aufzugeben. Mit den äthiopischen Christen verstanden sich die Muslime besser als mit den Polytheisten von Mekka. Sie setzten sich aber als Auswanderer für den Islam ein und blieben standhaft.[16] Das war in Mekka die Alternative, wenn der Druck der Verfolgung zu groß wurde: auswandern.

In Medina ist die muslimische Gemeinde stark genug, um zu den Waffen greifen zu können, zu den Schwertern, die Gott ihnen gewissermaßen gegeben hat, indem er das Eisen schuf. Im Koran spricht Gott: „Und Wir haben das Eisen herabkommen lassen. In ihm ist heftige Schlagkraft." (57,25) Natürlich steht dieser Vers auch in einer medinischen, nach der Hidschra entstandenen Sure. Immer wieder ruft Mohammed in medinischen Suren zum Kampf auf (Sure 2):

> *„190 Und kämpft auf dem Weg Gottes gegen diejenigen, die gegen euch kämpfen, und begeht keine Übertretungen. Gott liebt die nicht, die Übertretungen begehen. 191 Und tötet sie, wo immer ihr sie trefft, und vertreibt sie, von wo sie euch vertrieben haben. Denn Verführen ist schlimmer als Töten. Kämpft nicht gegen sie bei der heiligen Moschee, bis sie dort gegen euch kämpfen. Wenn sie gegen euch kämpfen, dann tötet sie. So ist die Vergeltung für die Ungläubigen. 192 Wenn sie aufhören, so ist Gott voller Vergebung und barmherzig. 193 Kämpft gegen sie, bis es keine Verführung mehr gibt und bis die Religion nur noch Gott gehört."*

Dieser Kampf ist der Weg Gottes. Er ist gegen die Mekkaner gerichtet, die die Muslime aus ihrer Stadt vertrieben haben. Der Muslim soll sich kein Gewissen daraus machen, wenn er diese Ungläubigen tötet. Verführen, gegen den wahren Glauben arbeiten, ist schlimmer als Töten; und genau das haben diese Mekkaner getan: Sie haben ihre Leute angehalten, sich gegen den Islam zu stellen. Allerdings soll der Moslem dabei keine Übertretungen begehen, nicht unnötig grausam sein. Und wenn die Gegner zu verstehen geben, dass sie aufhören, nicht mehr kämpfen wollen, dann soll auch er aufhören und daran denken, dass Gott voller Vergebung und Barmherzigkeit ist. Eine sehr deutliche Sprache spricht aber der letzte Vers des Zitats. Der Kampf hat erst sein legitimes Ende gefunden, wenn es keine Verführung zum Unglauben mehr gibt und alle Muslime sind.[17]

Und Mohammed stellt klar, dass wer auf dem Weg Gottes, und Weg Gottes ist der Kampf gegen die Ungläubigen, wandelt und dabei getötet wird, die Freuden des Paradieses zu erwarten hat. In Sure 3, Vers 158 lesen wir: „Und wenn ihr sterbt oder getötet werdet, so werdet ihr gewiß zu Gott versammelt werden." Deutlicher noch ist diesbezüglich der Vers 195 der gleichen Sure 3. Gott selbst sagt dort:

> *„Denjenigen, die ausgewandert sind und aus ihren Wohnstätten vertrieben worden sind und auf meinem Weg Leid erlitten haben, die gekämpft haben und getötet worden sind, werde Ich ihre Missetaten sühnen und sie in Gärten eingehen lassen, unter denen Bäche fließen, als Belohnung von Gott."*

„Gärten, unter denen Bäche fließen" ist, wie wir schon gesehen haben, eine Umschreibung für das Paradies. Wiederum deutlicher ist die weiter oben zitierte Stelle, wo von der Freude die Rede ist, die solche Muslime im Paradies finden. Und wer beim Kampf Grausamkeit entwickeln möchte, kann sich auf Sure 5, Vers 33 berufen:

> *„Die Vergeltung für die, die gegen Gott und seinen Gesandten Krieg führen, soll dies sein, daß sie getötet oder gekreuzigt werden oder daß ihnen Hände und Füße wechselseitig abgehackt werden."*
> *„Leben um Leben, Auge um Auge, Nase um Nase, Ohr um Ohr, Zahn um Zahn"*, heißt es an anderer Stelle (5,45).

Hören wir, wie Mohammed seine Leute mobilisiert und für den Kampf gegen die Ungläubigen motiviert.

> *„Vorgeschrieben ist euch der Kampf, obwohl er euch zuwider ist." (2,216)*
> *„Und kämpft auf dem Weg Gottes." (2,244)*
> *„So kämpft auf dem Weg Gottes … Und spornt die Gläubigen an." (4,84)*
> *„[…] tötet sie, wo immer ihr sie trefft." (4,91)*
> *„diejenigen, die kämpfen, stehen höher als diejenigen, die daheim sitzen." (4,91)*
> *„Und rüstet gegen sie, was ihr an Kraft und an einsatzbereiten Pferden haben könnt." (8,60)*
> *„[…] tötet die Polytheisten, wo immer ihr sie findet." (9,5)*
> *„Kämpft gegen diejenigen, die nicht an Gott und nicht an den Jüngsten Tag glauben und nicht verbieten, was Gott und sein Gesandter verboten haben und nicht der Religion der Wahrheit angehören." (9,29)*
> *„O ihr, die ihr glaubt, was ist mit euch, daß ihr, wenn zu euch gesagt wird*

‚Rückt aus auf dem Weg Gottes', euch schwer zur Erde neigt? Gefällt euch das diesseitige Leben mehr als das jenseitige?" (9,38)

„Wenn ihr nicht ausrückt, peinigt Er (d. i. Gott) euch mit einer schmerzhaften Pein" (9,39)

„Rückt aus, ob leicht oder schwer, und setzt euch mit eurem Vermögen und mit eurer eigenen Person auf dem Weg Gottes ein." (9,41)

„Diejenigen, die an Gott und den Jüngsten Tag glauben, bitten dich nicht um Befreiung davon, sich mit ihrem Vermögen und ihrer eigenen Person einzusetzen." (9,44)

„Es freuen sich die Zurückgelassenen darüber, daß sie im Gegensatz zum Gesandten Gottes daheim geblieben sind, und es ist ihnen zuwider, sich mit ihrem Vermögen und mit der eigenen Person auf dem Weg Gottes einzusetzen. Und sie sagen: ‚Rückt nicht in der Hitze aus.' Sprich: Das Feuer der Hölle ist noch heißer." (9,81)

Mohammed geht bei alldem mit gutem Beispiel voran. Er war nicht nur ein guter Kaufmann, sondern auch ein tapferer und tüchtiger Krieger. Ihm ist es gar nicht zuwider auszurücken, und keine Hitze hält ihn ab. Wir gehen sicher nicht fehl in der Annahme, dass er seine Freude am Kampf gehabt hat.

Im Alten Testament ist auch viel von Kampf und Krieg die Rede, aber das ist dort, wie das ganze Alte Testament, historisch zu sehen. Im Islam gilt der Koran hingegen als ewig gültiges und die sogenannte Rechtleitung beinhaltendes Wort Gottes. Dies führt dazu, dass die sogenannten Islamisten die aufgezählten Aufforderungen zum Kampf gegen die Ungläubigen als zeitlose und damit auch heute noch gültige Anweisungen Mohammeds und sogar Gottes sehen und verkünden können. Wenn ein Muslim rezitiert: „Kämpft gegen diejenigen, die nicht an Gott und nicht an den Jüngsten Tag glauben", dann kann er den Schluss ziehen, dass das auch heute im Umgang mit den Nichtmuslimen zu gelten habe. Geschickte Einpeitscher können das ausnützen und künftigen Selbstmordattentätern versichern, dass auch auf sie die Freuden des Paradieses warten; werden sie sich doch buchstäblich mit der eigenen Person und dem eigenen Leben in den vermeintlichen Dienst des Islam und den Kampf gegen die Ungläubigen stellen.

Nur eine textkritische, historische Lektüre des Korans kann diese Gefahr der Instrumentalisierung vermeiden helfen.

Aber ist nicht Mohammed selbst in den medinischen Suren teilweise der Versuchung erlegen, seine in den mekkanischen Suren entwickelte, innerliche Religion zu instrumentalisieren, sie heranzuziehen für die Rechtfertigung eines Kampfes, der nichts oder jedenfalls nicht viel mit religiöser Haltung und

Motivierung zu tun hat? Wer die Freude und das Lachen aus der Religion herausnimmt, gerät leicht in dieses Fahrwasser des bitteren, martialischen Ernstes. Die Geschichte des Christentums wüsste davon auch ein Lied zu singen.

Anmerkungen zu Kapitel 3

1 So z. B. 2,119.213; 4,165; 5,19; 6,48; 7,188; 11,2; 17,105; 18,56.
2 Vgl. 2,25; 3,15.136.195 et passim.
3 Düsseldorf 1996. Im Folgenden Belegstellen nach dieser Konkordanz.
4 Vgl. 2,36; 13,26; 43,35; 40,39.
5 Die Belegreihe nach Rudi Paret, Der Koran, Kommentar und Konkordanz, 6. Aufl.2001, S. 17.
6 Vgl. etwa 4,77; 10,70.98; 11,3; 13,26; 15,88; 24,29; 37,148; 40,39; 43,35.
7 Vgl. noch 2,57.172.267; 4,160; 5,4–5; 7,157.160; 8,26; 10,83; 16,72; 17,70; 23,51; 40,64; 45,16.
8 Vgl. Wensinck, A. J. und Mensing, J. P., Concordance et Indices de la Tradition musulmane, 8 Bde., Leiden 1936–1988, Bd. 3, S. 483–486.
9 Nach Ludwig Ammann, Vorbild und Vernunft. Die Regelung von Lachen und Scherzen im mittelalterlichen Islam, Hildesheim 1993, S. 40.
10 Ebda., S. 41.
11 Ebda., S. 48.
12 Zitiert in Jusuf Al-Qaradawi, Erlaubtes und Verbotenes im Islam, München 2003, S. 155.
13 Dazu Rudi Paret, Der Koran, a. a. O., S. 360 f.
14 Vgl. Martin Lings, Muhammad. Sein Leben nach den frühesten Quellen, Kandern 2004, S. 36.
15 Ich folge A. Th. Khoury, a. a. O., Bd. 1, S. 38.
16 Vgl. auch 16,41.
17 Vgl. auch 8,39.

4. Das Leben Mohammeds

Mohammed hat uns keine Autobiographie hinterlassen. Der Koran gestattet jedoch eine Vielzahl von Rückschlüssen. Ansonsten sind wir auf die Einsichten angewiesen, die Geschichtsschreiber hierzu gewonnen und dargestellt haben. Ich habe hauptsächlich drei solcher Darstellungen zurate gezogen und verwendet. Das ist einmal die berühmteste Prophetenbiographie, die wir haben, die von Ibn Hisham überarbeitete des Ibn Ishāq, die ich in der Übersetzung und stark gekürzten Bearbeitung von Gernot Rotter (Kandern 1999) und in der vollständigen Übersetzung von Gustav Weil (Stuttgart 1864) gelesen habe. Das ist sodann ,Das Leben Muhammads' des Engländers Martin Lings, die im Jahre 2000 erstmals in deutscher Übersetzung erschien und 2004 neu aufgelegt wurde. Sie erzählt anhand frühester Quellen recht anschaulich das Leben Mohammeds. Und das ist schließlich die 1903 erstmals erschienene Prophetenbiographie des Dänen Frants Buhl – ,Das Leben Muhammeds' –, die seit 1930 in deutscher Übersetzung vorliegt und als solche 1961 neu aufgelegt wurde.

Vieles in Ishāqs Buch und auch in Martin Lings' Darstellung ist eher als Legende denn als historiographischer Tatsachenbericht einzustufen. Aber das ist das Salz dieser Prophetenbiographien. Auch geben beide Autoren stets ihre Quellen an. Frants Buhl hingegen, der um wissenschaftliche Akribie bemüht ist, bringt zwar im Großen und Ganzen die gleichen Episoden, verfällt aber manchmal in unangebrachte Polemik.

Manches im Leben Mohammeds kann als schlichthin erwiesen gelten. Eine erste sichere Erkenntnis ist, dass Mohammed 622 die Hidschra, die Auswanderung von Mekka nach Medina vollzog. Von ihr aus kann man weitere Daten erschließen, so etwa, dass Mohammed um 570 geboren sein muss, 595, als Fünfundzwanzigjähriger, geheiratet hat, um 610 seine erste Offenbarung hatte, 619 seine Frau Chadidscha verlor etc. Doch beginnen wir nun mit der systematischen Darstellung und Nacherzählung seines Lebens. Wir werden sehen, dass dabei vieles Legende ist und auch der Wortlaut des Korans wichtige Informationen zur Sache enthält.

Am Anfang steht bei Ibn Ishāq der Stammbaum Mohammeds. Mit ihm beginnt eine zünftige Prophetenbiographie.[1] Martin Lings hat sie sich erspart. Er kommt den Bedürfnissen des westlichen Lesers entgegen. Dieser Stammbaum reicht von Mohammed über dessen Vater ʿAbd Allāh und Großvater ʿAbd Almuttalib bis zu Ismael, dem Sohn Abrahams, ja bis zu Adam.

Getreu arabischem Sinn für Sippe und Abstammung verweilen die Biographien von Ishāq und Martin Lings ausführlich bei einigen Vorfahren des Mohammed. Lings' Darstellung setzt bei Abraham und seinem Sohn Ismael ein, jenem Sohn, den er mit seiner Magd und zweiten Frau Hagar zeugte. Hagar soll ihn gemäß der Weisung eines Engels Ismael nennen, was „Gott erhört" bedeutet: Gott hat Abraham erhört. Abraham habe Hagar und Ismael, die in Bekka, dem späteren Mekka eine Bleibe gefunden hatten, dort besucht. Gott habe ihn angewiesen, neben dem Zamzambrunnen ein Heiligtum zu erbauen, die Kaaba, was „Kubus" heißt: Das Heiligtum hatte und hat heute noch eine kubische Gestalt. Und Gott habe ihm befohlen, die Pilgerfahrt zur Kaaba als Ritus einzurichten. Ursprünglich ein Ort der Huldigung des Einen Gottes sei diese Kaaba in der Folgezeit dem Götzendienst anheimgefallen mit Hubal als Mekkas mächtigster Gottheit. Der Zamzambrunnen wurde in dieser Zeit verschüttet.

Mohammeds Großvater ʿAbd Almuttalib kam die ehrenvolle Aufgabe zu, die zahlreichen Pilger von Mekka mit Essen und Trinken zu versorgen. Und ihm sei eines Nachts, als er in der Nähe der Kaaba schlief, durch eine schattenhafte Gestalt bedeutet worden: „Grabe nach süßer Reinheit!" Nachdem ihm dieser Auftrag wiederholt erteilt worden war, begann er zu graben und fand so den Zamzambrunnen wieder. Das war wohl ein Zeichen dafür, dass nun Mekka im Begriffe war, wieder zur Stätte der Verehrung für den Einen Gott und zur Bühne für Mohammeds erste Offenbarungen zu werden.

ʿAbd Almuttalib hatte nur einen Sohn und wünschte sich mehr Söhne. So gelobte er, er werde, wenn zehn Söhne von ihm das Mannesalter erreichen sollten, Gott einen von ihnen bei der Kaaba opfern. Sein Gebet um Söhne wurde erhört. Als seine zehn Söhne das Mannesalter erreicht hatten, ging er daran, sein Gelübde zu erfüllen, befürchtete allerdings, dass das Los den Jüngsten, ʿAbd Allāh treffen würde: Dieser war ihm der Liebste. Was er befürchtet hatte, traf ein. Das Los fiel zu wiederholten Malen auf ʿAbd Allāh.

ʿAbd Almuttalib wurde nun von allen Seiten bestürmt, seinen Sohn nicht zu töten und Gott stattdessen ein Tieropfer anzubieten. Eine weise Frau aus Yathrib (dem späteren Medina) riet, neben dem zu opfernden Sohn zunächst zehn und gegebenenfalls noch mehr Kamele als Alternative aufzubauen und dann das Los zwischen den beiden Opfergaben entscheiden zu lassen. Erst als ʿAbd Almuttalib hundert Kamele als Ersatz anbot, fiel das Los nicht mehr auf seinen Sohn, sondern auf die Kamele. So entging der spätere Vater Mohammeds dem Opfertod.[2]

Natürlich soll dies Mohammeds Berufung zum Propheten stützen: Seinem Vater erging es ähnlich wie Isaak, den sein Vater Abraham opfern sollte. Mohammed steht in der geistigen Erbfolge Abrahams, der mit seinem Sohn Ismael die Kaaba erbaute.

'Abd Allāh, dessen Schönheit hervorgehoben wird, heiratete dann Āminah, Tochter des verstorbenen Wahb, der das Oberhaupt der Zuhrah gewesen war. Im sogenannten Jahr des Elefanten, als der abessinische Fürst Abrahah vergeblich die Kaaba zu zerstören suchte,[3] kam dann Āminah nieder. Ihr Mann, 'Abd Allāh, war kurz zuvor auf einer Geschäftsreise gestorben. Während ihrer Schwangerschaft soll sie wundersame Dinge erlebt haben:

> *„Sie spürte, daß sie ein Licht in sich trug. Eines Tages erstrahlte es mit solcher Kraft vor ihr, daß sie die Burgen von Bostra in Syrien sah. Und sie hörte eine Stimme, die zu ihr sprach: ‚Du trägst in deinem Schoß den Herrn dieses Volkes. Wenn er geboren ist, dann sprich: ›Ich übergebe ihn dem Einen zum Schutz vor dem Übel aller Neider.‹ Dann gib ihm den Namen Muhammad.'“*[4]

Es kann als gut überliefert gelten, dass seine Mutter das Kind einer Beduinenfrau, Halīma, als Amme übergab. Ibn Ishāq erzählt die Umstände ausführlich. Das Baby sei vielen Frauen zum Stillen angeboten worden. Doch keine wollte es nehmen, weil es eine Waise war und man von seiner Mutter keinen großen Lohn erwarten konnte. Halīma habe es schließlich genommen, um nicht ohne Säugling nach Hause zurückzukehren. Legendenhafte Züge finden sich in den Umständen. Halīmas Gatte habe am folgenden Morgen gesagt: „Wisse, Halīma, bei Gott, Du hast ein gesegnetes Geschöpf mitgenommen.“ Und die Eselin sei mit diesem Säugling auf dem Rücken viel schneller gelaufen als vorher, schneller als alle anderen Esel.[5] Mohammed wuchs so wie andere Propheten unter Schafhirten auf.

In dieser Zeit wird für gewöhnlich eine weitere, bedeutsame Begebenheit angesiedelt. Eines Tages, als der kleine Mohammed mit dem Vieh draußen war, seien ihm zwei weißgekleidete Gestalten erschienen, hätten ihm die Brust geöffnet, das Herz herausgenommen, es von einem schwarzen Blutklumpen befreit und wieder eingesetzt.

Das Ganze basiert vermutlich auf einer Koranstelle, wo es (94,1 f.) heißt: „Haben Wir dir nicht deine Brust geweitet und dir deine Last abgenommen?“ Was hier sicher geistig gemeint war, sich vermutlich auf Mohammeds ererbten Götterglauben bezog, den er ablegte, wird in der Legende materialisiert.[6] Einer anderen Tradition zufolge wird dieses Ereignis später im Leben Mohammeds angesetzt, was wohl sinnvoller ist, denn dann kann man es als symbolische Umschreibung seiner Bekehrung zum Eingottglauben deuten.

Um Mohammeds Geburt bildeten sich natürlich auch Legenden: Der Palast des Perserkönigs habe in seinem Geburtsjahr gebebt; das heilige Feuer, das 10 000 Jahre lang gebrannt hatte, sei plötzlich erloschen und der See bei Sāwa ausgetrocknet. Außerdem habe der Oberpriester in einer Vision Kamele in wildem Lauf dahineilen sehen, verfolgt von arabischen Rossen, die den Tigris überschritten hatten.[7]

Als Mohammed zwei Jahre alt war, verlor er auch noch seine Mutter Āminah, so dass er als eine Vollwaise dastand. Sein Großvater ʻAbd Almuttalib nahm das Kind auf, starb aber selbst, als der Kleine erst 6 Jahre alt war. Nun nahm ihn sein Onkel Abu Tālib an Kindes Statt an. Er war für ihn zeitlebens wie ein guter Vater.

Diesen Edelmann, der Mohammed zeitlebens schützte, umgibt keine Legende, vielleicht deshalb, weil er Mohammed zwar treu gegen Angriffe in Schutz nahm, aber nie zum Islam übertrat. Diesen Onkel begleitete der Junge auf eine Handelsreise nach Syrien. Dort sollen sie einem christlichen Mönch namens Bahīrā begegnet sein, der in dem Knaben an einer Geschwulst zwischen den Schulterblättern, dem „Siegel des Propheten", den künftigen Propheten erkannte.[8]

Mohammed wuchs so zwar wohlbehütet, aber eben doch elternlos auf: Gott hielt seine Hand über ihn. Im Koran, Sure 93, Vers 6 ff. heißt es: „Hat Er dich nicht als Waise gefunden und dir Unterkunft besorgt, und dich abgeirrt gefunden und rechtgeleitet, und bedürftig gefunden und reich gemacht?" Damit ist die Folgezeit umrissen. Mohammed erlernte den Beruf eines Handelskaufmanns. Er trat als solcher in den Dienst einer reichen Kaufmannswitwe namens Chadidscha. Er erwies sich als so erfolgreich und zuverlässig, dass ihm die fünfzehn Jahre ältere Chadidscha die Ehe anbot. Er heiratete mit 25 Jahren diese vermögende 40 Jahre alte Frau. Chadidscha gebar ihm vier Töchter und zwei Söhne, die jedoch beide in frühem Alter starben (vgl. 108,3). Vermutlich hat man Mohammed deswegen verspottet, denn ohne Söhne zu sein galt als unehrenhaft.

Was die andere Seite der zitierten Verse anbetrifft – „ich habe dich abgeirrt gefunden und rechtgeleitet" –, so bezieht sie sich darauf, dass Mohammed zunächst mit dem Götterglauben seiner Vorväter aufgewachsen war, sich in der Folgezeit meditierend dem einen Gott zuwandte und schließlich von Gott durch die Offenbarung des Korans „rechtgeleitet" wurde.

Die Umkehr hatte sich angebahnt, indem Mohammed oft die Einsamkeit suchte, Nachtwachen im Gebet verbrachte und besonders gern fastend in seiner Höhle auf dem Berg Hirā' weilte. Um 610, als er vierzig Jahre alt war, erreichte ihn die erste Offenbarung. Sie traf ihn trotz allem wie ein Blitz aus heiterem Himmel. Das Ganze wirkte wie ein Anfall, so dass Mohammed erschrak und sich von einem Dämon besessen fühlte. Es wird berichtet, dass ihn dieses Erlebnis mit einer solchen Verzweiflung erfüllte, dass er daran dachte, sich von einer Klippe herabzustürzen. Aber dann habe er eine Stimme vom Himmel gehört, die sagte: „O Mohammed, du bist Gottes Bote, und ich bin Gabriel." Trotzdem habe Mohammed sich kaum beruhigt, er sei zu Chadidscha geeilt und habe ihr in größter Gemütsbewegung mitgeteilt, dass er von Geistern besessen sei. Sie aber habe ihn getröstet und voll Freude gesagt, er sei wahrscheinlich der Prophet seines Volkes geworden.[9]

Der Koran kann uns helfen, diese frühe Phase von Mohammeds Sendung näher in Augenschein zu nehmen. Die Anfangsverse der Sure 96, die als die erstgeoffenbarten gelten, weisen auf das Erlebnis hin:

> *„1 Lies im Namen deines Herrn, der erschaffen hat, 2 den Menschen erschaffen hat aus einem Embryo. 3 Lies. Dein Herr ist der Edelmütigste, 4 der durch das Schreibrohr gelehrt hat, 5 den Menschen gelehrt hat, was er nicht wußte."*

In einer Tradition wird das näher erläutert. Mohammed habe sich wie gewöhnlich zur Höhle auf dem Berg Hirā' begeben. Während er nun eines Nachts draußen saß, kam der Engel Gabriel zu ihm mit einem Seidentuch, auf dem etwas geschrieben stand, und sagte: „Lies!" Mohammed antwortete: „Ich kann nicht lesen", worauf Gabriel ihn so gewaltsam anpackte, dass er glaubte, es sei aus mit ihm. Dies wiederholte sich dreimal, aber beim dritten Male sagte Mohammed: „Was soll ich hersagen?", worauf Gabriel sagte: „Sag her im Namen deines Herrn usw."[10] Mit anderen Worten: Er trug ihm auf, die zitierten ersten Verse der Sure 96 nachzusprechen.

Die Offenbarung gibt sich also von vornherein als die eines Textes, den Mohammed nachsprechen soll, als Beginn eben des Korans, der „hergesagt", rezitiert werden soll. Manche muslimische Theologen vertreten die Auffassung, dass Mohammed nicht habe lesen können. Sie wollen dadurch den übernatürlichen Charakter der Offenbarung betonen. Bei Ibn Ishāq und in der Fassung von Martin Lings erwidert Mohammed dem Engel, der ihn auffordert zu lesen: „Ich kann nicht lesen."[11]

Mohammed war und blieb trotz des Zuspruchs seiner Frau zutiefst erschüttert, vielleicht sogar krank vor Schrecken. Darauf mag der Anfang der

Sure anspielen, deren Anfangsverse als die zweitgeoffenbarten gelten, die der Sure 74. Da heißt es: „Der du dich zugedeckt hast, steh auf und warne, und preise die Größe deines Herrn, und reinige deine Kleider, und entferne dich von den Götzen." Aus Angst, von Dämonen beherrscht zu sein, hatte sich Mohammed zurückgezogen, in ein Gewand gehüllt. Hier nun setzt die Sure 74 an und legt ihm im Weiteren ans Herz, nicht auf seine Verdienste zu pochen, „um mehr zu erhalten". Er soll also nicht davon ausgehen, dass ihn Gott wegen seiner Verdienste schon im Diesseits beschenken werde. Es gilt, Geduld zu haben. Dann erhält man seinen Lohn, wenn in das Horn gestoßen wird, an einem Tag, der für die Ungläubigen nicht leicht wird.

Mohammed wird in dieser Sure, wie ansatzweise auch schon in Sure 96, von Gott beruhigt, auf das Wesentliche hingewiesen.

Die Offenbarung geht so von vornherein auf die Lebensumstände Mohammeds ein. Dieser Charakterzug wird sich mit der Zeit, in dem Maße wie Mohammed Gesellschaft einbezieht, noch verstärken. Es spricht viel dafür, anzunehmen, dass Mohammed zunächst, drei Jahre lang, nur im Kreise der Familie die ihm geoffenbarten Wahrheiten vertrat, dazu aufrief, sich von den Götzen zu entfernen, an den einen Herrn zu glauben, der die Menschen erschaffen hat, die Offenbarung, die Mohammed erhielt, für wahr zu halten, auf den Lohn am Tag des Gerichtes zu hoffen, Geduld zu üben.

Seine ersten Anhänger blieben in dieser Zeit: seine Frau Chadidscha, seine drei unverheirateten Töchter, sein von ihm freigelassener Sklave Zayd und sein Neffe ʿAli. ʿAli war der Sohn seines Onkels Abu Tālib, der, wie gesagt, sich selbst nicht zum Islam bekehrte. Der angesehene Abu Bakr dürfte der erste männliche Anhänger außerhalb des engeren Familienkreises gewesen sein. Er entstammte einem anderen quraishitischen Geschlecht, war ein wohlhabender und rechtschaffener Kaufmann, der Mohammed künftig als besonnener Freund zur Seite stand. Seine Bekehrung dürfte den Beginn der Überschreitung des Kreises der Familie kennzeichnen.

Eine Gruppe von Suren (111, 106, 108, 104)[12] zeigt dann an, wie sich Mohammed langsam der Gesellschaft öffnet, was nicht ohne Konflikte abging. Er geht in Sure 111 mit Abu Lahab, seinem Onkel ins Gericht: „1 Dem Verderben geweiht seien die Hände des Abu Lahab, und dem Verderben geweiht sei er! 2 Nicht nützt ihm sein Vermögen und das, was er erworben hat. 3 Er wird in einem lodernden Feuer brennen."

Religiös gibt diese Sure nichts her, aber sie zeigt an, dass sich nun im Lager der Quraish der Widerstand formiert. Mohammed droht mit dem Feuer der Hölle. In der sanften Sure 106 ermahnt er die Quraish, dem „Herrn dieses Hauses", dem Gott, den er verkündet, zu dienen aus Dankbarkeit dafür, dass sie im Sommer und im Winter in Sicherheit ihre Karawanenreisen durchführen können. Wir sehen, Mohammed denkt mit den Kaufleuten, kennt ihre Probleme aus eigener Anschauung. Aber er weiß auch um die Gefahren kaufmännischen Denkens. In Sure 104 verheißt er denjenigen, die meinen, das Vermögen würde sie unsterblich machen, das Feuer der Hölle. Verständlich, dass die als Kaufleute denkenden Männer des Stammes Quraish das nicht gern hörten.

Die Suren bleiben also zunächst noch rudimentär, beschränken sich auf Ermahnung, Drohung und Verfluchung. Die Lehre kristallisiert sich noch kaum heraus.

Sure 107 ist etwas differenzierter. Sie ist zwar auch eine drohende Ermahnung, doch scheint diesmal durch, was Mohammed von seinen Anhängern erwartet:

> *„1 Hast du den gesehen, der das Gericht für Lüge erklärt? 2 Das ist der, der die Waise zurückstößt 3 und nicht zur Speisung des Bedürftigen anhält. 4 Wehe den Betenden, 5 die auf ihr Gebet nicht achtgeben, 6 die nur gesehen werden wollen 7 und die Hilfeleistung verwehren!"*

Die soziale Komponente des Glaubens, den Mohammed verkündet, tritt nun deutlich hervor. Sie wird eines der Kernmerkmale des Islam bleiben. Das Gebet darf nicht eine selbstgefällige Zurschaustellung von Frömmigkeit sein. Es gilt, sich der Waisen und der Bedürftigen anzunehmen, keine Hilfestellung zu verwehren. In Sure 92 heißt es vom Gottesfürchtigen, dass er sein Vermögen hergibt. In Sure 90 ist die Rede vom steilen Pfad, den man zu wählen hat. Dieser steile Pfad meint: „13 die Befreiung eines Sklaven 14 oder, am Tag der Hungersnot, die Speisung 15 einer verwandten Waise 16 oder eines Bedürftigen, der im Staub liegt". In Sure 93 mahnt Mohammed „im Namen Gottes": „9 So unterdrücke die Waise nicht, 10 und fahre den Bettler nicht an." Gott ermahnt aber auch Mohammed selbst (Sure 80): Dieser runzelt die Stirn und kehrt sich ab, wenn ein Blinder zu ihm kommt, und widmet sich gern demjenigen, der auftritt, als wäre er auf niemanden angewiesen.

Es nimmt nun auch Mohammeds Selbstbewusstsein zu. In der Sure 68 bestätigt ihm Gott, dass er kein Besessener ist, und bescheinigt ihm „großartige Charakterzüge". Mohammed tritt jetzt zunehmend als ein Bote auf, der seinen Anhängern großen Lohn und denjenigen, die ihm nicht folgen, harte Strafen in Aussicht stellt (95, 103, 101, 99). Seine Zuversicht ist so gewachsen, dass er solche Versprechen manchmal durch Schwüre untermauert: „Bei dem Feigenbaum und dem Ölbaum und dem Berg Sion" (95,1 f.); „Beim Nachmittag" (103,1).

Hierzu passt auch, dass er nun an die Nacht der Herabsendung der ersten Koranverse erinnert wird (97). Gott spricht da: „1 Wir haben ihn in der Nacht der Bestimmung hinabgesandt. 2 Woher sollst du wissen, was die Nacht der Bestimmung ist? 3 Die Nacht der Bestimmung ist besser als tausend Monate." Noch eindringlicher wird in Sure 53 beschworen, dass und wie Mohammed berufen wurde. Ich will die Verse 1–12 dieser beeindruckenden Sure zitieren:

> *„1 Beim Stern, wenn er fällt! 2 Euer Gefährte geht nicht irre und ist nicht einem Irrtum erlegen, 3 und er redet nicht aus eigener Neigung. 4 Es ist nichts anderes als eine Offenbarung, die offenbart wird. 5 Belehrt hat ihn einer, der starke Kräfte hat, 6 der Macht besitzt. Er stand aufrecht da, 7 am obersten Horizont. 8 Dann kam er näher und stieg nach unten, 9 so daß er [nur] zwei Bogenlängen entfernt war oder noch näher. 10 Da offenbarte Er seinem Diener, was er offenbarte. 11 Sein Herz hat nicht gelogen, was er sah. 12 Wollt ihr denn mit ihm streiten über das, was er sieht?"*

In dieses Bild des zunehmenden prophetischen Bewusstseins fügt sich auch, wenn Mohammed nun in Erinnerung gerufen wird, dass Gott ihm die Brust geweitet und ihm eine Last abgenommen hat (94,1 f.), und dass Gott ihn aufweckte, als er sich eingehüllt hatte (73,1 f.). Und hierzu passt schließlich auch, wenn Mohammed bzw. Gott erstmals vom Koran, vom glorreichen Koran (qur'ān maǧīd; 85,21) spricht (vgl. auch 73,4), und wenn Mohammed nun parallel gesehen wird zu Moses, dem man auch nicht glauben wollte (79,15 ff.).

Sehr eindringlich ist nun auch vom Tag die Rede, „an dem die Sterne herabstürzen" (81,1 f.), der Himmel zerbricht (82,1), der Himmel sich spaltet (84,1), das Beben einsetzt (79,6), die Sterne ausgewischt werden (77,8).

In zahlreichen Suren prangert Mohammed nun die allzu große Liebe zum Besitz an, kündet er denjenigen, die nicht an die Auferstehung und an das Jüngste Gericht glauben, das Feuer der Hölle an und verspricht er seinen Anhängern die Gärten des Paradieses (78, 88, 89, 75, 83, 74,8–Ende, 69, 52, 56, 70). In üppigen Beschreibungen schildert er die Qualen der Hölle und die Wonnen des Paradieses. Ein Beispiel (78,21–26.31–34) mag genügen:

> *„Die Hölle liegt auf der Lauer, als Heimstatt für die, die ein Übermaß an Frevel zeigen; darin werden sie endlose Zeit verweilen. Sie werden darin weder Kühle noch ein Getränk kosten, sondern nur heißes Wasser und stinkenden Eiter, als angemessene Vergeltung […]. Für die Gottesfürchtigen ist ein Ort des Erfolges bestimmt, Gärten und Weinstöcke, und gleichaltrige Frauen mit schwellenden Brüsten und ein randvoller Becher."*

In den mutmaßlich letzten Suren der ersten Phase der mekkanischen Offenbarung (610–615) kommen dann ein persönlicher Ton der Betroffenheit und eine religiöse Vertiefung zum Tragen. Das mag damit zusammenhängen, dass Mohammed zu der Einsicht gekommen ist, dass er in Mekka einen aussichtslosen Kampf führt, einen Kampf, der jedenfalls nicht schnell zum Erfolg führen wird. In Sure 113 lesen wir: „1 Sprich: Ich suche Zuflucht beim Herrn des Frühlichtes 2 vor dem Unheil dessen, was Er erschaffen hat, 3 und vor dem Unheil der Finsternis, wenn sie einsetzt, 4 und vor dem Unheil der [Hexen], die auf die Knoten blasen, 5 und vor dem Unheil eines Neiders, wenn er neidisch ist." In Sure 114 heißt es ähnlich: „1 Sprich: Ich suche Zuflucht beim Herrn der Menschen, 2 dem König der Menschen, 3 dem Gott der Menschen, 4 vor dem Unheil des Einflüsterers, 6 sei es einer von den Djinn oder von den Menschen." Er spricht so in unheilvoller Lage, von einer (Gott) undankbaren Schöpfung und insbesondere von Neidern und Einflüsterern umgeben, ein tröstendes Gebet, sucht seine Zuflucht beim Herrn.

Mohammed geht nun in sich; er wird sich jetzt bewusst, dass er eine Religion vertritt, die andere nicht wollen, weil sie ihre eigenen Überzeugungen haben. „Er ist Gott, ein Einziger", heißt es nun programmatisch in Sure 112. „Ihr habt eure Religion, ich habe eine Religion", stellt er in Sure 109 fest, und in der Fātiha, der Sure 1, welche die Eröffnungssure werden sollte, verfasst er eine Art Glaubensbekenntnis, das zugleich Gebet ist:

> *„1 Im Namen Gottes, des Erbarmers, des Barmherzigen. 2 Lob sei Gott, dem Herrn der Welten, 3 dem Erbarmer, dem Barmherzigen, 4 der Verfügungsgewalt besitzt über den Tag des Gerichtes. 5 Dir dienen wir, und Dich bitten wir um Hilfe. 6 Führe uns den geraden Weg, 7 den Weg derer, die Du begnadet hast, die nicht dem Zorn verfallen und nicht irregehen."*

Die innere Entwicklung des Korans kann man, so betrachtet, als eine Art spirituelle Autobiographie lesen. Gratia supponit naturam, möchte man mit Augustinus sagen. Die gnadenhafte Offenbarung setzt sich ins Einvernehmen mit den spirituellen und auch materiellen Voraussetzungen des Mohammed. Und so scheint durch die Geschichte einer Offenbarung, welche der Koran, chronologisch betrachtet, darstellt, die Geschichte von Mohammeds Leben und spiritueller Entwicklung hindurch.

Wir haben nun einen Punkt erreicht, an dem es angebracht erscheint, wieder vom Koran auf das Feld historischer Zeugnisse zu blicken. In der Tat hatte Mohammed in Mekka allergrößte Schwierigkeiten, sich durchzusetzen. Dort wohnten überwiegend reiche Händler, die ihr Gewerbe trieben, welches keinem anderen Zweck diente, als Vermögen anzuhäufen. Sie machten also genau das, was Mohammed anprangerte. Seine Getreuen bestanden überwiegend aus weniger Bemittelten. Man bereitete ihm, wo man nur konnte, Schwierigkeiten, ging schließlich sogar zur offenen Verfolgung seiner Anhänger über. Wenn sich der von ihm gepredigte Monotheismus durchgesetzt hätte, wären diese Kaufleute einer wichtigen Voraussetzung für ihren Handel verlustig gegangen. Die althergebrachten Festversammlungen und Wallfahrten, mit der Götzenhochburg der Kaaba als Anziehungspunkt, waren für sie eine wichtige Einnahmequelle. Dass die Mächtigen in Mekka ihre Diener am Beten zu hindern suchten, bestätigt übrigens Sure 96,9 f., wo es heißt: „Hast du den gesehen, der da wehrt einem Diener, wenn er betet?“ Eine deutliche Sprache spricht auch die Tatsache, dass sich eine Reihe von Mohammeds Leuten, 82 sollen es gewesen sein, zur Auswanderung nach Abessinien entschloss. Das war genau in der Zeit, für die wir eine gewisse Nachdenklichkeit beim Propheten ermittelt haben: 614/15.[13] Dort lebten Christen, und mit ihnen kamen die Muslime besser aus. Sie glaubten auch an einen Gott, predigten den Geist von Armut und Nächstenliebe, hatten auch ein geoffenbartes Buch als Grundlage ihres Glaubens. Im Übrigen bezeugt der Umstand, dass 82 von Mohammeds Leuten ausgewandert sein sollen, dass er inzwischen mit seiner Lehre doch einigen Widerhall in Mekka gefunden hatte. Aufs Ganze gesehen waren seine Anhänger dort aber nur eine kleine Minderheit von nicht sehr einflussreichen Leuten.

Die Mächtigen des Stammes Quraish ließen jedenfalls nichts unversucht, diese Minderheit zu unterdrücken. Sie beschlossen in der Folgezeit, die Hashimiten, zu denen Mohammeds Familie zählte, vom Handelsverkehr mit der übrigen Stadt auszuschließen und Ehen zwischen ihnen und anderen Geschlechtern zu boykottieren. Ibn Ishāq erzählt,[14] dass Mohammed eines Tages, vom Wunsche erfüllt, zwischen sich und den Mekkanern eine Annäherung zustande zu bringen, eine Offenbarung vortrug, in der die mekkanischen Lieblingsgöttinnen al-Lat, al-ʿUzzā und Manāt als himmlische Fürsprecherinnen anerkannt wurden. Das habe bei den Mekkanern große Freude ausgelöst. Als dann Mohammed nach Hause kam, habe sich ihm Gabriel offenbart und ihm vorgeworfen, dass er einen eigenen Satz in die Sure eingefügt habe. So habe Mohammed erkannt, dass jene Worte eine Eingebung des Satans waren. Die Sure erhielt nun die Form, in der wir sie jetzt lesen (53,19 ff.):

> *„Habt ihr Lāt und ʿUzzā gesehen, und auch Manāt, die andere, die dritte? Ist denn für euch das, was männlich ist, und für Ihn (für Gott) das, was weiblich ist, bestimmt? Das wäre dann eine ungerechte Verteilung. Das sind nur Namen, die ihr genannt habt, ihr und eure Väter, für die Gott aber keine Ermächtigung herabgesandt hat.“*

Mohammed spielt hier darauf an, dass der Stolz der Quraish und des Arabers schlechthin in den Söhnen lag. Und da sollte Gott mächtige Töchter, die genannten Göttinnen, neben sich dulden?

Frants Buhl vertritt die Auffassung, dass es Mohammed nach und nach möglich geworden sei, selber jene pathologischen Zustände hervorzurufen, die den Offenbarungen, psychologisch betrachtet, zugrunde lagen. Hiermit könnte es zusammenhängen, wenn er im oben skizzierten Fall einen Satz „herabkommen“ ließ, mit dem er seinen Zuhörern entgegenkam. Auf diese Gefahr der persönlichen Einflussnahme auf die koranische Botschaft wird auch in den Suren 69 und 75 hingewiesen. Da diese wie die Sure 53 noch zur ersten Periode der mekkanischen Offenbarung gehören, kann man hieraus folgern, dass Mohammed sich schon früh mit dieser Versuchung konfrontiert sah. In Sure 69 lesen wir: „Und hätte er sich gegen Uns [gegen Gott] einige Äußerungen selbst in den Mund gelegt“ (69,44), und in Sure 75: „Bewege deine Zunge nicht damit, um dich damit zu übereilen. Uns [d. i. Gott] obliegt es, ihn [den Koran] zusammenzustellen und ihn vorzulesen.“ (75,16 ff.)

Es mag mit dieser Neigung, in eigener Regie „Offenbarungen“ hervorzurufen, zusammenhängen, wenn sich Mohammed in den Suren der zweiten mekkanischen Periode (615–620) zunehmend über den Bezug auf biblische Gestalten wie Abraham, Moses und Noah zu positionieren sucht.[15] Offenbarung und Selbstdarstellung greifen hier ineinander. Sein Grundanliegen ist dabei aufzuzeigen, dass auch die Propheten und großen Gestalten der Heiligen Schrift mahnend auftraten und von den Leuten verworfen wurden. Und dass diese Unbelehrbaren dafür Strafe erhielten. Den Mächtigen des Stammes Quraish sollte das eine Lehre sein, die sie aber von sich wiesen.

Die Lage Mohammeds in Mekka verschlimmerte sich beträchtlich, als 619 Chadidscha und auch Abu Tālib starben. Chadidscha war ihm immer ein unverzichtbarer Rückhalt gewesen, auch in finanzieller Hinsicht. Abu Tālib hatte ihn, auch wenn er nicht zum Islam übertrat, stets wie ein Vater geliebt und gegen Angriffe in Schutz genommen. Frants Buhl empfindet die Suren, die von Mohammeds letzten Jahren in Mekka herrühren, als „steril und geistesarm“. Tatsächlich stellen sie in der Hauptsache Wiederholungen vertrauter Positionen dar. Mohammed, so scheint es, wusste irgendwie nicht mehr weiter. Er trat auf der Stelle.

In dieser Situation tut sich nun nach und nach für ihn eine neue Perspektive auf. Es ist durchaus denkbar, dass die Eingangsverse der Sure 17, al-Isra’ (die Nachtreise) hiermit in Verbindung stehen, dass sie dies auf ihre Art projektieren. Blachère rechnet sie der dritten Phase der mekkanischen Offenbarung zu (620–622).[16] Sie könnte mit ihrer nächtlichen Vision einer Reise nach Jerusalem das widerspiegeln, was Mohammed zu beschäftigen beginnt: der Gedanke an eine Auswanderung in eine Stadt, wo man ihn aufnimmt.

Anlässlich der großen Pilgerfeste, die alljährlich in Mekka stattfanden, hatten sich Medinenser zum Islam bekehrt. Im Jahre 621 nun kam es in Mekka zu einer Versammlung von einer Gruppe solcher Muslime mit Mohammed. Sie trafen sich auf der sogenannten al-'Aqaba, einer steilen Berghalde. „Hier verpflichteten sich die Männer aus Medina zur Enthaltung von Abgötterei, Diebstahl, Unzucht, Tötung neugeborener Kinder, Lüge sowie dazu, in allem Guten Mohammed zu gehorchen."[17]

Im Jahr darauf, 622, erfolgte das entscheidende zweite 'Aqaba-Abkommen. Es war die Voraussetzung für die Auswanderung Mohammeds und seiner Muslime nach Medina, das zu der Zeit noch Yathrib hieß. Diesmal nahmen 73 Männer und zwei Frauen teil. Sie gelobten mit Handschlag, Mohammed mit demselben Eifer zu schützen wie sich selbst. Sie gelobten also Mohammed Gefolgschaft. Mohammed hatte damit eine neue Grundlage für die Festigung und Selbstbehauptung des Islam gefunden.

Das Erste, was er in Medina unternahm, war, eine Moschee zu bauen, und zwar an dem Ort, wo sein Kamel auf die Knie ging. In Medina waren viele Juden. Es ist denkbar, dass Mohammed mit diesem Bau dem jüdischen Vorbild der Synagoge folgte. Seine visionäre Reise erfüllt sich so in gewandelter Form. Neben der Moschee ließ Mohammed zwei Hütten und später noch weitere für seine Frauen errichten. Dann machte er sich daran, die Verhältnisse in Medina zu ordnen. Er wird jetzt zum Staatsmann. Die Medinenser haben ihn hierhergerufen. Sie sind ihm ergeben und erkennen ihn als ihr Oberhaupt an. Er kann nun darangehen, Medina politisch-religiös zu einen.

Seine mekkanischen Emigranten, die Muhādjidûn, stehen zu ihm und unterstellen sich seiner Führung, aber auch zahlreiche bekehrte Medinenser, die er Ansār, „Helfer" nennt. Daneben gab es viele, die unentschieden blieben. Das waren für ihn die Munāfiqûn, die „Heuchler". Über sie beklagt er sich in zahlreichen Suren der medinischen Zeit, so etwa in Sure 8,49, Sure 9,64,67.73.101 etc. Ihr Herz ist krank, sagt Mohammed von ihnen. Schließlich gab es in Medina jüdische Stämme. Sie nahmen Mohammeds Religion nicht an, wurden aber von ihm zunächst als seine natürlichen Bundesgenossen betrachtet: Sie waren Monotheisten und Besitzer einer Offenbarung, die er anerkannte. Die Voraussetzungen waren also hier in Medina ganz andere als in Mekka.

Mohammed bewies in dieser Lage ein ausgeprägtes politisches Gespür und eine beispiellose Durchsetzungskraft. Er schuf nun eine all diese heterogenen Elemente umspannende Gemeinschaft (Umma). In ihr gab es Spannungen, wie seine Auslassungen über die „Heuchler" und seine Auseinandersetzungen mit den Juden im Koran bezeugen. Aber er hatte eben doch anerkanntermaßen das Sagen. Um die Bande zu stärken und seine Einwanderer sozial zu heben, schuf er ein eigentümliches Bruderschaftsverhältnis, demzufolge jeder Eingewanderte einen Bruderbund mit einem „Helfer" schloss. Mohammed verließ Verordnungen; und er rief seine Leute zum Kampf auf, ermunterte sie, mekkanische Karawanen zu überfallen und so reiche Beute zu machen. Er ist nun ein anderer Mohammed, könnte man meinen. Aber dieser Mohammed verfolgt doch die gleichen Ziele. Er hat nun Mut geschöpft, seine religiösen Anschauungen energisch als Glaubensgrundlagen einer Gemeinde durchsetzen und verpflichtend machen zu können. Und es gelüstet ihn offensichtlich auch, sich an den Mekkanern, die ihn abgelehnt, verspottet und verfolgt haben, zu rächen und seinen Glaubensgenossen Gelegenheit zu geben, sich an ihnen zu bereichern.

Die zweite Sure – ‚Die Kuh' –, die erste Sure der medinischen Zeit der Offenbarung, zeigt dieses Bemühen, der neuen Gemeinschaft, der er politisch vorsteht, gerecht zu werden und sie so weit wie möglich in seinem Glauben und in seinen Vorschriften zu einen. Und sie zeigt auch seine Rachegelüste an. Die Sprechhaltung ist nun nicht mehr die des Mahnens und Warnens, sondern eine richterliche und gesetzgeberische. „Dies ist das Buch, an dem ist kein Zweifel möglich", heißt es einleitend, „es ist eine Rechtleitung (hudā) für die Gottesfürchtigen, die an das Unsichtbare glauben und das Gebet verrichten und von dem, was Wir [d. i. Gott] ihnen beschert haben, spenden, und die an das glauben, was zu dir herabgesandt und vor dir herabgesandt wurde, und die über das Jenseits Gewissheit hegen." (2,2–4)

Es fällt auf, dass Mohammed nun für seinen Glauben eine sehr offene Formel wählt, die auch von den Juden angenommen werden konnte, wenn man einmal davon absieht, dass mit der Formel „was zu dir herabgesandt wurde" sowie mit dem Begriff der Rechtleitung eindeutig der Koran gemeint war. Mohammed ist jedenfalls bemüht, die Juden in seine Heilsbotschaft einzubeziehen. 2,40 lautet: „O ihr Kinder Israels, gedenket meiner Gnade, mit der Ich euch begnadet habe, und erfüllt euren Bund mit Mir, so will Ich meinen Bund mit euch erfüllen." Mohammed legt den Juden nahe, ihren Bund mit Gott zu erfüllen, indem sie sich dem Islam anschließen. In 2,47 heißt es ähnlich: „O ihr Kinder Israels, gedenket meiner Gnade, mit der Ich euch begnadet habe, und dass Ich euch vor den Weltenbewohnern bevorzugt habe." Sure 2,62 lautet ganz im Sinne dieses offenen Glaubens: „Diejenigen, die glauben, und diejenigen, die Juden sind, und die Christen und die Sābier, all die, die an Gott und den Jüngsten Tag glauben und Gutes tun, erhalten ihren Lohn bei ihrem Herrn, sie haben nichts zu befürchten, und sie werden nicht traurig sein." Mehr als ein Drittel dieser umfangreichen und fundamentalen Sure widmet Mohammed dem Thema der Juden (2,40–141), und er lässt diesen Teil wirkungsvoll ausklingen, indem er auf den gemeinsamen Stammvater Abraham zu sprechen kommt (2,124–141).

Dann wendet er sich ausgiebig an die gläubigen Muslime, schreibt ihnen eine neue Gebetsrichtung, nach Mekka, vor (2,142–152), erlässt gesetzliche Bestimmungen wie Speiseverbote (2,168–176), das Recht auf Vergeltung (2,178–179), das Fasten (2,183–187), die Verpflichtung zum Almosengeben (2,215) und zur Wallfahrt (2,196–203) etc. Besonders auffällig ist, dass er in diesem Zusammenhang ein völlig neues Thema bringt: die Verpflichtung zum Kampf. Er geht zweimal ausdrücklich und einmal indirekt auf dieses Thema ein, das ihm offensichtlich am Herzen liegt.

In den Versen 190–193 heißt es:

> *„Und kämpft auf dem Weg Gottes gegen diejenigen, die gegen euch kämpfen, und begeht keine Übertretungen. Gott liebt die nicht, die Übertretungen begehen. Und tötet sie, wo immer ihr sie trefft, und vertreibt sie, von wo sie euch vertrieben haben. Denn Verführen ist schlimmer als Töten. […] Kämpft gegen sie, bis es keine Verführung mehr gibt und bis die Religion nur noch Gott gehört."*

Das sind deutliche Worte. Sie zielen auf die heidnischen Einwohner von Mekka ab, die Mohammed und seine Leute vertrieben haben. „Verführen ist schlimmer als Töten" stellt klar, dass das Töten zwar als ein Übel gilt, das Verführen, die Menschen zum Heidentum zu bewegen, jedoch als schlimmer erachtet wird. Und deswegen ist es erlaubt, die Heiden, gemeint sind die von Mekka, zu töten, wo immer man sie antrifft. Und dies so lange, bis es keine Verführung, man könnte auch sagen, bis es keine Heiden mehr gibt, die andere von ihrem Standpunkt zu überzeugen versuchen.

„Und kämpft auf dem Weg Gottes", heißt es noch einmal eindringlich im Vers 244.[18] Und da Mohammed weiß, dass Kriege kostspielig sind, verspricht er in Vers 261 ff. denjenigen, „die ihr Vermögen auf dem Weg Gottes spenden", reichen Lohn.

Kaum hat also Mohammed in Medina Fuß gefasst und verfügt er über Mannen, die ihm Gefolgschaft versprochen haben, da richtet er sein Augenmerk darauf, gegen die Mekkaner zu Felde zu ziehen und seine Leute auf diesen Kampf einzuschwören. Die Anweisung, sich künftig beim Gebet nach Mekka zu wenden, verriet schon diese neue Ausrichtung. Bald schon ermuntert er seine Leute zu Scharmützeln gegen mekkanische Karawanen, und zwei Jahre nach seiner Auswanderung nach Medina liefert er den Mekkanern bei

Badr eine erste Schlacht (624). Mit seinen 312 Muslimen besiegt er ein Heer von ungefähr 950 mekkanischen Kriegern.

Mohammed nahm selbst nicht an der Schlacht teil, „entflammte [aber] seine Truppen durch die Zusage des Beistandes der Engel und indem er den Mutigen das Paradies verhieß und den Feigen mit der Hölle drohte. Zuletzt nahm er eine Handvoll Sand und schleuderte sie mit einer Verwünschung gegen die Feinde, und damit war, so heißt es, ihr Schicksal entschieden."[19]

Dieser Kriegszug brachte große Beute, und außerdem gab man die Gefangenen nur gegen beträchtliches Lösegeld frei. Die Sure 8, bezeichnenderweise ‚Die Beute' überschrieben, bezieht sich mehrfach auf diese Schlacht und auf die Verteilung der Beute. So soll Gott Mohammed, als dieser ihn um Hilfe bat, versprochen haben: „Ich werde euch mit tausend hintereinander reitenden Engeln beistehen" (8,9). Und der Herr habe den Engeln eingegeben, diejenigen, die glauben, zu festigen und den Ungläubigen Schrecken einzujagen (8,12).

Andere Suren dieser Zeit zeigen, dass Mohammed die religiöse Einigung Medinas doch nicht so leicht gelang, wie er sich das gedacht hatte. In Sure 62 verspricht er jenen Juden den Tod, die behaupten, sie seien „die Freunde Gottes unter Ausschluß der anderen" (62,6).[20] Er geht nun zum offenen Kampf über gegen den jüdischen Stamm der Qainuqā, die sich von Goldschmiedekunst ernährten. Nach mehrwöchiger Belagerung ergeben sich die Juden. Er weist sie aus Medina aus.[21] Energisch sind auch seine Angriffe auf die Ungläubigen von Mekka, mit denen er immer noch eine Rechnung offen hat. Das gilt besonders nach der verlorenen Schlacht von Uhud, in der 70 von seinen Anhängern gefallen waren.[22] Mohammed schreibt die Schuld an dieser Niederlage dem Ungehorsam und der Mutlosigkeit seiner Anhänger zu. So heißt es in Sure 3, Vers 152:

> *„Und Gott hat euch sein Versprechen wahr gemacht, als ihr sie mit seiner Erlaubnis vernichtend schluget, bis ihr verzagtet, miteinander über die Angelegenheit strittet und ungehorsam waret."*

Und weiter in Vers 165 ff. lesen wir:

> *„Wie konntet ihr, als euch ein Unglück traf, das ihr (den Feinden) doppelt so arg zugefügt hattet, sagen: ‚Woher kommt das?' Sprich: Es kommt von euch selbst. Gott hat Macht zu allen Dingen. Und was euch traf an dem Tag, da die beiden Scharen aufeinandertrafen, das geschah mit der Erlaubnis Gottes, und damit Er die Gläubigen in Erfahrung bringe, und auch die in Erfahrung bringe, die heucheln."*

Gott habe die Niederlage zugelassen, will er sagen, um zu sehen, wer wirklich ein zuverlässiger Gläubiger sei und wer nur ein „Heuchler", einer, auf den kein Verlass ist.

Seine treuen Anhänger gaben sich mit dieser Erklärung zufrieden, aber die verlorene Schlacht schwächte doch sein Ansehen bei den in Medina verbliebenen Juden und den Beduinen im Umland von Medina. Mohammed musste handeln, musste sich zunächst der in Medina verbliebenen Juden entledigen. Er erklärte, es sei ihm durch eine Offenbarung mitgeteilt worden, dass einer der Nadiriten, eines jüdischen Stammes, ihn mit einem Stein habe töten wollen.

Mohammed kommen jetzt die Offenbarungen, wie er sie für seine Politik braucht. So macht er es dann auch, als er bei der Belagerung dieses jüdischen Stammes die Palmen der Juden hat niederhauen lassen. Das galt als unverzeihlich und rief sogar bei seinen eigenen Anhängern starken Unwillen hervor. Flugs ließ sie Mohammed durch einen prompt zu diesem Zweck offenbarten Vers beruhigen (59,5): „Was ihr an Palmen umgehauen habt oder auf ihrem Stamm habt stehen lassen, es geschah mit der Erlaubnis Gottes." Das Ende der Belagerung war das gleiche wie beim jüdischen Stamm der Qainugā: Sie wurden ausgewiesen. Und genauso erging es später aus einem nichtigen oder erfundenen Grund dem einzig noch verblieben jüdischen Stamm der Quraiza.

Nun war Medina von Juden frei.

Die neu aufblühende Macht des Propheten, die mit häufigen Überfällen auf mekkanische Karawanen einherging, ließ nun die Mekkaner zu der Überzeugung kommen, dass gegen Mohammed nur ein Kriegszug helfen könne, der ihn vernichtete. Sie setzten sich zu diesem Zweck mit verschiedenen Beduinenstämmen in Verbindung, weil sie selbst, überwiegend Kaufleute, nicht über eine schlagkräftige Armee verfügten. So rückte eine Streitmacht von an die 10 000 Kriegern gegen Medina vor. Durch die schon erwähnte Kriegslist des ‚Grabenkriegs' wurde es nicht besiegt.[23]

Nun konnte Mohammed sein Augenmerk wieder auf sein großes Ziel, die Demütigung Mekkas, richten. Zuvor festigte er seine Macht über die umliegenden Beduinenstämme (627/28). Dann rief er, durch ein Traumgesicht hierzu ermutigt, kühn zu einer Wallfahrt nach Mekka auf. Eine Schar treuer Medinenser zog mit ihm. Er gab dem Ganzen einen friedlichen Charakter. Man trug die gewöhnlichen Pilgertrachten, führte Opfertiere mit und trug keine Waffen außer dem Schwert. Mohammed sandte den Mekkanern Boten und schlug ihnen ein Abkommen vor, wonach er gelobte, ihre Karawanen künftig in Ruhe zu lassen, falls man ihm im nächsten Jahr den Besuch der

Kaaba gestatte. Das Abkommen kam, gegen den Widerstand von eingeschworenen Gegnern, tatsächlich zustande. Man nennt es das von Hudaibija. Es sollte sich als ein erfolgreicher Schachzug von Mohammed erweisen.

Im Jahr darauf machte sich Mohammed mit 2000 Mann erneut nach Mekka auf den Weg. Auf seinem Kamel reitend umkreiste er, wie für Pilger vorgeschrieben, die Kaaba.

Auf die Mekkaner machte all dies großen Eindruck. Sie begannen zu ahnen, dass Mohammed der Mann der Zukunft sei, und schlossen sich ihm mehr und mehr an. Mohammed hatte den Triumph, dass im nächsten Jahr drei bedeutende Männer aus Mekka zum Islam übertraten, darunter der Heerführer Chālid Ibn al-Walīd und der spätere Eroberer von Ägypten, ʿAmr al-ʿAqs.

In diesem Jahr soll der auf dem Höhepunkt seiner Macht stehende Mohammed an verschiedene Herrscher Botschaften geschickt haben, so u. a. an den byzantinischen Kaiser, den Perserkönig und den Fürsten von Abessinien. In ihnen forderte er diese auf, dem Islam beizutreten.

Der Islam nimmt so seinen Lauf. Mohammed hat sein Lebenswerk vollbracht. 632 stirbt er.

Anmerkungen zu Kapitel 4

1 Die im Übrigen stark gekürzte Übersetzung und Bearbeitung von Gernot Rotter übernimmt diesen Stammbaum: Ibn Ishāq, Das Leben des Propheten. Aus dem Arabischen von Gernot Rotter, Kandern 1999.

2 Nach Martin Lings, Muhammed. Sein Leben nach den frühesten Quellen, Kandern 2000, S. 25 ff.; vgl.: Das Leben Muhammeds nach Muhammed Ibn Ishāq, bearbeitet von Abd el-Malik Ibn Hishām. Aus dem Arabischen übersetzt von Gustav Weil, 2 Bde., Stuttgart 1864, Bd.1, S. 73 ff.

3 Martin Lings, ebda., S. 34 ff.

4 Ebda., S. 37 f.

5 Vgl. Ibn Ishāq, Übersetzung von Gustav Weil, a. a. O., S. 78 f.

6 Ich folge Frants Buhl, Das Leben Muhammeds, deutsch von Hans Heinrich Schaeder, Leipzig 1930, S. 116 f. – Die Episode findet sich bei Martin Lings, a. a. O., S. 42 f., in der Version des Ibn Ishāq nach Gernot Rotter, a. a. O., S. 33.

7 Nach Frants Buhl, a. a. O., S. 114.

8 Die Episode findet sich bei Martin Lings, a. a. O., S. 46 ff. und bei Gernot Rotter, a. a. O., S. 36 ff.

9 Nach Frants Buhl, a. a. O., S. 135, der in einer Anmerkung auf Gewährsmänner verweist. Vgl. auch Martin Lings, a. a. O., S. 65 ff. sowie Ibn Ishāq, aus dem Arabischen von Gernot Rotter, a. a. O., S. 44 ff.

10 Dazu Ibn Ishāq übers. von Gustav Weil, a. a. O., Bd.1, S. 114; Ibn Ishāq, aus dem Arabischen von Gernot Rotter, a. a. O., S. 45 f.; Martin Lings, a. a. O., S. 65 ff.

11 Siehe alle in Anm. 10 genannten Stellen.

12 Ich folge den Datierungen von Nöldeke/Schwally, die A. Th. Khoury in seiner deutsch-arabischen Ausgabe des Korans, Bd. 1, S. 93 angibt.

13 Zeitangabe und Zahl nach F. Buhl, a. a. O., S. 172. – Ibn Ishāq zählt die Namen alle auf (Übers. von Gustav Weil, a. a. O., Bd. 1, S. 156 ff.).

14 Das Folgende nach Frants Buhl, a. a. O., S. 177 f.

15 Vgl. etwa 7, 20, 23, 51, 54 sowie unsere Ausführungen im Kapitel ‚Mohammeds Umgang mit der Bibel'.

16 Vgl. A. Th. Khoury, a. a. O., Bd. 1, S. 94.

17 Frants Buhl, a. a. O., S. 185.

18 Vgl. auch 47,4 sowie unsere Belege im Kapitel ‚Freude und Lachen'.

19 Nach Frants Buhl, a. a. O., S. 242 f.; vgl. auch Ibn Ishāq, aus dem Arabischen von Gernot Rotter, a. a. O., S. 127 ff.

20 Vgl. auch 3,19.23.

21 Nach Frants Buhl, a. a. O., S. 248 f.; vgl. Ibn Ishāq, übers. von Gustav Weil, a. a. O., Bd. 2, S. 2 ff.

22 Nach Frants Buhl, a. a. O., S. 257.

23 Nach Frants Buhl, a. a. O., S. 271 f.; vgl. Ibn Ishāq, aus dem Arabischen von Gernot Rotter, a. a. O., S. 165 ff.

5. Die innere Entwicklung der koranischen Botschaft

Nach muslimischem Verständnis ist der Autor des Korans, des Buchs, das, so gesehen, von Ewigkeit her bei Gott geschrieben steht, Gott selbst. Die textliche Wirklichkeit des Korans gibt andererseits zu erkennen, dass vieles in ihm die Handschrift Mohammeds verrät. Das wird besonders offenkundig im Falle der stilistischen und wortschatzmäßigen Anleihen bei kaufmännischer Rede, die sich im Koran finden, so etwa, wenn es wiederholt heißt: „Gott ist schnell im Abrechnen“ (2,202; 3,19.199; 5,4; 13,41; 14,51; 24,39; 40,17) oder wenn die Gläubigen aufgefordert werden, Gott ein schönes Darlehen zu geben, für das ihnen ein Vielfaches erstattet werde, das heißt, zu spenden (2,245; 57,11; 64,17; 73,20).

Dass man nicht immer Mohammed schlicht als den sehen sollte, der Gottes Wort „rezitiert“, zeigt sich auch, wenn Gott ihn einmal ermahnt, er solle sich nicht mit der Verkündigung der Offenbarung übereilen; erst wenn Gott den Text „zusammengestellt und genehmigt“ habe, dürfe er ihn rezitieren (75,18–19). Es fällt auch auf, dass die Offenbarungen eng mit den jeweiligen Lagen und Bedürfnissen Mohammeds verflochten sind, wie sich bereits anlässlich der Betrachtung seines Lebens und seines Umgangs mit der Bibel gezeigt hat. Der Gedanke, dass Mohammed manche Offenbarungen zu seinen Zwecken gerufen, sie gewissermaßen herbeigewünscht habe, bietet sich hier an, vereinfacht aber wohl über Gebühr das Verhältnis der Offenbarung zu ihrem Rezitator und Propheten. Wenn Martin Buber in ‚Der Glaube der Propheten‘ vom wahren Propheten sagt, dass sein Unterbewusstes von der Hand des wahren Gottes bezwungen werde, so gilt dies sicher vor allem für die initialen Offenbarungen, wie sie die einleitenden Verse der Suren 96 und 74 darstellen, und für zahlreiche mekkanische Suren mehr. Im weiteren Verlauf geht Mohammed jedoch wohl zunehmend dazu über, die Offenbarungen in eigener Regie herbeizuführen oder auszuschmücken.

Die erste mekkanische Periode (610–615)

Die Erstoffenbarungen

Die Offenbarung des Korans beginnt[1] mit einer Selbstdarstellung eben dieser Offenbarung als zu rezitierender Text (96,1–5). „Iqra'", „lies!", lautet der einleitende Auftrag, eine Aufforderung, die man wohl angemessener mit Rudi Paret als „trag vor!" lesen sollte.[2] Die Tradition will, dass der Engel Gabriel Mohammed in der Höhle auf dem Berg Hirā', unweit von Mekka, aufsuchte und dieses „iqra'" sprach.

Hören wir, was der Engel im Namen Gottes Mohammed zu rezitieren auftrug: „Lies [bzw. „trag vor"] im Namen deines Herrn, der erschaffen hat, den Menschen erschaffen hat aus einem Embryo. Lies [bzw. „trag vor"]. Dein Herr ist der Edelmütigste, der durch das Schreibrohr gelehrt hat, den Menschen gelehrt hat, was er nicht wußte." (96,1–5)

Gott offenbart sich hier als der Schöpfer im Allgemeinen und als Schöpfer des Menschen im Besonderen, und als Offenbarer eines Buchs, das den Menschen lehrt, was er nicht weiß. Und er offenbart weiterhin, dass dies Ausdruck seines Edelmutes ist. Das Verb „erschaffen" (chalaqa), ein Verb, das im Koran oft vorkommt, wird dabei wiederholt. Es kommt auf diesen Aspekt Gottes an. In ihm liegt seine Macht und Größe begründet.

Die als zweite offenbarten Verse sind die Verse 1–7 der Sure 74. Sie lauten: „Der du dich zugedeckt hast, steh auf und warne, und preise die Größe deines Herrn, und reinige deine Kleider, und entferne dich von den Götzen, und poch nicht auf dein Verdienst, um mehr zu erhalten, und sei geduldig, bis der Herr sein Urteil fällt."

Mohammed hatte die erste Offenbarung erschreckt. Es wird berichtet, dass er ekstaseartige Anfälle erlitt, so dass er sich in sein Gewand einhüllen ließ. Er wird nun durch die zweitoffenbarten Verse aufgerüttelt, die Mekkaner zu „warnen". „Warnen", „naḏara", wird ein Leitmotiv der Suren der ersten mekkanischen Periode sein. Mohammed soll die Größe seines Herrn preisen, dem Götzendienst abschwören und anerkennen, dass sein Herr der ganz Große ist. Er soll geduldig sein, nicht prompte Belohnung erwarten und nicht auf sein Verdienst pochen. Er soll darauf achten, dass er mit reinen Kleidern vor seinen Herrn tritt. Mohammed wird später in diesem Sinn wiederholt darauf hinweisen, dass man vor dem Gebet eine Waschung vornehmen muss.

Grundlegung einer neuen Haltung und Gewissheit

In den nach Régis Blachère als nächste anzusetzenden Suren erfolgt die Grundlegung einer Rechtleitung, welche den Kern des Islam ausmachen wird. Sure 106 lehrt den Stamm der Quraish Dankbarkeit für die Gaben, die Gott ihm gewährt, indem Er sie ihre Handelsreisen unbeschadet durchführen lässt und ihnen somit „Speise gegen den Hunger“ und „Sicherheit gegen die Furcht“ gibt. Sure 103 verkündet den Menschen „Verlust, außer denjenigen, die glauben und die guten Werke tun, und einander die Wahrheit nahelegen und die Geduld nahelegen“. Sure 91 verstärkt diese Botschaft, indem sie auf die Thamûd hinweist, die ihren Gesandten der Lüge ziehen und dafür hart bestraft, dem Erdboden gleichgemacht wurden. Sure 107 stellt klar, dass derjenige, der das Gericht für Lüge erklärt, zugleich der ist, der nicht „zur Speisung der Bedürftigen anhält“. Die eingeforderte neue Haltung ist also nicht zu denken ohne ihre soziale Komponente. Und wie der Abschluss der Sure verdeutlicht, geht diese wiederum mit einer neuen Einstellung zum Beten überein: „Wehe den Betenden, die auf ihr Gebet nicht achtgeben, die nur gesehen werden wollen und die Hilfestellung verwehren!“ Die Gebete sind also aufrichtig und bewusst als Hinwendung zu Gott zu verrichten, und dies ist nicht denkbar ohne die Hilfeleistung für den Bedürftigen. Sure 86 ermahnt den Menschen zu „betrachten, aus was für einem Stoff er erschaffen ist“, und zu bedenken, dass Gott die Macht hat, „ihn zurückzubringen, am Tag, da die inneren Geheimnisse geprüft werden“. Der Glaube an das Jüngste Gericht, der schon in Sure 107 angeklungen ist, gehört also auch zu diesen Grundwahrheiten und, wie Sure 45 zeigt, auch die Gewissheit, dass Gott diejenigen, die das Gericht für Lüge erklären, „in den niedrigsten der niedrigen Stände“ bringen wird.

Es fällt im Übrigen auf, dass viele dieser frühen Suren mit Beschwörungsformeln einsetzen wie „beim Nachmittag“ (103), „bei der Sonne und ihrem Morgenlicht“ (91), „bei dem Himmel und dem Nachtstern“ (86), „bei dem Feigenbaum und dem Ölbaum“ (95). Nach Rudi Paret schließt der Koran hier an die Praktiken der Wahrsager, der Kähin, an.[3]

In anderen Suren dieser Frühzeit, in den Suren 93 und 94, erhält der Prophet Gewissheit, dass er von Gott geführt wird und in dessen Gnade steht. Sure 93 beruhigt ihn: Gott hasst ihn nicht und wird ihm „geben“, so dass er zufrieden ist (Vers 3–5). Sie ruft in Erinnerung, dass Gott ihn als Waisen gefunden und ihm Unterkunft besorgt hat – bei seinem Großvater nämlich und nach dessen Tod bei seinem Onkel. Gott hat ihn „abgeirrt gefunden und rechtgeleitet“ (Vers 7), ihn in den ererbten Götterglauben verstrickt vorgefunden und sich ihm geoffenbart. Gott hat ihn „bedürftig gefunden und reich gemacht" (Vers 8) – durch seine Heirat mit Chadidscha. Und so ermahnt Er ihn, auch seinerseits Gutes zu tun und gut zu sein: die Waise nicht zu unterdrücken und „den Bettler nicht anzufahren" (Vers 9–10) und von der Gnade seines Herrn zu erzählen (Vers 11), zu erzählen, wie gut Gott ist und mit ihm war.

Die Sure 94 ihrerseits ruft Mohammed in Erinnerung, dass Gott ihm „seine Brust geweitet" und ihm „seine Last abgenommen und seinen Ruf erhöht hat" – das heißt, dass Gott ihn vom Götterglauben befreit und zum Propheten gemacht hat.

Der Koran geht so auf Mohammeds Bedürfnis nach Bestätigung seiner Sendung ein.

Das Jüngste Gericht: die Guten und die Beute des Feuers

Die Thematik des Jüngsten Gerichts gehört von vornherein zur koranischen Botschaft. Jetzt aber wird sie mit kraftvollen Akzenten des Schreckens voll entfaltet. „Wenn die Erde durch ihr heftiges Beben erschüttert wird", heißt es in Sure 99. Sure 101 nennt diesen Tag ‚die Katastrophe': „Die Katastrophe! Was ist die Katastrophe? Und woher sollst du wissen, was die Katastrophe ist? Am Tag, da die Menschen wie verstreute Motten sein werden, und die Berge wie zerflockte bunte Wolle." (Vers 1–6) An jenem Tag wird es darauf ankommen, „schwere Waagschalen" (d. i. von guten Werken schwere Waagschalen) zu haben (Vers 6–7). Wer aber leichte Waagschalen hat (also wenig gute Werke vollbracht hat), „der wird zur Mutter einen Abgrund haben", dem Höllenschlund verfallen, jenem Abgrund, der „ein glühendes Feuer ist" (Vers 8–11).

Sure 100 meint Ähnliches, wenn es da heißt: „wenn das, was in den Gräbern ist, aufgewühlt wird und das, was im Innern [des Menschen] ist, im Ergebnis erfasst wird".

Die Suren 92 und 82 heben darauf ab, was die Guten im Letzten und Eigentlichen von den Menschen trennt, die eine Beute des Feuers werden. Ihr Streben ist verschieden, heißt es kurz und bündig (92,4). Vom Feuer ferngehalten wird „der Gottesfürchtigste werden, der sein Vermögen hergibt, um sich zu läutern [...] in der Suche nach dem Antlitz des Herrn, des Allerhöchsten" (92,17–20). Den anderen, denjenigen, die sich so verhalten, als wenn sie auf niemanden angewiesen wären (92,8), macht Gott „die Drangsal leicht", das heißt, er lässt es ihnen gut ergehen, so dass sie Vermögen anhäufen können. Aber das wird ihnen nichts nützen (92,10–11). Gott lässt sie gewissermaßen in die Irre gehen. Sein ist die Rechtleitung (92,12): Er entscheidet darüber, wen Er den Weg der Rechtleitung führt und wen nicht.

Diese Entscheidung erfolgt aber nicht willkürlich, sondern auf der Grundlage dessen, was der Mensch erstrebt, was er sich als Ziel vorangestellt hat. Wer nach Reichtum strebt, wie in der Regel die Kaufleute von Mekka, der wird mit diesem Streben vielleicht Erfolg haben, aber auch mit ihm zugrunde gehen. Beim Jüngsten Gericht wird er erfahren, „was er vorausgeschickt [d. h. angestrebt] und was er zurückgestellt [d. h. als weniger wichtig erachtet] hat“ (82,5).

Der Koran unterscheidet also eindringlich zwischen denen, die Gott zustreben, und denen, die sich an irdische Güter verlieren. Das ist die Alternative, vor die Mohammed die Einwohner von Mekka stellt.

Die Herauskristallisierung der Idee des Korans

In den folgenden Suren fällt auf, dass wiederholt auf Formen von Textlichkeit verwiesen wird und schließlich, als Krönung und endgültige Sinngebung dieser Entwicklung, die Termini „Buch“ und „Koran“ fallen. Des Weiteren erfolgt nun die Bestätigung Mohammeds als des Ermahners und Warners.

In Sure 87 heißt es (in der Übersetzung von Rudi Paret): „Wir werden dich [Offenbarungstexte] vortragen lassen, und du wirst nicht[s davon] vergessen.“ (Vers 6) Die Sure schließt mit einer weiteren, bezeichnenden Erwähnung von Textlichkeit: „Dies steht in den früheren Blättern von Abraham und Mose.“ Mohammeds Aufmerksamkeit wird nun erstmals auf frühere, biblische Offenbarungstexte gelenkt. Anders ausgedrückt: Der Gedanke an Offenbarungstextlichkeit drängt sich ihm nun auf.

Das bestätigt sich in Sure 80, wo ziemlich unvermittelt folgende Verse auftauchen: „Das ist die Rede eines edlen Gesandten, der Kraft besitzt und beim Herrn des Thrones hochgestellt ist, dem man dort gehorcht und der treu ist.“ (Vers 19–21) Gewissermaßen protokollarisch wird festgehalten, dass dieser Gesandte nicht ein Besessener ist (Vers 22), sondern „eine Ermahnung für die Weltenbewohner“ (Vers 27).

In Sure 84 gipfelt diese Rechtfertigung. Hier wird ‚Buch‘ als Bezeichnung für den Koran eingesetzt. Hier gewinnt dieses Buch eine Schlüsselposition für die Rettung des Menschen vor der ewigen Verderbnis. Vom Tag des Jüngsten Gerichts heißt es hier: „Wem nun sein Buch in seine Rechte gereicht wird, für den wird eine leichte Abrechnung erfolgen, und er wird froh zu seinen [verstorbenen] Angehörigen zurückkehren.“ (Vers 7–9) Und in dieser Sure begegnet auch erstmals der Begriff Koran selbst: „Was ist mit ihnen, dass sie nicht glauben und, wenn ihnen der Koran verlesen wird, sich nicht niederwerfen.“ (Vers 20–21) Und es spricht viel für die Annahme, dass durch diese Verse die inzwischen eingeführte Rezitationspraxis als Gebet mit Niederwerfung hindurchscheint.

Die Sure 79 wiederum bringt nun, von der inneren Entwicklung des Korans her gesehen folgerichtig, eine erste rudimentäre „Geschichte des Moses“ (Vers 15–25): Der Koran sucht, nachdem er sich als Offenbarung konstituiert hat, Ansschluss an frühere, biblische Formen der Offenbarung.

Die Hölle und das Paradies

Die Suren 88, 52, 56, 77 und 78 verbindet, dass in ihnen die Hölle und das Paradies mit gleichbleibenden Akzenten und wechselnden Ausschmückungen beschrieben werden. Mohammed sucht seine Position zu festigen, indem er den Gläubigen das Paradies verspricht und den Ungläubigen die Hölle androht.

So bekommen gemäß Sure 88 die Verdammten „aus einem siedenden Quell zu trinken“ und ihre Speise besteht „nur aus trockenen Dornen, die weder fett machen noch gegen den Hunger helfen“ (Vers 5–7). Die Bewohner des Paradieses hingegen weilen „in einem hochgelegenen Garten, in dem sie keine unbedachten Reden hören“ und in dem es „eine fließende Quelle“ und „erhöhte Betten, hingestellte Humpen, in Reihen gelegte Kissen und ausgebreitete Teppiche“ gibt (Vers 10–16).

Noch wesentlich ausführlicher werden die Freuden des Paradieses in Sure 52 (Vers 17–24) beschrieben. Da lehnen sich die Gottesfürchtigen „auf geweihten Betten“ zurück, haben sie „als Partnerinnen großäugige Huri“, werden sie „mit Früchten und Fleisch“ versorgt, greifen sie „nach einem Becher, der nicht zu unbedachter Rede verleitet“ (d. h. der ein köstliches, nicht berauschendes Getränk enthält), während Jünglinge „wie wohlverwahrte Perlen unter ihnen die Runde machen“.

Nach Sure 56 sind „die, die in die Nähe [Gottes] zugelassen werden, in den Gärten der Wonne“. „Auf durchwobenen Betten lehnen sie sich einander gegenüber. Unter ihnen machen ewig junge Knaben die Runde mit Humpen und Krügen und einem Becher aus einem Quell, von dem sie weder Kopfweh bekommen noch sich berauschen“ etc. etc.

Es ist durchaus denkbar, dass die Mahnung, sich nicht zu übereilen

(75,16–19), durch solch üppige Beschreibungen, an denen Mohammed offensichtlich sein Gefallen fand, mit ausgelöst wurde.

Es ist sicher kein Zufall, wenn sich der Prophet in einer der einschlägigen Suren, in der Sure 52, gegen den als Verunglimpfung gemeinten Vorwurf zur Wehr setzt, er sei ein Dichter (Vers 30): Er hat sich dazu hinreißen lassen, wie ein Dichter zu sprechen.

Ablehnung und Gewissheit

Diese Tendenz scheint sich fortzusetzen, wenn in der Sure 55 mit litaneiartigen Wiederholungen das Thema der Wohltaten Gottes an den Menschen, die diese für Lügen erklären, entwickelt wird. In nicht weniger als 31 Anläufen begegnet die rhetorische Frage: „Welche der Wohltaten eures Herrn wollt ihr beide für Lüge erklären?", wobei „ihr beide" auf die Menschen und die Djinn bezogen sein dürfte. Zwischenhinein und eingangs der Sure werden die Zeichen aufgeführt, an denen man erkennen müsste, dass der Koran die Wahrheit spricht.

Mohammed muss es tief getroffen haben, dass in dem Maße, wie die Offenbarung für ihn zur Gewissheit wurde, sich die Menschen, die Bewohner von Mekka, in ihrer großen Mehrheit von ihr abwendeten, seine prophetische Rede für Lüge erklärten. Es mag verwundern, dass er dabei immer wieder indirekt auch die Djinn erwähnt, aber Mohammed glaubt an diese Geister. Er kann sich die geschlossene Ablehnung des Korans, mit dessen Nennung diese Sure beginnt – „Der Erbarmer hat den Koran gelehrt" –, wohl nur so erklären, dass hier Menschen und Djinn zusammenwirken. Bezeichnend, dass er hierbei von Gott in der dritten Person spricht. Hier spricht der Prophet, der seiner Enttäuschung und seiner Verwunderung über die Halsstarrigkeit der Mekkaner beredt Luft macht. Er kann es nicht verstehen, wie man seine Botschaft angesichts solch deutlicher Zeichen für Lüge erklären kann.

„Ihr werdet bestimmt die Hölle sehen. Noch einmal. Ihr werdet sie mit völliger Gewissheit sehen", schleudert er ihnen nun entgegen (102,6–7). Sure 83 verkündet denen, die „den Tag des Gerichtes für Lüge erklären", dass sie in der Hölle brennen werden (Vers 11 und 16). „Nein, der Mensch zeigt ein Übermaß an Frevel, dass er meint, er wäre auf niemanden angewiesen. Zu deinem Herrn erfolgt die Rückkehr" (96,6–8). So warnt Mohammed nun, die erstoffenbarten Verse fortsetzend, seine Gegner. In Sure 70 macht er ihnen klar, dass sie sich nicht mit ihren Söhnen, ihrer Gefährtin, ihrem Bruder und ihrer Sippe freikaufen können von der Pein des ewigen Feuers (Vers 11–13).

Andere Suren, in denen bezeichnenderweise klar Gott selbst das Wort hat, handeln von der Gewissheit, die Mohammed nun in seinem Glauben erreicht hat. „Wir haben ihn [den Koran] in der Nacht der Bestimmung hinabgesandt“, heißt es in Sure 97, Vers 1. In Sure 53 gibt Gott gewissermaßen eine Ehrenerklärung für seinen Propheten ab: „Euer Gefährte geht nicht irre und ist nicht einem Irrtum erlegen, und er redet nicht aus eigener Neigung. Es ist nichts anderes als eine Offenbarung, die offenbart wird. Belehrt hat ihn einer, der starke Kräfte hat, der Macht besitzt“ (Vers 2–6). Er bestätigt, dass der Prophet wirklich eine Vision gehabt, den Engel Gabriel gesehen hat: „Er stand aufrecht da, am obersten Horizont. Dann kam er näher und stieg nach unten, so dass er [nur] zwei Bogenlängen entfernt war oder noch näher. Da offenbarte Er [d. i. Gott durch Gabriel] seinem Diener, was Er offenbarte.“ (Vers 6–10)

Sure 73 geht auf Mohammeds Enttäuschung, die in Entmutigung umzuschlagen drohte, ein und bestärkt ihn in seiner Berufung und Sendung. Er soll des Nachts aufstehen und sich dem Gebet widmen (Vers 1–4), soll den Koran Abschnitt für Abschnitt vortragen (Vers 4), soll wissen, dass das Aufstehen in der Nacht ihm hilft, gegenüber seinen Widersachern die rechten Worte zu finden (Vers 6). Er soll sich Gott, den alleinigen Gott, zum Sachverwalter nehmen, mit Geduld ertragen, was seine Gegner sagen, und sich „auf schöne Weise“, also im Guten von ihnen entfernen. Er soll es Gott überlassen, mit denen abzurechnen, die seine Botschaft „für Lüge erklären“ und „ein angenehmes Leben haben“ (Vers 9–11). Er soll im Bewusstsein, dass Gott ihm den Koran herabgesandt hat, Geduld mit seinen Gegnern üben: „Wir, ja Wir haben den Koran auf dich nach und nach herabgesandt. So sei geduldig, bis das Urteil deines Herrn eintrifft“ (Vers 23–24).

Verwünschungen und Klarstellungen

In der Folgezeit verschärft sich der Ton gegenüber denjenigen, die sich der Botschaft göttlicher Zeichen widersetzen. In Sure 74 lesen wir: „Dem Tod geweiht sei er, wie seine Abwägung [d. i. sein Nachdenken darüber, wie er seine Haltung rechtfertigen könne] war! Noch einmal: Dem Tod geweiht sei er, wie seine Abwägung war“ (Vers 19–20). In Sure 111 wird Mohammeds persönlicher Gegner, Abû Lahab, verflucht: „Dem Verderben geweiht seien die Hände des Abû Lahab, und dem Verderben geweiht sei er!“ (Vers 1) In Sure 108 wird Mohammed offenbart, dass wer ihn hasst, ohne Anhang sein soll (Vers 3). In Sure 85 heißt es: „Dem Tod geweiht seien die Leute des Grabens [d. h. die

Leute, die die Gläubigen in einen Graben warfen und dort verbrennen ließen] [...] wenn sie bezeugen, was sie den Gläubigen angetan haben."

Die Offenbarung lässt sich hier auf die Seelenverfassung des Mohammed ein: Er ist ungeduldig geworden. Spätere Suren dieser Phase sind ruhiger, gewissermaßen sachlich und tragen wesentliche Erkenntnisse zur Religion des Islam bei. Sure 100 hält fest, dass der Mensch seinem Herrn gegenüber undankbar ist (Vers 6), indem er die irdischen Güter „heftig" liebt (Vers 8). Sure 90 stellt klar, welches der „steile Weg" ist, den der Gläubige zu wählen hat: „[Es ist] die Befreiung eines Sklaven oder, am Tag der Hungersnot, die Speisung einer verwandten Waise oder eines Bedürftigen, der im Staub liegt" (Vers 13–16). Sie weisen den Weg für die nunmehr reifenden Einsichten, in denen sich der Islam als eine eigene Religion mit eigenen Glaubenssätzen konstituiert.

In Sure 112 heißt es, dementsprechend: „Sprich: Er ist Gott, ein Einziger, Gott, der Undurchdringliche. Er hat nicht gezeugt und Er ist nicht gezeugt worden, und niemand ist Ihm ebenbürtig." In Sure 109 lesen wir: „Sprich! O ihr Ungläubigen, ich verehre nicht, was ihr verehrt, auch ihr verehrt nicht, was ich verehre. Weder ich werde verehren, was ihr verehrt habt, noch werdet ihr verehren, was ich verehre. Ihr habt eure Religion, und ich habe eine Religion." Sure 1 schließlich, die nicht von ungefähr als Fatiha ganz an den Anfang des Korans gestellt wurde, formuliert ein erstes Glaubenbekenntnis, in dem (fast) alle wesentlichen Punkte des neuen Glaubens enthalten sind.

Mohammed wird nun klar, dass er bei Gott seine Zuflucht suchen muss, wenn ihm die Gegner des neuen Glaubens zusetzen: „Sprich: Ich suche Zuflucht beim Herrn des Frühlichtes vor dem Unheil dessen, was Er erschaffen hat, und vor dem Unheil der Finsternis [...] und vor dem Unheil eines Neiders, wenn er neidisch ist." (Sure 113) Der Text nennt hier noch einmal wichtige Kategorien von Gegnern, und so ist es auch, einen würdigen abschließenden Akzent des Korans setzend, in der Sure, die später unter dem Namen al-Nās die letzte wurde, in der 114. Sure: „Sprich: Ich suche Zuflucht beim Herrn der Menschen, dem König der Menschen, dem Gott der Menschen, vor dem Unheil des Einflüsterers, des Heimtückischen, der da in die Brust der Menschen einflüstert, sei es einer von den Djinn oder von den Menschen." Und beachten wir wohl, dass in all diesen überaus wichtigen Suren ausdrücklich festgehalten wird, dass Gott spricht und Mohammed den Text zu sprechen aufträgt: Sprich!

Die zweite mekkanische Periode (615–620)

Den Anfang der zweiten mekkanischen Periode macht eine Reihe von Suren, in denen der Koran an das Beispiel der Propheten erinnert, die man zurückwies, wofür man schwer bestraft wurde. Das gibt Gelegenheit, flankierend die großen Themen wieder aufzugreifen, die wir anhand der Suren der ersten Periode der mekkanischen Offenbarung besprochen haben: die Einzigkeit Gottes, Paradies und Hölle, Mohammed als der Ermahner und Warner, das Jüngste Gericht, die für die Mekkaner schwer zu akzeptierende Vorstellung von der Auferstehung der Toten etc. Allgemein lässt sich hierzu vermerken, dass die Ausführungen nun weniger inspiriert, fast möchte man sagen vergleichsweise ein wenig prosaisch wirken. Es handelt sich um die Suren 51, 54, 37, 71, 20 und 26, mit denen wir uns anlässlich der Frage nach Mohammeds Umgang mit der Bibel (Kapitel 2) befasst haben. Man kann all dies als ein Indiz dafür werten, dass Mohammed sich nun dem Erbe von Christentum und Judentum zuwendet und hier geistige Unterstützung sucht, sich in seinem Kampf gegen den Unglauben über biblische Gestalten positioniert. Es mag dies aber auch konkreter noch damit zusammenhängen, dass gegen Ende der ersten mekkanischen Periode eine beträchtliche Anzahl seiner Anhänger nach Äthiopien ausgewandert war. Der Umgang mit den theologisch verwandten Christen versprach leichter zu sein als der mit den halsstarrigen Ungläubigen von Mekka.

Das Christentum und die Guten

Mohammed greift nun christliche Themen auf. Im Besonderen befasst er sich mit den Gestalten Zacharias, Maria und Jesus. Die diesbezüglichen Ausführungen verraten viel Sympathie, wenn auch hinsichtlich der Gestalt Jesu ein klarer Trennungsstrich gezogen wird. Für die Christen ist er Sohn Gottes, nach koranischer Sicht ein Gesandter.

Die Sure 19, ‚Maryam' überschrieben, kommt ohne die vertraute Einleitung über den Koran und über Gläubige und Ungläubige direkt auf Zacharias zu sprechen. Dieser wünscht sich im hohen Alter noch einen Sohn und Nachfolger. Vertrauensvoll wendet er sich mit dieser Bitte an den Herrn (Vers 2–6). Und Gott verkündet ihm frohe Botschaft von einem Sohn, den er Johannes nennen soll (Vers 7). Zacharias wundert sich, dass seine Frau, die als unfruchtbar gilt, ihm einen Sohn gebären soll, und erbittet sich ein Zeichen.

Dieses Zeichen, bestimmt der Herr, soll darin liegen, dass er drei Tage und Nächte lang nicht mehr sprechen kann (Vers 10).

So wird dem greisen Zacharias ein Sohn geboren, Johannes. Gott gibt diesem ein liebevolles Gemüt, Reinheit und Ehrerbietigkeit gegen seine Eltern (Vers 13 f.). „Und Friede (salām) sei über ihm am Tage, da er geboren ward, und am Tag, da er stirbt, und am Tage, da er wieder zum Leben erweckt wird." (Vers 15)

Das Wort „Friede" und die Thematik des Friedens werden hier auffällig eindringlich herausgestellt. Und es ist vielleicht kein Zufall, wenn dies im Zusammenhang mit einer Hinwendung zu Themen der christlichen Offenbarung steht. Mohammed öffnet sich eine neue Perspektive.

Unmittelbar danach wendet sich der Text dem zu, „was in diesem Buch [in der Bibel]" über Maria steht (Vers 16). Sie hatte sich zurückgezogen und barg sich unter ihrem Schleier, „da sandten Wir [d. i. Gott] unseren Geist zu ihr. Er erschien ihr im Bildnis eines wohlgestalteten Menschen" (Vers 17). Maria erschrickt, glaubt, dass dieser Mann sich ihr nähern will. „Sie sagte: ‚Ich suche beim Erbarmer Zuflucht vor dir, so du gottesfürchtig bist'" (Vers 18). Aber der Engel beruhigt sie: Er will ihr nur einen Sohn verkünden. Darauf erwidert Maria: „Wie soll ich einen Knaben bekommen? Es hat mich doch kein Mensch berührt, und ich bin keine Hure." (Vers 20) Der Engel erwidert, Gottes Worte referierend: „Das ist Mir ein leichtes. Wir wollen ihn zu einem Zeichen machen für die Menschen." (Vers 21) „So empfing sie ihn. Und sie zog sich mit ihm zu einem entlegenen Ort zurück." (Vers 22)

Dann trägt sie ihn zu ihrem Volk. Sie wird unfreundlich empfangen. Sie habe Schande über ihre Familie gebracht. Aber Maria deutet nur auf ihn (auf Jesus), und der sagt: „Ich bin der Diener Gottes. Er ließ mir das Buch zukommen und machte mich zu einem Propheten. Und er machte mich gesegnet, wo immer ich bin. Und er trug mir auf das Gebet und die Abgabe [zu erfüllen], solange ich lebe, und pietätvoll gegen meine Mutter zu sein." (Vers 30 ff.). Jesus ist also der vollkommene Muslim. Und mit den gleichen Worten wie im Falle des Zacharias heißt es nun: „Und Friede sei über mir am Tag, da ich geboren wurde, und am Tag, da ich sterbe, und am Tag, da ich wieder zum Leben erweckt werde." (Vers 33)

Aber es werden hier auch Bedenken gegenüber den Anhängern Jesu, den Christen, angebracht. Sie sehen in Jesus den Sohn Gottes. Der Koran distanziert sich klar hiervon: „Es steht Gott nicht an, sich ein Kind zu nehmen." (Vers 35) Der Text kommt in der Folgezeit oft hierauf zurück. In Sure 43, Vers 59 heißt es von Jesus: „Er ist nichts als ein Diener, den Wir begnadet und zu einem Beispiel für die Kinder Israels gemacht haben." Im Vers 81 der gleichen Sure sagt Mohammed: „Wenn der Erbarmer ein Kind hätte, wäre ich der erste derer, die es anbeten."

Im Übrigen fällt auf, dass nun öfter biblische Gestalten als gute Beispiele angeführt werden. Bis dahin hatten die Propheten in der Regel dazu gedient, darauf hinzuweisen, dass es ihnen ähnlich schlecht erging wie Mohammed: Sie wurden von ihren Leuten als Lügner und Besessene beschimpft. Von Moses heißt es nun schlicht, das Positive herausstellend. „Er war auserwählt; und er war ein Gesandter und Prophet." (19,51) Über Ismael lesen wir entsprechend: „Er war treu zu seinem Versprechen, und er war ein Gesandter und ein Prophet." (19,54) Abraham ist der Gute (38,45–47). David ist der „Herr der Macht", der sich stets zu Gott kehrte, er ist der gute Richter, den Gott zu seinem Stellvertreter auf Erden gemacht hat (38,17–26). Salomo wird als ein „vortrefflicher Diener" gepriesen, der sich stets Gott zuwandte (38,30), ähnlich verhält es sich mit Hiob (38,44). Mohammed positioniert sich über biblische Gestalten.

Anzeichen der Ermüdung

Die folgenden Suren (36, 43, 72, 67, 23, 21, 25) geben allerdings zu erkennen, dass die neugefasste Hoffnung nicht trägt. Man merkt ihnen die Gemütslage eines Propheten an, der angesichts der Erfahrung, dass er in Mekka mehrheitlich und vor allem bei den Vornehmen immer noch keine Akzeptanz findet, ermüdet, sich wiederholt, auf der Stelle tritt, einen überschaubaren Motivkomplex mit wechselnden Akzenten variiert, ohne entscheidend weiterzukommen. Ein um das andere Mal setzt er sich energisch von den Christen, die Gott ein Kind (den Gottessohn), und von den Polytheisten, die ihm andere Götter, „Teilhaber", an die Seite stellen, ab (43,15–25; 72,3.20; 21,26; 25,2), handelt er von der Verstocktheit der Ungläubigen (36,7–10 et passim), von den Propheten, die man (wie ihn) der Lüge geziehen und verspottet hat (43,6–7.46–57; 29,24; 25,31 ff.; 23,24; 21,36.41; 25,7.35–41), droht er den Ungläubigen die Hölle an und verspricht er den Gottesfürchtigen das Paradies (43,70 ff.; 23,27; 25,13–27).

Besonders eindrucksvoll wird die hoffnungslose Verstocktheit der Ungläubigen in Sure 43,8–10 geschildert:

> *„Wir haben an ihren Hals Fesseln angebracht, die bis zum Kinn reichen, so daß sie den Kopf hochhalten müssen [das heißt gar nicht die erforderliche Demut gegenüber Gott üben können]. Und Wir haben vor ihnen*

eine Sperrmauer gemacht und sie umhüllt, so daß sie nicht sehen können. Und es ist ihnen gleich, ob du sie warnst oder ob du sie nicht warnst; sie glauben nicht."

„Sie sind doch nur wie das Vieh, nein, sie irren noch weiter vom Weg ab", lautet der Schlussvers von Sure 25. „Weg mit den Leuten, die Unrecht tun", heißt es in Sure 23, Vers 41 von den Leuten, die die Propheten der Lüge zeihen. Der Prophet wird ungeduldig.

Seinen Gläubigen wendet sich der Prophet in all diesen Suren nur selten aufbauend zu, so etwa in den Eingangsversen der Sure 23: „Wohl ergeht es den Gläubigen, die in ihrem Gebet demütig sind, und die sich von unbedachter Rede abwenden, und die Abgabe entrichten, und die ihre Scham bewahren, außer gegenüber ihren Gattinnen, oder was ihre rechte Hand [an Sklavinnen] besitzt, dann sind sie nicht zu tadeln".

Das Verhältnis zu den Christen (Sure 18)

Der Koran ist weiterhin durch zahlreiche Wiederholungen gekennzeichnet. Er ist eben Verkündigung und Ermahnung, und muss als solcher immer wieder auf die gleichen Themen eingehen. Er ist nicht Erzählung eines Zusammenhangs oder gar Dichtung. In Sure 36, Vers 69 heißt es hierzu: „Und Wir haben ihn nicht das Dichten gelehrt, und es ziemt ihm nicht. Das ist doch nur eine Ermahnung und ein deutlicher Koran." An anderer Stelle (43,61) heißt es vom Koran kurz und bündig, er sei Wissen über die Stunde, d. h. Wissen über den Jüngsten Tag und die Notwendigkeit, sich dann für sein Handeln zu verantworten. Es wird also darauf abgehoben, dass der Koran die Dinge deutlich macht bzw. Wissen vermittelt.

Umso erstaunlicher ist es, wenn nun in der Sure 18 Geschichten erzählt werden, die vergleichsweise schwer zu deuten sind. Diese Sure ist nach Nöldeke/Schwally und auch Blachère die letzte der zweiten mekkanischen Periode der Offenbarung. Mohammed macht die ablehnende Haltung der Ungläubigen zutiefst betroffen. In 18,6 heißt es: „Vielleicht magst du, wenn sie an diese Botschaft nicht glauben, aus Gram noch dich selbst umbringen". Außerdem tut er sich schwer mit der Frage, wie nun vom Standpunkt des Islam aus das Christentum zu bewerten sei. Die Dunkelheit des Sinns gestattet ihm, hiervon so zu handeln, dass diese Schwierigkeiten durchscheinen.

Zunächst heißt es im vertrauten Rahmen, die Sure sei ein Wegweiser, drohe strenge Strafen an, sei den Gläubigen, die gute Werke tun, eine frohe

Botschaft und warne, die da sagen: „Gott hat sich ein Kind genommen." Die Sure wendet sich also an die Christen, die Gott einen Sohn beigesellen, soll ihnen als Warnung dienen.

Eine erste solche Warnung liegt in der Geschichte von den Gefährten der Höhle. Von ihnen hat die Sure ihren Namen: „Die Höhle". Sie handelt von Jünglingen, die in einer Höhle Zuflucht nahmen und den Herrn baten, ihnen einen Ausweg aus ihrer Angelegenheit zu bereiten (Vers 10). Ziemlich änigmatisch heißt es dann von ihnen: „Da schlugen Wir in der Höhle auf ihre Ohren für eine Anzahl von Jahren. Dann erweckten Wir sie, um zu erfahren, welche von den beiden Parteien die Dauer ihres Verbleibens erfasst hat."

Etwas Licht kommt in dieses Dunkel, wenn man bedenkt, dass der Koran hier die christliche Legende von den Siebenschläfern aufgreift, die im späten 5. Jahrhundert niedergeschrieben wurde und mehrere syrische und griechische Versionen gefunden hat. Diese Legende erzählt von christlichen jungen Männern aus Ephesus in Kleinasien. Ihre Zahl wird mal mit acht, mal mit sieben, neun oder auch vier angegeben. Zur Zeit der Verfolgung der Christen unter dem römischen Kaiser Decius (249–251) verweigerten sie die Verehrung der Götter und flohen in eine Höhle in der Nähe der Stadt. Sie wurden in der Höhle eingemauert, verfielen in einen Tiefschlaf und wurden nach 187 bzw. 193 Jahren[4] aufgeweckt.

Die Rede von den zwei Parteien würde sich aufhellen, wenn man davon ausginge, dass der Koran hier von zwei Ausrichtungen des Christentums spricht, die in der Abgeschiedenheit eines Lebens in Gebet und Fasten und im Tiefschlaf der Jahrhunderte um die Wahrheit ringen. Die eine Richtung, nach dem Koran die der Wahrheit, war die der Arianer, für die Christus nicht konsubstantiell mit dem Vater, sondern dessen Geschöpf war. Die Lehre von der Gottessohnschaft und Gottheit Jesu wurde erst im 4. Jahrhundert, im Kampf gegen die Arianer, im Konzil von Nikäa (325) dogmatisch fixiert.[5]

Die Folge wird klar, wenn wir annehmen, dass der Koran nun von den Christen spricht, die koranisch gesprochen den rechten Weg finden. Es sind diejenigen, die sich dazu entschieden, nie einen Gott anzurufen außer Ihm, dem einzigen Gott (Vers 14). Sie sind die Rechtgeleiteten (Vers 17).

Einige Details der Erzählung bleiben freilich dunkel. So etwa, wenn es im Text heißt: „Und du siehst die Sonne, wenn sie aufgeht, sich von ihrer Höhle zur Rechten wegneigen, und wenn sie untergeht, an ihnen zur Linken vorbeigehen, während sie sich darin in einem Raum befinden." (Vers 17) Dunkel bleibt auch die Funktion des Hundes, der seine Vorderpfoten auf der Schwelle ausstreckt und Schrecken verbreitet: „Würdest du sie erblicken, du würdest vor ihnen zur Flucht kehrtmachen und du würdest vor ihnen mit Schrecken erfüllt sein." (Vers 18)

Das Gemeinte wird andeutungsweise fassbar, wenn man davon ausgeht, dass hier die Entwicklung im immer noch jungen, zu Zeiten des Korans sechs Jahrhunderte zählenden Christentum angedeutet wird. Mit der Höhle könnte angedeutet sein, dass die Christen lange in Katakomben „schliefen". Mit dem Grausen, das sie einflößen, könnte gemeint sein, dass sie später zu einer politischen Macht erstarkten. Und auf die Handelsbeziehungen, die diese Christen inzwischen unterhielten, könnte angespielt werden, wenn es im Folgenden (Vers 19) heißt: „So schickt einen von euch mit diesen euren Silbermünzen in die Stadt; er soll sehen, wer in ihr die reinste Speise hat, und euch davon eine Versorgung bringen." (Vers 19) Der gelernte Kaufmann, der im Koran an zahlreichen Stellen durchzuspüren ist, notiert mit Interesse diese Entwicklung.

Was aber ist gemeint, wenn es von diesem Boten oder Handelsreisenden heißt, er müsse behutsam sein und niemanden etwas merken lassen? „Denn wenn sie von euch erfahren, werden sie euch steinigen oder euch zur Rückkehr zu ihrer Glaubensrichtung zwingen." (Vers 20) Es könnte hier die Rede davon sein, dass die Christen, die Gott als den Einen verehren und ihm keinen Sohn beigesellen – das sind annäherungsweise die Arianer –, ihren Glauben geheimhalten müssen, weil ihnen sonst Verfolgung droht.

Völlig im Dunkeln bleibt aber, was dann von dem Hund gesagt wird: „Manche werden sagen: ‚Es sind drei, und ihr Hund ist der vierte von ihnen.' Und manche sagen: ‚Fünf sind sie, und der sechste von ihnen ist ihr Hund'" etc. (Vers 22). Gewiss bezieht man sich hier darauf, dass die Zahl der Jünglinge in den Texten verschieden angegeben wird, aber was hat es mit dem Hund auf sich? Es klingt wie eine Selbstcharakteristik des Textes, wenn es in diesem Zusammenhang heißt: „Ein Herumraten in bezug auf das Unsichtbare" (ebda.).

Relativ klar hingegen ist die Anspielung auf den Arianismus, wenn zum Abschluss dieser Geschichte, auf die Jünglinge in der Höhle zurückkommend, gesagt wird: „Und sie verweilten in ihrer Höhle dreihundert Jahre und noch neun dazu." (Vers 25) 318 wurde Arius, Bischof von Alexandria, der Ketzerei angezeigt.

Eine zweite dunkle Geschichte, die in der Sure 18 erzählt wird, schildert im visionären, erst aufzuschlüsselnden Stil die Begegnung der gesetzgebenden Gesandten von Judentum, Christentum und Islam. So zum mindesten ist es, wenn man in einem „Knecht", der hier erwähnt wird (Vers 60), Jesus und in „einem von unseren Dienern, dem Wir Barmherzigkeit von Uns hatten zukommen lassen und den Wir Wissen von Uns gelehrt hatten" (Vers 65), den Propheten Mohammed sieht.[6] Aber was ist mit dem Zusammenfluss der beiden Meere und mit dem Fisch, der Moses und Josua oder Christus auf ihrer Wanderschaft entwischt? Und was hat es mit dem Felsen auf sich, auf dem die beiden rasten und den Fisch vergessen, so dass er seinen Weg ins Meer nimmt? (Vers 60–63) Was bedeutet schließlich das Loch, das Mohammed, um Moses auf die Probe zu stellen, in ein Schiff schlägt? (Vers 71) Was bedeutet die Mauer, die einzustürzen drohte? (Vers 77)

Es hilft kaum weiter, wenn der Koran später folgende Aufklärungen gibt: „Was das Schiff anbetrifft, so gehörte es armen Leuten, die auf dem Meer arbeiteten. Ich wollte es schadhaft machen, denn ein König war hinter ihnen her, der jedes Schiff mit Gewalt nahm.“ (Vers 79)

> *„Und was die Mauer betrifft, so gehörte sie zwei Waisenjungen in der Stadt. Unter ihr befand sich ein Schatz, der ihnen gehörte. Ihr Vater war rechtschaffen. Da wollte dein Herr, daß sie [erst] ihre Vollkraft erreichen und ihren Schatz herausholen, aus Barmherzigkeit von deinem Herrn. Ich tat es ja nicht aus eigenem Entschluß.“ (Vers 82)*

Und wenn es darauf heißt: „Das ist die Deutung dessen, was du nicht aushalten konntest“, so ist damit noch einmal die Dunkelheit des Textes unterstrichen. Hier sind die Exegeten gefordert. Es würde zu weit führen, auf deren Deutungen einzugehen. Es wird den Exegeten zwar immer wieder im Koran Gelegenheit geboten, divergierende Auslegungen zu entwickeln, aber nirgends sonst ist der Stil des Korans so dunkel wie in den Geschichten von den Jünglingen in der Höhle und der Vision einer Begegnung zwischen Moses, Josua oder Jesus und Mohammed.

Der Text wird hier wohl deshalb dunkel, weil es darum geht, das schwierige Verhältnis zu Juden und Christen in Bilder zu fassen, vielleicht aber auch, weil Mohammed in Mekka in eine aussichtslose Lage geraten ist: Mekka nimmt die ihm herabgesandte Religion nicht an und der Gedanke an einen Umzug nach Medina ist noch nicht reif.

Die dritte mekkanische Periode (620–622)

Der Koran enthält viele Wiederholungen. Immer von neuem muss die Position des Islam verdeutlicht, muss ermahnt werden. In der dritten mekkanischen Periode macht sich dieser Charakterzug, mehr noch als in den unter ‚Anzeichen der Ermüdung‘ behandelten Suren, besonders deutlich bemerkbar. Es ist für den Leser, der den Fortschritt sucht, nun über weite Strecken so, als trete der Koran auf der Stelle, als wiederhole er sich nur noch. Nur hier und da frappiert eine neuartige Wendung wie etwa in Sure 40, Vers 18, wo anlässlich des Tages des Gerichts gesagt wird, dass „die Herzen voller Gram die Kehle erreichen", oder in Sure 29,41, wo das Gleichnis von der Spinne entwickelt wird: Mit den Ungläubigen, die sich neben Allah Helfer nehmen, heißt es da, „ist es wie mit der Spinne, die sich ein Haus genommen hat. Das schwächste Haus ist ja das Haus der Spinne."

Des Weiteren fällt auf, dass nun die, „die ausgewandert sind" (16,41), erwähnt werden. Damit sind wohl die Gläubigen gemeint, die nach Äthiopien ausgewandert sind, weil sie sich bei den Christen bessere Behandlung versprachen. Der Koran ermahnt sie, wenn ihnen Gott dort bessere Bedingungen geschaffen hat, daran zu denken, dass der Lohn des Jenseits größer ist. Auffällig ist auch, dass nun der Koran, so weit ich sehe, erstmals das Recht zur Vergeltung anspricht: „Und wenn ihr bestraft, so bestraft im gleichen Maße, wie ihr bestraft wurdet." (16,126) Erwähnt sei schließlich auch, dass sich in der Sure 30 eine Stelle zur ehelichen Liebe findet, die auf ihre Weise einmalig im Koran ist (Vers 21): „Und es gehört zu seinen Zeichen, dass Er euch aus euch selbst Gattinnen erschaffen hat, damit ihr bei ihnen wohnet. Und er hat Liebe und Barmherzigkeit zwischen euch gemacht."

Erwähnt sei schließlich auch noch, dass nun das Wort Islam fällt (39,22) und dass in Sure 28 wohl die Rückkehr nach Mekka vorweggenommen wird: „Der dir den Koran verpflichtend gemacht hat, wird dich zu einem Ort der Wiederkehr zurückkehren lassen." (Vers 85)

Zu alldem passt auch die weiter oben erwähnte erstmalige Erwähnung des Rechts auf Vergeltung, und wohl auch die Tatsache, dass in Sure 12 sehr ausführlich die Geschichte des ägyptischen Josef erzählt wird, die eines auserwählten Menschen, der von seinen Brüdern in einen Brunnen geworfen wird und es dann in der Fremde, in Ägypten, zu hohem Ansehen bringt. Diese Geschichte wird im Unterschied zu denen von Abraham, Moses, Noah und anderen im Koran nur einmal erzählt und sicher nicht von ungefähr in den Jahren, die der Auswanderung nach Medina unmittelbar vorausgehen. Bekanntlich hat Mohammed in diesen Jahren schon Kontakte geknüpft zu den zum Islam bekehrten Medinensern.

Die Suren, die nach Blachère zu einer Übergangsperiode zwischen Mekka und Medina gerechnet werden, bestätigen diese Entwicklung. In der Sure 34 heißt es im Hinblick auf David: „Und Wir machten für ihn das Eisen geschmeidig." (Vers 10) Wenig später weist Gott ihn an: „Fertige Panzergewänder an und webe im richtigen Maß die Panzermaschen aneinander." (Vers 11) Mohammed beginnt nun das Kriegshandwerk in den Blick zu nehmen. Er denkt voraus für Medina. In Sure 42 wird als ein Merkmal des guten Muslim neben Gebet und Spenden die Tatsache angeführt, dass er sich verteidigt, wenn ihn eine Unbill trifft (Vers 39). Im Weiteren heißt es: „Eine böse Tat soll mit etwas gleich Bösem vergolten werden [...] Und die, die sich selbst helfen, nachdem ihnen Unrecht getan wurde, können nicht belangt werden." (Vers 40 f.) In der gleichen Sure 42 wird Mekka die Mutter der Städte genannt (Vers 7).

Mohammed denkt nicht daran, Mekka für immer zu verlassen, es gegen Medina einzutauschen, auch wenn ihm klar geworden ist, dass er in Mekka auf taube Ohren und auf Blinde stößt (10,42 f.). Er zieht einen klaren Trennstrich: „Und unter ihnen sind welche, die an ihn glauben, und unter ihnen sind welche, die an ihn nicht glauben [...] Mir kommt mein Tun zu und euch euer Tun. Ihr seid unschuldig an dem, was ich tue; und ich bin unschuldig an dem, was ihr tut." (10,40 f.) Mohammed kann die Mekkaner nicht zwingen, gläubig zu werden: „Bist du es etwa, der die Menschen zwingen kann, gläubig zu werden? Niemand kann glauben, es sei denn mit der Erlaubnis Gottes." (10,99 f.) Er stellt fest: „Und ich bin nicht euer Sachverwalter." (10,108)

Man könnte fast meinen, dass Mohammed resigniere. Aber all dies ist nur die Ruhe vor dem Sturm und die Sammlung auf das, was ihn in Medina erwartet.

Die medinische Periode

In den medinischen Suren tritt uns ein gewandelter Prophet entgegen: selbstbewusst, fordernd, zum bewaffneten Kampf aufrufend, Gesetze erlassend, kurz, ein politischer, staatsmännischer Religionsstifter. Nicht alle einschlägigen Suren haben diese Tragweite, aber die prominentesten unter ihnen, denen wir uns im Folgenden zuwenden wollen. Bezeichnenderweise befinden sich diese Suren ausnahmslos unter den ersten zehn des Korans eingereiht. Der Koran scheint, mit Ausnahme der Eröffnungssure, grob gesagt nach der abnehmenden Länge geordnet zu sein. Aber unter dieser annähernd eingehaltenen Ordnung nach der Länge verbirgt sich eine andere: die nach der Gewichtigkeit. Und in diese Ordnung fügt sich auch die vergleichsweise kurze Eröffnungssure ein. Sie ist als umfassendes Glaubensbekenntnis des Muslim die gewichtigste Sure. Ihr folgt als Sure 2 die große gesetzgeberische Sure, die man „die glänzende" nennt.

Sure 2 – Annäherung an die Juden

Die Sure 2, die erste medinische Sure, ist mit 286 Versen die längste des Korans. Sie zeugt von dem weiter oben umschriebenen neuen Geist, enthält wichtige Bestimmungen über das politische und gesellschaftliche Leben der neuen medinischen Gemeinde. Sie verdient ihren Platz gleich nach der Eröffnungssure.

Die apodiktischen Eingangsverse zeugen von einem neuen Selbstbewusstsein:

> *„Dies ist das Buch, an ihm ist kein Zweifel möglich, es ist eine Rechtleitung für die Gottesfürchtigen, die an das Unsichtbare glauben und das Gebet verrichten und von dem, was Wir ihnen beschert haben, spenden, und die an das glauben, was zu dir herabgesandt wurde und was vor dir herabgesandt wurde, und die über das Jenseits Gewißheit hegen. Diese folgen einer Rechtleitung von ihrem Herrn, und das sind die, denen es wohl ergeht.“ (Vers 2–5)*

Beachten wir, dass den Gläubigen Wohlergehen, Erfolg versprochen wird. Das ist eine neue Linie. Das Irdische, die Gemeinde und deren politischer Erfolg wird nun zu einem berechtigten Zweck erhoben. Wohl gilt es, über das Jenseits Gewissheit zu hegen, aber das politisch-wirtschaftliche Wohlergehen, das bis dahin gemäß der Situation in Mekka als ungünstiges Zeichen und Charakteristikum der Ungläubigen galt, wird nun als begehrenswert hingestellt, ja den Gläubigen versprochen. Der zuvor allgegenwärtige Hinweis auf den Lohn im Jenseits tritt demgegenüber zunächst zurück, wird aber später (Vers 25) wieder aufgegriffen. Die Ausrichtung auf den Lohn im Jenseits bleibt ein Grundmerkmal des Muslim, aber der Erfolg im Diesseits wird nun aufgewertet. Mohammed hat in Medina eine Gemeinde gegründet, die sich als ein von ihm geleitetes Gemeinwesen versteht.

Und an diese neue Gemeinde ist die Sure 2 als Ganzes gerichtet. Die Adressaten sind nun nicht mehr die zu bekehrenden Götzendiener, deren Herzen und Gehör Gott versiegelt hat (Vers 7), sondern die Gruppen, aus denen sich die Gemeinde von Medina zusammensetzt.

In einem ersten Abschnitt (Vers 8–39) wendet Mohammed sich an die sogenannten „Heuchler“, d. h. an diejenigen Medinenser, die im Gegensatz zu den „Helfern“ (ansār) nicht eindeutig auf seiner Seite stehen, an die Unzuverlässigen, auf deren Wort kein Verlass ist. Sie sagen: „‚Wir glauben an Gott und an den Jüngsten Tag.‘ Doch sie sind keine Gläubigen“ (Vers 8).

„Und wenn ihnen gesagt wird: ‚Glaubt, wie die (anderen) Menschen glauben', sagen sie: ‚Sollen wir denn glauben, wie die Toren glauben!' Und doch sind eben sie die Toren." (Vers 13) „Und wenn sie diejenigen, die glauben, treffen, sagen sie: ‚Wir glauben.' Und wenn sie mit ihren teuflischen Anführern allein sind, sagen sie: ‚Wir stehen auf eurer Seite; wir treiben ja nur Spott.'" (Vers 14).

In einem zweiten Abschnitt spricht der Koran zu den Juden (Vers 40–141). In Medina waren viele Juden, und sie unterstellten sich der politischen Führung durch Mohammed. Anfangs machte Mohammed sich Hoffnungen, sie bekehren, sie als Juden auf den Islam einschwören zu können.

„O ihr Kinder Israels, gedenket meiner Gnade, mit der ich euch begnadet habe", spricht Gott die Juden wiederholt an (Vers 40, 47, 122). „Erfüllt euren Bund mit Mir, so will Ich meinen Bund mit euch erfüllen." (Vers 40) Gott umwirbt die Juden über Mohammed.

Wie schon oft, bemüht der Koran auch hier ausführlich das Beispiel des Moses, jedoch mit anderer Sinngebung. Zuvor war Moses zumeist derjenige, der den Pharao und seine Leute warnt und bei ihnen kein Gehör findet. Und er war derjenige, der das Strafgericht Gottes auf sie herabrief. Das entsprach Mohammeds Position gegenüber den Ungläubigen von Mekka. Nun ist Moses, Mohammeds neuer Funktion entsprechend, der große Führer, der die Israeliten trotz ihres Rückfalls in den Götzendienst wieder rechtleitet. Und Gott ist der gute Gott, der die Juden vor den Leuten des Pharao rettet, der für sie das Meer spaltet, so dass die Leute des Pharao ertrinken; der sich mit Moses für vierzig Nächte verabredet; der Moses das Buch, die Tora zukommen lässt; der den Israeliten die Anbetung des Goldenen Kalbs verzieh; der ihnen in der Wüste Wasser aus einem Felsen hervorbrechen ließ, nachdem Moses mit dem Stab daraufschlug; der ihnen das Manna schickte; der sie eine Kuh schächten hieß (Vers 49–93). So wird nun die Tür zum Islam gegenüber den Juden und im Folgenden auch gegenüber den Christen einladend weit geöffnet: „Diejenigen, die glauben, und diejenigen, die Juden sind, und die Christen und die Sābier, all die, die an Gott und den Jüngsten Tag glauben und Gutes tun, erhalten ihren Lohn bei ihrem Herrn, sie haben nichts zu befürchten, und sie werden nicht traurig sein." (Vers 62)

In einem ausführlichen dritten Abschnitt wendet sich dann der Koran an die Gläubigen, an Mohammeds getreue Gefolgsleute (Vers 142–284). Immer wieder werden sie beschwörend angesprochen mit der vertraulichen Formel „O ihr, die ihr glaubt" (Vers 153, 172, 178, 183, 208, 254, 264, 267, 278, 282). Auf sie kann er sich verlassen. Sie stehen hinter ihm und haben ihm Gefolgschaft gelobt. Das sind einmal die Gläubigen, die ihm von Mekka hierhergefolgt sind, sodann die „Helfer“ (ansār), wie er sie nennt, die Medinenser, die den Islam angenommen haben. Ihnen allen verkündet er, dass künftig die Gebetsausrichtung nach Mekka gilt: „Wende also dein Gesicht in Richtung der heiligen Moschee. Und wo immer ihr seid: wendet euer Gesicht in ihre Richtung.“ (Vers 144) Zuvor hat es zu dieser neuen Gebetsrichtung geheißen: „Und Wir haben die Gebetsrichtung, die du eingehalten hast, nur eingesetzt, um zu erfahren, wer dem Gesandten folgt, [und um ihn zu unterscheiden] von dem, der auf seinen Fersen kehrtmacht.“ (Vers 143) Diese Aussage lässt tief blicken. Die neue Gebetsrichtung nach Mekka hat mit einem neuen kämpferischen Geist, der nicht kehrtmacht, zu tun. Mohammed denkt nicht daran, Mekka aufzugeben. Ganz im Gegenteil lässt er nun die Seinen ihre Gebete nach Mekka hin ausrichten. Vorher betete man nach Jerusalem hin. Mohammed ist sich klar darüber, dass die Juden (und die Christen) sich dieser neuen Ausrichtung nicht anschließen werden (Vers 145): Da sind eben Grenzen. Aber er bleibt bei seiner Forderung und wiederholt sie noch einmal ausdrücklich (Vers 149 f.).

Dann spricht der Koran die Gläubigen an: „O ihr, die ihr glaubt, sucht Hilfe in der Geduld und im Gebet.“ Und scheinbar unvermittelt heißt es im Weiteren: „Und sagt nicht von denen, die auf dem Weg Gottes getötet werden, sie seien tot. Sie sind vielmehr lebendig, aber ihr merkt es nicht.“ (Vers 153 f.) Die Gläubigen werden aufgerufen, Geduld zu üben und sich an das Gebet zu halten, solange der Weg nach Mekka noch nicht beschritten ist. Die künftige Entwicklung vorausnehmend heißt es dann, dass diejenigen, die auf dem Weg Gottes getötet werden, nicht tot sind, sondern (im Paradies) lebendig. Die unmittelbar bevorstehende Zukunft wird in der Tat im Kampf um die Rückeroberung Mekkas Menschenopfer fordern. Der Koran stellt klar, dass solche Tote nicht wirklich tot sind, sondern das ewige Leben haben.

So gesehen ist es folgerichtig, wenn nun von Safā und Marwa, den Kultzeichen Gottes gesprochen wird (Vers 158). Dies sind Hügel in Mekka.[7] Und folgerichtig ist es auch, wenn im Anschluss daran von der Wallfahrt nach Mekka die Rede ist. Der Koran verliert Mekka und die Kaaba nicht aus den Augen, im Gegenteil. Im weiteren Verlauf der Rede an die Gläubigen wird noch ausführlich von der Verpflichtung zur Wallfahrt gesprochen werden (Vers 196–203).

Ein großer Teil dieser Ansprache an die Gläubigen ist den Geboten des Islam gewidmet, den gesetzlichen Bestimmungen, die in Medina gelten sollen. Hier spricht bezeichnenderweise nicht mehr Gott selbst in der 1. Person, sondern eine Instanz, die man mit Mohammed gleichsetzen darf. Von Gott spricht diese in der 3. Person. Den Anfang machen die Speiseverbote (Vers 168–176): „Verboten hat Er euch nur Verendetes, Blut, Schweinefleisch und das, worüber ein anderer als Gott angerufen worden ist." (173) Das sind im Großen und Ganzen die Speiseverbote, die auch im Alten Testament gelten.[8] „Worüber ein anderer als Gott angerufen worden ist", bezieht sich auf die Opfer von Götzendiensten.

Es folgt die Aufforderung zur rechten Frömmigkeit, die darin besteht, „daß man an Gott, den Jüngsten Tag, die Engel, das Buch [den Koran] und die Propheten glaubt, daß man, aus Liebe zu Ihm [zu Gott], den Verwandten, den Waisen, den Bedürftigen, dem Reisenden und den Bettlern Geld zukommen läßt und [es] für den Loskauf der Sklaven und Gefangenen [ausgibt], und dass man das Gebet verrichtet und die Abgabe entrichtet." (Vers 177)

Den dritten Platz in der Folge der Gebote nimmt das Recht auf Vergeltung ein: „Vorgeschrieben ist euch bei Totschlag die Wiedervergeltung: der Freie für den Freien, der Sklave für den Sklaven, das Weib für das Weib." (Vers 178)

Die Folge findet ihre Fortsetzung mit dem Gebot, falls Vermögen vorhanden ist, durch ein Testament Sorge zu tragen für „eine Verfügung zugunsten der Eltern und der Angehörigen" (Vers 180).

Weitere Gebote sind das Fasten (Vers 183–187), Respekt vor dem Vermögen anderer (Vers 188), die Wallfahrt nach Mekka, während der man sich „des Geschlechtsumgangs, des Frevels und des Streites zu enthalten" hat (Vers 197), und der Kampf, ein Gebot, dem sich der Koran ausführlich widmet (Vers 190–195).[9]

Und er fordert seine Leute auch auf, für diesen Zweck, für den Weg Gottes, wie er diesen Kampf nennt, zu spenden. Man hat sie aus Mekka vertrieben. Das verpflichtet dazu, gegen die Mekkaner zu kämpfen.

Mohammeds Gefolgsleute ließen sich das nicht zweimal sagen. Es gestattete ihnen, reiche Beute zu machen. Zunächst beschränkten sie sich darauf, Handelskarawanen der Mekkaner zu überfallen. So konnten es die relativ unbemittelten aus Mekka geflohenen Gläubigen zu einigem Reichtum bringen.

Mohammed ist diese Verpflichtung zum Kampf so wichtig, dass er im Verlaufe seiner Gebote noch zweimal auf diesen Punkt zurückkommt (Vers 216–218 und 243–246). Erneut ruft er dabei seine Leute zum Spenden, das heißt praktisch zur Übernahme von Kosten für solche Expeditionen auf: „Wer ist es, der Gott ein gutes Darlehen leiht? Er wird es ihm vielfach verdoppeln." (Vers 245) Die Formulierung verrät hier, wie oft im Koran, den Kaufmann Mohammed: Der in Gestalt von Beute gemachte Gewinn wird „die Investition“ um ein Vielfaches übertreffen.

Auch die Ausführungen zur Ehe nehmen unter den Geboten breiten Raum ein. „Heiratet nicht polytheistische Frauen“ (Vers 221), heißt es da, und: „haltet euch von den Frauen während der Menstruation fern“ (Vers 222). Weiterhin werden Regeln für die Entlassung von Frauen verkündet (Vers 227–232). Den Müttern wird vorgeschrieben, ihre Kinder zwei Jahre lang zu stillen, allerdings darf man die Säuglinge auch im beiderseitigen Einvernehmen stillen lassen (Vers 233).

Den Abschluss dieser Reihe von Geboten machen das Verbot, Zinsen zu nehmen (Vers 275–281), und Bestimmungen für den Umgang mit Schulden (Vers 282–284).

Und wie am Anfang der Sure allgemeine Ausführungen über Gläubige und „Heuchler“ standen, so schließt die wohlkomponierte Sure mit einem Gebet um gutes Gelingen.

Sure 8 – Nachbereitung des Siegs von Badr

Die Sure 8 gehört wie Sure 2 zu den großen Suren des Korans, auch wenn sie wesentlich kürzer ist, nur 74 Verse zählt. Um diese großen und bedeutenden Suren gruppieren sich kleinere, die im Vergleich zu diesen Höhepunkten das tägliche Brot der Ermahnung enthalten, das einer Verkündigung, die immer wieder um vertraute Themen kreist wie: die Gläubigen, denen die Gärten des Paradieses winken, die Ungläubigen, die im Feuer der Hölle brennen werden; gute Werke tun und das Gebet verrichten (Sure 98); der Umgang mit den Frauen (Sure 64); die Juden, die fälschlicherweise glauben, nur sie seien Gottes Freunde (Sure 62). Wir wollen uns bei unserer Besprechung der inneren Entwicklung der koranischen Botschaft in medinischer Zeit auf die großen, bedeutenden Suren konzentrieren. Sie sind die Meilensteine der Entwicklung. Sie rangieren, entsprechend ihrem Gewicht, unter den ersten zehn Suren des Korans. So ist es mit der zweiten Sure, so auch mit der achten, die offensichtlich nach der von den Muslimen gewonnenen Schlacht von Badr (624) verkündet wurde.

Zumeist haben die großen Suren einen klaren thematischen Aufbau. Dieser entfällt hier. Die Sure 8 hat zirkumstantielles Gepräge. Sie ist insgesamt Nachbereitung der gewonnenen Schlacht und Einstimmung auf eine weitere Schlacht, die von Uhud.

Eingangs bestimmt der Text, dass die Beute Gott und dem Gesandten gehört, was jedoch später (Vers 41) dahingehend präzisiert wird, dass „Gott und dem Gesandten, und den Verwandten, den Waisen, den Bedürftigen, den Reisenden“ ein Fünftel davon gehört. Ein Fünftel der Beute soll also dem Gesandten für den genannten Personenkreis zur Verfügung stehen.

Dann (Vers 5–18) geht der Text mit denen ins Gericht, die gegen die Schlacht waren, und im Weiteren erinnert er daran, wie wunderbar Gott durch seine Engel Beistand gewährte in einer Schlacht, in der die Muslime zahlenmäßig unterlegen waren. Es gilt, Mohammed unbedingte Gefolgschaft zu leisten. Andernfalls „verhängt Gott eine harte Strafe“ (Vers 13). Verwerflich ist es, den Rücken zu kehren, feige zu sein, während andere zur Schlacht ausziehen. Wer so handelt, „zieht sich den Zorn Gottes zu“ (Vers 16).

Eindringlich wird an die Muslime appelliert, dem Gesandten zu gehorchen (Vers 20–29) und zu bedenken, dass Vermögen und Kinder eine Versuchung sind (Vers 28), die Versuchung nämlich, sich mit dem Diesseits zu begnügen und sich nicht auf dem Weg Gottes einzusetzen und nicht auf den „großartigen Lohn“ zu vertrauen, den Gott im Jenseits bereithält.

Der Koran bleibt so bei aller Ermunterung zum Kampf, die im Folgenden die Schlacht von Uhud vorbereitet, der Linie der Jenseitsbezogenheit treu. Aber die Aufforderung zu kämpfen ist, wie in Sure 2, überdeutlich und unmissverständlich: „Und kämpft gegen sie, bis es keine Verführung mehr gibt und bis die Religion gänzlich nur noch Gott gehört.“ (Vers 39) Sie ist politisch-religiös begründet.

Erneut werden in diesem Zusammenhang Details der gewonnenen Schlacht in Erinnerung gerufen (Vers 42 ff.). Erneut wird dazu aufgerufen, dem Gesandten zu gehorchen (Vers 46). Gott sagt dem Propheten persönlich wunderbare Hilfe zu: „O Prophet, sporne die Gläubigen zum Kampf an. Wenn es unter euch auch nur zwanzig gibt, die standhaft sind, werden sie zweihundert besiegen.“ (Vers 65)

Tief blicken lässt das, was der Koran zum Problem der Gefangennahme verkündet (Vers 67–71). „Es steht einem Propheten nicht zu, Gefangene zu haben, bis er auf der Erde stark gewütet hat.“ (Vers 67) Es sollen also möglichst keine Gefangene gemacht werden; besser ist es, die Gegner zu töten (zu „wüten“).[10] „Ihr wollt die Güter des Diesseits, und Gott will das Jenseits“, heißt es dann wohl im Hinblick auf das einträgliche Geschäft des Loskaufs von Gefangenen. Der Koran empfiehlt es nicht. Das Töten geschieht „auf dem Weg Gottes“. Es ist Gottesdienst, für den es im Jenseits Lohn gibt. Gefangene machen geschieht hingegen zunächst im eigenen Interesse, Lösegeld zu erzielen. Falls Gefangene gemacht wurden, soll man ihnen gut zureden, sich für „etwas Besseres“, d. h. für den muslimischen Glauben zu entscheiden. Tun sie dies, so wird ihnen Gott verzeihen: „Gott ist voller Vergebung und barmherzig." (Vers 70)

Den Leuten Mohammeds dürfte diese Botschaft nicht behagt haben, sie nahm ihnen die Grundlage für ein einträgliches Geschäft, und vermutlich haben sie sich nach Kräften über sie hinweggesetzt.

Abschließend hält der Text noch einmal fest, wer zu den Gläubigen zählt und dass diese untereinander Freunde sein sollen: diejenigen, die „ausgewandert sind und sich mit ihrem Vermögen und mit ihrer eigenen Person auf dem Weg Gottes eingesetzt haben", d. h. die Gläubigen, die mit Mohammed nach Medina ausgewandert sind, und „diejenigen, die (jene) untergebracht und unterstützt haben", d. h. die medinischen Muslime, die „Helfer" (anṣār), wie Mohammed sie noch nennt.

Sure 3 – Distanzierungen und Versprechen

Die Sure 3, die 200 Verse umfasst, kennzeichnet den Zeitpunkt, an dem der Koran zu den Juden von Medina auf Distanz geht. Des Weiteren enthält diese Sure, diesbezüglich der Sure 19 (‚Maryam') vergleichbar, Worte, die viel Sympathie für das Christentum, für die Gestalt Marias im Besonderen, verraten, allerdings auch eine klare Distanzierung von der Gottessohnschaft Christi.

Einleitend (Vers 2–32) erfolgt einmal mehr eine Bestätigung der koranischen Botschaft als Rechtleitung für den Menschen. Interessanterweise werden diesmal im Koran eindeutig festgelegte und mehrdeutige Zeichen unterschieden (Vers 7). Mehrdeutig ist z. B. die Buchstabenfolge Alif Lām Mīm, mit der die Sure beginnt. Auf sie könnte man es beziehen, wenn es im Folgenden heißt: „Um seine Deutung aber weiß niemand außer Gott." Beachtenswert ist, dass der Koran in diesen einleitenden Versen gleich dreimal die berühmte muslimische Formel für den Eingottglauben bringt: „Es gibt keinen Gott außer Ihm." (Vers 2, 6, 18). Es zeichnet sich auch eine klare Frontstellung gegen die Juden ab. Es hat sich wohl gezeigt, dass Mohammed vergebens hoffte, sie für den Islam zu gewinnen (Vers 20). Die Gläubigen ihrerseits werden ermahnt, dem Gesandten zu folgen (Vers 32).

In einem ersten Abschnitt (Vers 33–63) wendet sich der Koran dann christlichen Gestalten zu: Zacharias, Maria und Jesus. Ähnlich wie in der Sure ‚Maryam' erzählt er, wie dem Zacharias in hohem Alter noch ein Sohn versprochen wird. Maria lässt er von den Engeln mit folgenden Worten begrüßen: „O Maria, Gott hat dich auserwählt und rein gemacht, und Er hat dich vor den Frauen der Weltenbewohner auserwählt. O Maria, sei deinem Herrn demütig ergeben, wirf dich nieder und verneige dich mit denen, die sich verneigen." (Vers 42 f.)

„Gott hat dich rein gemacht" wird von muslimischen Kommentatoren dahingehend gedeutet, dass Maria unter Zacharias, dessen Obhut sie unterstellt gewesen sei, als Tempeljungfrau gedient und dass sie keinen Mann gekannt habe.[11] Ihr Verlobter wird jedenfalls im Koran nirgends erwähnt, wodurch das Wunderbare und Gottgegebene ihrer Schwangerschaft noch herausgehoben wird. „Gott schafft, was Er will. Wenn er eine Sache beschlossen hat, sagt Er zu ihr nur: Sei!, und sie ist." (Vers 47) Und dann überträgt der Koran Jesus selbst ausführlich das Wort: „Ich komme zu euch mit einem Zeichen von eurem Herrn: Ich schaffe euch aus Ton etwas wie eine Vogelgestalt, dann blase ich hinein, und es wird zu einem Vogel mit Gottes Erlaubnis; und ich heile Blinde und Aussätzige und mache Tote wieder lebendig mit Gottes Erlaubnis; [...] Und [ich komme], das zu bestätigen, was von der Tora vor mir vorhanden war [...] Daher fürchtet Gott und gehorchet mir. Gott ist mein Herr und euer Herr, so dienet Ihm. Das ist ein gerader Weg." (Vers 49–51)

Der Koran schreibt hier Jesus ein Wunder zu, von dem die Bibel nicht erzählt: die Erschaffung eines Vogels. Die Vögel haben im Koran eine bevorzugte Stellung unter den Tieren inne. Beachten wir aber auch, dass der Koran bei den Wundern Jesu „mit Erlaubnis Gottes" hinzufügt. Der Koran erkennt die Wunder Jesu an, stellt aber klar, dass diese nicht ohne Mitwirkung Gottes geschahen. Er weicht völlig von der biblischen Überlieferung ab, indem er zu der Tatsache, dass Jesus angefeindet wurde, vermerkt: „Gott wusste dem entgegenzuwirken, er berief Jesus ab und erhob ihn zu sich." (Vers 54 f.)

Entschieden weist der Koran dann die Lehre von der Gottessohnschaft Christi zurück: „Mit Jesus ist es vor Gott wie mit Adam. Er erschuf ihn aus Erde." (Vers 59) Es gilt der strenge Eingottglauben: „Es gibt keinen Gott außer Gott." (Vers 62)

In einem zweiten Abschnitt (Vers 64–115) setzt sich der Koran mit den „Leuten des Buchs" auseinander, mit den Christen, die Gott einen Sohn beigesellen (Vers 64), und mit den Juden, die den Islam nicht annehmen wollen, obwohl er von Gott offenbart wurde und jene reine Religion darstellt, die schon diejenige Abrahams war. „Die meisten von ihnen sind Frevler" (Vers 110), heißt es nun von den Juden. Allerdings werden auch einige aus diesem Urteil ausgenommen (Vers 113).

In einem dritten Abschnitt (Vers 116–200) wendet sich die Sure 3 gegen die Heuchler, die so tun, als wären sie wirklich Gläubige, gegen die Juden (Vers 180–184), gegen die Ungläubigen und gegen diejenigen, die in der

Schlacht von Uhud, die verlorenging, kein Gottvertrauen zeigten. Den Gläubigen aber verspricht sie „einen Garten, der so breit ist wie die Himmel und die Erde“ (Vers 133), und „Gärten, unter denen Bäche fließen“ (Vers 136, 198). Sie ermutigt die Gläubigen nach der verlorenen Schlacht: „Und erlahmt nicht und werdet nicht traurig, wo ihr doch die Oberhand haben werdet, so ihr gläubig seid.“ (Vers 139) Sie verheißt ihnen, dass sie „zu Gott versammelt werden“ (Vers 158), wenn sie sterben.

Erneute Distanzierungen und behutsame Annäherungen – Sure 5[12]

Die Sure 5 zeigt an, dass die Distanzierungen gegenüber Juden und Christen andauern. Diese Sure könnte in der Hauptsache um die Zeit entstanden sein, als Mohammed die Vertreibung der jüdischen Stämme von Medina betrieb (627–628). Sie hält fest, dass Gott den Juden eine Verpflichtung abgenommen habe: „Ich bin mit euch. Wenn ihr das Gebet verrichtet und die Abgabe entrichtet, an meine Gesandten glaubt und ihnen beisteht und Gott ein schönes Darlehen leiht, werde ich eure Missetaten sühnen, und ich werde euch in Gärten eingehen lassen, unter denen Bäche fließen“ (Vers 12). Die Voraussetzungen dafür, dass Gott den Juden verzeiht und sie ins Paradies eingehen lässt, entsprechen also genau den Pflichten des Muslim: das Gebet verrichten, die Abgabe entrichten, an Gottes Gesandte, also auch an Mohammed glauben, ihm beistehen und Gott ein schönes Darlehen leihen, d. h. praktisch, Mohammed auch im Kriegsfall Gefolgschaft leisten und seine Kriegszüge durch großzügige Spenden unterstützen. Genau daran haben sich die Juden nicht gehalten und werden sie sich in ihrer Mehrheit auch nie halten: „Und du wirst immer wieder Verrat von ihrer Seite erfahren – bis auf wenige von ihnen“ (Vers 13), sagt Gott von diesen Juden.

Von den Christen heißt es: „Sie vergaßen einen Teil von dem, womit sie ermahnt worden waren“ (Vers 14). Das heißt, sie hielten sich nicht an die Richtlinien, die Jesus nach der Sicht von Mohammed ihnen vorgegeben hatte. Erneut weist der Koran die christliche Lehre von der Gottessohnschaft Christi zurück: „Ungläubig sind gewiss diejenigen, die sagen: ‚Gott ist Christus, der Sohn Marias.‘“ (Vers 17) Die Christen sollten begreifen, dass Mohammed als Freudenbote und Warner zu ihnen geschickt worden ist (Vers 19).

Andererseits wird aber die Tora der Juden als Rechtleitung anerkannt (Vers 44). Gott hat den Juden darin vorgeschrieben: „Leben um Leben, Auge um Auge, Nase um Nase, Ohr um Ohr, Zahn um Zahn.“ (Vers 45)

Entsprechendes gilt für das Evangelium der Christen. Auch dieses wird als Rechtleitung, eben für die Christen, anerkannt (Vers 46). Recht entgegenkommend heißt es von den Christen: „Die Leute des Evangeliums sollen nach dem urteilen, was Gott darin herabgesandt hat.“ (Vers 47) Die Offenbarung, die Mohammed zuteil wurde, schließt an die vorausgehenden Offenbarungen durch Tora und Evangelium an: „Und Wir haben zu dir das Buch mit der Wahrheit hinabgesandt, damit es bestätige, was vom Buch vor ihm vorhanden war.“ (Vers 48) Die gesamte Folge von Offenbarungen wird also als ein Buch gesehen, von dem Gott in der Tora und im Evangelium Teile herabgesandt hat, während der Koran die endgültige Offenbarung ist.

Gleichwohl scheint der Koran nicht empfehlen zu wollen, dass die Juden und Christen nun nach dem Koran als der endgültigen Offenbarung zu beurteilen seien. Es scheint vielmehr eine Art religiöser Pluralismus zwischen Judentum, Christentum und Islam zu gelten. „Für jeden von euch haben Wir eine Richtung und einen Weg festgelegt. Und wenn Gott gewollt hätte, hätte er euch zu einer einzigen Gemeinschaft gemacht.“ (ebda.) Der Pluralismus ist also gottgewollt. Juden, Christen und Muslime sind je an der ihnen zuteil gewordenen Offenbarung zu messen: „Und urteile zwischen ihnen nach dem, was Gott herabgesandt hat, und folge nicht ihren Neigungen.“ (Vers 49) Die Urteilsnorm liegt in der jeweiligen Offenbarung (Vers 50).

Andererseits empfiehlt der Koran den Gläubigen, einen klaren Trennstrich zu Juden und Christen zu ziehen: „O ihr, die ihr glaubt, nehmt euch nicht die Juden und die Christen zu Freunden. Wer von euch sie zu Freunden nimmt, gehört zu ihnen.“ (Vers 51) Sie sollen sich diesbezüglich kein Beispiel an den „Heuchlern“ nehmen, die „sich eilig um sie [um ihre Freundschaft] bemühen“ (Vers 52). So wünscht sich also Gott den Muslim: als einen, der den anderen Gläubigen ein Freund ist und den Ungläubigen energisch entgegentritt, sich für den Islam einsetzt und ohne Furcht vor Tadel den Weg Gottes geht. Die Freunde des Muslim sind Gott, sein Gesandter und die Glaubensgenossen (Vers 55); hüten sollte er sich vor den Leuten des Buches, die seine Religion „zum Gegenstand von Spott und Spiel nehmen“ (Vers 57).

Für Juden und Christen gilt, dass es ihnen wohl erginge, wenn sie ihre jeweilige Offenbarung einhalten würden (Vers 66). Das klingt wieder nach religiösem Pluralismus, und ganz in diesem Sinne heißt es dann: „Diejenigen, die glauben, und diejenigen, die Juden sind, und die Sābier und die Christen, all die, die an Gott und den Jüngsten Tag glauben und Gutes tun, haben nichts zu befürchten, und sie werden nicht traurig sein.“ (Vers 69). Die Folge relativiert jedoch diese Aussage. Denn hier werden „diejenigen, die sagen: Gott ist Christus, der Sohn Marias“, Ungläubige genannt, denen Gott das Paradies verwehrt und deren Heimstätte das Feuer ist (Vers 72). Energisch wird einmal mehr die Lehre von der Dreifaltigkeit zurückgewiesen: „Ungläubig sind diejenigen, die sagen: ‚Gott ist der Dritte von dreien', wo es doch keinen Gott gibt außer einem einzigen Gott." (Vers 73) Dezidiert heißt es zu Jesus: „Christus, der Sohn Marias, ist nichts anderes als ein Gesandter." (Vers 75) Der Koran warnt vor der Lehre von der Dreifaltigkeit und Gottessohnschaft Jesu als einer Irrlehre (Vers 77).

Trotzdem stehen die Christen den Muslimen näher als die Juden und die Polytheisten: „Und du wirst sicher finden, daß unter ihnen diejenigen, die den Gläubigen in Liebe am nächsten stehen, die sind, welche sagen: ‚Wir sind Christen.'" (Vers 82) Vielleicht kann man diese unentschiedenen Aussagen damit erklären, dass Mohammed, wie sich in Sure 18 dunkel andeutet, zwischen verschiedenen Ausrichtungen des Christentums unterscheidet. Die Christen, die, wie die Arianer, nicht die konsubstantielle Gottessohnschaft Christi vertreten, stehen ihm nahe, nicht hingegen die an die Dreifaltigkeit glaubenden Christen.

Nachdem die Sure 5 dann noch verschiedene Vorschriften behandelt, unter denen das Verbot, Wein zu trinken, neu ist, kommt sie in den abschließenden Versen noch einmal auf Jesus zurück. Dabei fällt auch der Begriff, dem diese Sure ihren Titel verdankt: ‚Der Tisch'. Die Jünger sagen da zu Jesus: „O Jesus, Sohn Marias, kann dein Herr uns einen Tisch herabsenden? […] Wir wollen davon essen, so daß unsere Herzen Ruhe finden und daß wir wissen, daß du uns die Wahrheit gesagt hast." (Vers 112 f.) Gott sendet diesen Tisch herab, der wohl dem Abendmahlstisch nachempfunden ist. Ansonsten ist diese Begebenheit nirgends in der Heiligen Schrift belegt, ebenso wenig wie das Vogelwunder, das Jesus in Sure 3,49 neben Krankenheilungen und Totenerweckung zugeschrieben wird. Protokollarisch lässt der Koran hierauf Jesus sagen, dass er kein Recht hat, als Gott neben Gott zu gelten (Vers 116), und dass er seinen Jüngern nichts anderes gesagt hat, als was Gott ihm befohlen hat: „Dient Gott, meinem Herrn und eurem Herrn." (Vers 117)

Die Frauen – Sure 4 (und 33)

Die Linie der Distanzierung von Heuchlern, Juden und in geringerem Maße auch Christen setzt sich in den Suren 4 und auch 33 fort. Hinzu kommt aber nun das Thema der Frauen. Es drängt sich Mohammed auf, weil durch die Schlachten viele Frauen ihren Mann verloren hatten und nun mitsamt ihren Kindern schutzlos dastanden, aber auch aus persönlichen Gründen: Mohammed weitet in diesen Jahren den Kreis seiner Frauen beträchtlich aus.

In Sure 4 ermahnt er seine Leute zunächst allgemein, die Verwandtschaftsbande zu achten und den Waisen ihr Vermögen nicht vorzuenthalten. Scheinbar unvermittelt, in Wirklichkeit jedoch hier anknüpfend, geht er dann auf das Thema der Polygamie über: „Und wenn ihr fürchtet, gegenüber den Waisen nicht gerecht zu sein, dann heiratet, was euch an Frauen beliebt, zwei, drei oder vier." (Vers 3) Mohammed sieht hier die Polygamie unter dem Aspekt der Gerechtigkeit gegenüber den Waisen. Nach der Schlacht von Uhud, die, wie gesagt, verlorenging, waren viele Waisen angefallen, die es zu versorgen galt. Dies konnte man bewerkstelligen, indem man ihre Mütter oder die heiratsfähigen weiblichen Waisen selbst heiratete. Einige von Mohammeds Ehen dürften unter diesem Aspekt geschlossen worden sein. Im Übrigen ergibt sich die Frage, ob der Koran mit „zwei, drei oder vier" Frauen die Obergrenze für solche Eheschließungen angibt, wie man später im Allgemeinen angenommen hat.[13]

Für ihn selbst galt jedenfalls diese Obergrenze nicht. Für ihn hat Gott gewissermaßen in der Sure 33 eine Lex Mohammed erlassen: „O Prophet, Wir haben dir für erlaubt erklärt zu heiraten: deine Gattinnen, denen du ihren Lohn hast zukommen lassen; das, was deine rechte Hand besitzt von dem, was Gott dir als Beute zugeteilt hat (das sind die erbeuteten Sklavinnen); die Töchter deines Onkels und die Töchter deiner Tanten väterlicherseits, die Töchter deines Onkels und die Töchter deiner Tanten mütterlicherseits, welche mit dir ausgewandert sind (also Cousinen); auch jede gläubige Frau, wenn sie sich dem Propheten (ohne Gegenforderung; d. h. ohne Morgengabe) schenkt und falls der Prophet sie heiraten will: Dies ist dir vorbehalten im Unterschied von den Gläubigen [...] damit für dich kein Grund zur Bedrängnis entstehe." Mohammed hatte also wohl diesbezüglich besonders ausgeprägte Ansprüche. „Du darfst zurückstellen", heißt es weiter, „wen von ihnen du willst. Und wenn du doch eine von denen haben möchtest, die du abgewiesen hast, dann ist das für dich kein Vergehen." (Vers 50 f.) Mohammed bekommt von Gott auf dem Weg der Offenbarung bescheinigt, dass er auf diesem Gebiet alle Rechte auf seiner Seite hat. Er hat im Umgang mit den Frauen viele Freiheiten, die dem gemeinen Gläubigen nicht zustehen.

Im Übrigen aber ist der Koran auch auf die Rechte der Frauen bedacht. Er ermahnt die Gläubigen, den Frauen nicht „etwas von dem zu nehmen", was sie ihnen (etwa als Morgengabe) zukommen ließen, „es sei denn, sie begehen eine eindeutige schändliche Tat" (4,19). Allerdings sind die Strafen, die für Ehebruch vorgesehen sind, hart, auch wenn man um ein möglichst „gerechtes" Verfahren bemüht sein soll. „Gegen diejenigen von euren Frauen, die

Schändliches (d. h. Ehebruch) begehen, müßt ihr vier von euch zeugen lassen. Wenn sie es bezeugen, dann haltet sie in den Häusern fest, bis der Tod sie abberuft oder Gott ihnen einen Ausweg verschafft." (4,15) Es wird nicht unmittelbar klar, was mit dem „Ausweg" gemeint ist. Kommentatoren gehen davon aus, dass dieser Vers durch den Vers 24,2 aufgehoben werde, in dem es heißt: „Wenn eine Frau und ein Mann Unzucht begehen, dann geißelt jeden von ihnen mit hundert Hieben." Ein Hadith, das den Begriff „Ausweg" aufgreift, lautet: „Gott hat ihnen einen Ausweg verschafft: Die Jungfrau wird wie eine Jungfrau (bestraft), und die Verheiratete wie eine Verheiratete. Die Jungfrau wird gegeißelt und in die Verbannung geschickt, und die Verheiratete wird gegeißelt und gesteinigt."[14]

Der Koran zählt des Weiteren die Ehehindernisse auf: „Und heiratet nicht solche Frauen, die (vorher) eure Väter geheiratet haben, abgesehen von dem, was bereits geschehen ist." Wenn man also eine solche Ehe geschlossen hat, darf man daran festhalten, ein Anzeichen dafür, dass so etwas durchaus vorkam. Weiter heißt es: „Verboten ist auch, (zu heiraten) eure Mütter, eure Töchter, eure Schwestern, eure Tanten väterlicherseits und eure Tanten mütterlicherseits, die Töchter des Bruders und die Töchter der Schwester (also die Nichten), eure Mütter, die euch gestillt haben, und eure Milchschwestern, die Mütter eurer Frauen, eure Stieftöchter, die sich in eurer Obhut befinden und von euren Frauen stammen, zu denen ihr eingegangen seid (d. h. Stieftöchter, die von Frauen stammen, mit denen derjenige Geschlechtsverkehr gehabt hat). Und (verboten ist zu heiraten) die unter Schutz Gestellten (d. h. verheiratete Frauen)." (4,22–24)

Der Koran hält sodann fest: „Die Männer haben Vollmacht und Verantwortung gegenüber den Frauen, weil Gott die einen vor den anderen bevorzugt hat und weil sie von ihrem Vermögen (für die Frauen) ausgeben." (4,34) Wenn die Frauen widerspenstig sind, „entfernt euch von ihnen in den Schlafzimmern und schlagt sie" (4,34). „Und wenn ihr ein Zerwürfnis zwischen beiden (Ehepartnern) befürchtet, dann bestellt einen Schiedsrichter aus seiner Familie und einen Schiedsrichter aus ihrer Familie." (4,35)

Die Sure 33 widmet sich u. a. den Frauen Mohammeds. Seine Gattinnen, heißt es dort, sind die Mütter der Gläubigen (Vers 6). Im Übrigen gilt für sie das Gleiche wie für die Gläubigen im Allgemeinen, allerdings in gesteigerter Form. Wenn eine Frau des Propheten das diesseitige Leben und seinen Schmuck begehrt, sichert er ihr eine Versorgung und gibt sie „auf eine schöne Weise" frei (Vers 28), d. h., er lässt sich von ihr scheiden. Für die Rechtschaffenen unter ihnen aber steht „ein großartiger Lohn" bereit (Vers 29). Begehen diese Frauen eine Schandtat, Unzucht, so werden sie dafür doppelt bestraft

(Vers 30); sind sie dem Gesandten ergeben und tun sie Gutes, so kommt ihnen ihr Lohn zweimal zu (Vers 31).

Dann macht der Koran den Frauen des Propheten ihre besondere Verantwortung bewusst: „O ihr Frauen des Propheten, ihr seid nicht wie irgendeine von den Frauen. Wenn ihr gottesfürchtig seid, dann seid nicht unterwürfig im Reden, damit nicht derjenige, in dessen Herzen Krankheit ist, sich Hoffnungen macht." (Vers 32) Der Koran ermahnt Mohammeds Frauen also, entschieden, gewissermaßen wie der Prophet selbst, gegenüber „Heuchlern" aufzutreten, damit diese sich nicht durch ihre Reden bestätigt fühlen können. Im Übrigen gilt für seine Frauen das Gleiche wie für die Gläubigen insgesamt: „Verrichtet das Gebet und entrichtet die Abgabe und gehorcht Gott und seinem Gesandten." (Vers 33)

Nach der Eroberung Mekkas – Sure 9

Die Sure 9 führt uns in die Zeit nach der Eroberung Mekkas. Die bisherigen Dienste der Polytheisten bei den Wallfahrtsriten zu Mekka werden aufgehoben (Vers 17–22); es wird den Polytheisten verboten, die heilige Moschee zu betreten. Erneut wird zum Kampf aufgerufen „gegen diejenigen, die nicht an Gott und an den Jüngsten Tag glauben und nicht verbieten, was Gott und sein Gesandter verboten haben" (Vers 29). Erneut werden die Juden und die Christen zurückgewiesen, wobei den Christen zum Vorwurf gemacht wird, dass sie ihre Gelehrten und Mönche „zu Herren neben Gott nehmen" „sowie auch Christus, den Sohn Marias" (Vers 31).

Die Gläubigen werden aufgerufen, „gegen die Polytheisten allesamt zu kämpfen" (Vers 26). Den „Heuchlern" wird vorgehalten, dass sie zögern, zum Kampf auszurücken (Vers 38 ff.). Den Gläubigen ruft der Koran zu: „Rückt aus, ob leicht oder schwer, und setzt euch mit eurem Vermögen und mit eurer eigenen Person auf dem Weg Gottes ein." (Vers 41). Sie werden beschworen, nicht um Befreiung hiervon zu bitten. Das tun „nur diejenigen, die an Gott und den Jüngsten Tag nicht glauben und deren Herzen zweifeln" (Vers 45). Auf sie wartet „das Feuer der Hölle, darin werden sie ewig weilen" (Vers 68). Sie freuen sich, „dass sie im Gegensatz zum Gesandten Gottes daheimgeblieben sind, und es ist ihnen zuwider, sich mit ihrem Vermögen und mit ihrer eigenen Person auf dem Weg Gottes einzusetzen. Und sie sagen: ‚Rückt nicht in der Hitze aus.' Sprich: Das Feuer der Hölle ist noch heißer." (Vers 81) „Sie sollen ein wenig lachen, und sie sollen viel weinen zur Vergeltung für das, was sie erworben haben." (Vers 82) Die Gläubigen sollen diese ‚Heuchler' nicht wegen ihres Vermögens und ihrer Kinder beneiden. (Vers 85)

Wiederholt kommt der Koran in Sure 9 auf diese ‚Heuchler' zurück, die sich vor dem Kampf gedrückt haben. Und er geht in diesem Zusammenhang auch auf jene Beduinen ein, die um Befreiung vom Kampf gebeten haben (Vers 90) und ihre Zahlungen als lästigen Zwang ansahen (Vers 98). Andere Beduinen werden von dieser Kritik ausgenommen. Sie haben ihre Spenden als eine Art und Weise gesehen, Gott näher zu kommen (Vers 99). Mit ihnen ist Gott zufrieden, wie mit den aus Mekka ausgewanderten Gläubigen und den ‚Helfern', den Medinensern, die sich auf ihre Seite gestellt haben. Für sie hat Gott Gärten bereitet, unter denen Bäche fließen. (Vers 100)

Und Mohammed wird nicht müde, seinen Getreuen, die am Kampf teilgenommen und insbesondere denjenigen, die dabei den Tod gefunden haben, das Paradies zu verheißen (Vers 111 f., 120) und erneut zum Kampf aufzurufen.

Anmerkungen zu Kapitel 5

1 Ich folge der Datierung und Reihung von Régis Blachère gemäß ‚Introduction au Coran', 2. Aufl. Paris 1977, wie in Adel Theodor Khoury, Der Koran. Arabisch-Deutsch, 12 Bde., Gütersloh 1990–2000, Bd. 1, S. 93 f. verzeichnet. Blachère übernimmt mit wenigen Ausnahmen (die Sure 68 beispielsweise rechnet er der zweiten statt der ersten mekkanischen Periode zu) die periodisierende Datierung von Nöldeke-Schwally, reiht aber innerhalb der Perioden anders. Seine Reihung wird der inneren Entwicklung des Korans besser gerecht als die von Nöldeke-Schwally.

2 Der Koran. Übersetzung von Rudi Paret, 8. Aufl. Stuttgart. Berlin. Köln 2001, S. 433.

3 Rudi Paret, Mohammed und der Koran, a. a. O., S. 55 f.

4 Nach A. Th. Khoury, a. a. O., Bd. 9, S. 211 f.

5 Näheres in: New Catholic Encyclopedia, 2nd edition, Detroit. New York u. a., 2003, S. 660 ff. sowie: Die Geschichte des Christentums, Bd. 2: Das Entstehen der einen Christenheit, Freiburg. Basel. Wien 1996, S. 271 ff., 290 ff.

6 Nach A. Th. Khoury, ebda., Bd. 9, S. 255 ff.

7 Nach A. Th. Khoury, ebda., Bd. 2, S. 190.

8 Siehe für Verendetes: Lev 11,39; 17,15; 22,8; für Blut: Gen 9,4; Ex 23,18; Lev 17,10–14; 19,26; 1 Sam 14,32; 33 f.; Ez 33,25; für Schweinefleisch: Lev 11,7; Dtn 14,8; 2 Makk 6,18; Jes 65,4; 66,17.

9 Zitiert auf S. 73.

10 Nach A. Th. Khoury, a. a. O., Bd. 7, S. 267.

11 Nach A. Th. Khoury, a. a. O., Bd. 4, S. 105.

12 Die Forschung ist sich uneins darüber, ob die Sure 5 oder die Sure 9 als letzte anzusehen sei. Ich schließe mich den Argumenten von A. Th. Khoury an, wonach die fünfte Sure eher im Umkreis der Kämpfe gegen die jüdischen Stämme von Medina anzusiedeln ist (A. Th. Khoury, a. a. O., Bd. 6, S. 25).

13 Dazu R. Paret, Der Koran. Kommentar und Konkordanz, 6. Aufl. Stuttgart 2001, S. 90 f.

14 Nach A. Th. Khoury, a. a. O., Bd. 5, S. 61.

6. Formelhaftigkeit im Koran

Wenn man länger im Koran liest, fallen einem die vielen Wiederholungen auf. Man könnte meinen, dass hierin ein dichterisches Element liegt, aber Mohammed ist kein Dichter und will auch kein Dichter sein. Er weist es energisch zurück, den Koran „erdichtet“ zu haben. Dichter verfassen wirre Träume (21,5) und gelten als „besessen“ (37,36; 52,30), so will es der Koran. Von der Rede des Korans heißt es: „Das ist die Rede eines edlen Gesandten, das ist nicht die Rede eines Dichters.“ (69,41) Die Bezeichnung „Vers“ für die einzelnen Teile der Sure scheint dem zu widersprechen, doch das hierbei angesetzte arabische Wort für „Vers“, „ayā“, bedeutet zunächst „Zeichen“ und, davon abgeleitet, „Vers des Korans“. Die einzelnen Verse des Korans sind, so will es der Islam, herabgesandte Zeichen, in denen Gott sich kundtut. Zeichen nun leben mit der Wiederholung und mit dem Erlebnis des erneuten Erkennens und der erneuten Orientierung nach ihnen.

Das Wort „Zeichen“ begegnet nicht von ungefähr sehr oft im Koran.[1] Gott hat die Macht, Zeichen aufzuheben oder der Vergessenheit preiszugeben oder sie durch bessere oder gleiche zu ersetzen (2,106). Die ganze Schöpfung ist, recht betrachtet, Zeichen, das auf Gott hinweist. Deshalb sind die unwissend, die sagen: „Wenn doch Gott zu uns spräche oder ein Zeichen zu uns käme!“ (2,118) Aufgabe des Gesandten ist es, Gottes Zeichen zu verlesen und die Leute „das Buch und die Weisheit“ zu lehren und ihnen das Buch, den Koran, zu erläutern (2,129). Der ganze Koran besteht aus „deutlichen Zeichen“ und ist Rechtleitung für den Gläubigen: „Diejenigen, die verschweigen, was Wir an deutlichen Zeichen und Rechtleitung hinabgesandt haben, nachdem Wir es den Menschen im Buch [d. i. im Koran] deutlich gemacht haben, diese wird Gott verfluchen“ (2,159). „In der Erschaffung der Himmel und der Erde; im Aufeinandertreffen von Nacht und Tag; in den Schiffen, die auf dem Meer fahren mit dem, was dem Menschen nützt; im Wasser, das Gott vom Himmel herabkommen läßt und mit dem Er die Erde nach ihrem Absterben wieder belebt und auf ihr allerlei Gutes sich ausbreiten läßt, im Wechsel der Winde und der zwischen Himmel und Erde in Dienst gestellten Wolken, (in alledem) sind Zeichen für Leute, die verständig sind.“ (2,164)

Gott macht so „den Menschen seine Zeichen deutlich, auf dass sie gottesfürchtig werden“ (2,187). Die Ungläubigen aber, hier die Juden, verschließen sich dieser Sprache der Zeichen: „Du magst zu denen, denen das Buch zugekommen ist, mit jedem Zeichen kommen, sie werden deiner Gebetsrichtung nicht folgen“ (2,145), heißt es anlässlich Mohammeds in Medina erlassenen Gebotes, das Gebet nach Mekka, anstatt wie vorher nach Jerusalem, auszurichten.

Das sind nur einige ausschließlich der wichtigen zweiten Sure entnommene Belege für „Zeichen“. Sie ließen sich beliebig vermehren. Zeichen ist die ganze von Gott erschaffene Welt, und gottgegebenen Zeichencharakter haben auch die Worte des Korans. „Die Zeichen“ ist geradezu ein Synonym für „Koran“: „Diejenigen, die unsere Zeichen verleugnen, werden Wir in einem Feuer brennen lassen.“ (4,56)

Dieser Zeichencharakter nähert den Koran weniger der Dichtung als der Musik oder auch einem kunstvoll gewobenen Teppich an, wie denn auch für ihn gern der musikalische, der gesangliche Vortrag gewählt wird und seine Rezitation vorzugsweise auf einem Teppich erfolgt. Die Suren haben viel von Modulationen, was beim gesanglichen Vortrag deutlich spürbar wird und seinerseits auch den Gesang stützt,[2] und ihre Motive sind wie dominante Muster in einem Teppich.

So betrachtet sind die fünfzig Stellen, an denen der Koran von Moses handelt, wie Modulationen über das Thema „Moses“ und wie wiederkehrende Muster, und die zwanzig Stellen, an denen er von Noah berichtet, ebensolche über das Thema „Noah und sein Volk“.

Das Wort „Zeichen“ wird begreiflicherweise durch das Wort „Gott“ im Koran noch an Häufigkeit übertroffen. Es begegnet dort am häufigsten, insgesamt etwa 2000-mal und in vielerlei Formeln. „Im Namen Gottes“ beginnt jede Sure mit Ausnahme der neunten, die vielleicht ursprünglich mit der achten zusammen eine Einheit bildete.[3]

Zahlreiche Wendungen beginnen mit „Gott liebt“ oder „Gott liebt nicht“:

> *„Gott liebt die nicht, die Übertretungen begehen“ (2,190; 5,87; 7,55); „Gott liebt das Unheil nicht“ (2,205); „Gott liebt die, die Gutes tun“ (3,134); „Gott liebt die Rechtschaffenen“ (3,148; 5,13,39); „Gott liebt die Bußfertigen, und Er liebt die, die sich reinigen“ (2,222) etc.*[4]

Und oft bilden diese Wendungen den Abschluss eines Verses. Ihnen kommt die Funktion der Ableitung eines göttlichen Gesetzes und einer unumstößlichen Wahrheit zu. Sie sind, im Bild des Teppichs gesprochen, maßgebliche Verknotungen.

Ähnlich verhält es sich mit sentenzhaften Sätzen über Gottes Allmacht, Allwissen und Barmherzigkeit. Allein in der zweiten Sure finden sich über sechzig solcher sentenzhafter abschließender Wendungen.

Die meisten kreisen um Gottes Allwissen: Er weiß und sieht alles, das Böse und das Gute,[5] andere haben Gottes Allmacht zum Thema,[6] wieder andere handeln von Gottes Barmherzigkeit.[7]

Miteinander verdeutlichen diese konklusiven Aussagen über Gott, wie der Koran solche Aussagen zu Gottes Allmacht, Wissen und Barmherzigkeit moduliert, wie er sie zu tragenden Mustern im Teppich des Ganzen macht.

Man könnte freilich auf den Gedanken kommen, dass eine solche Fülle von Aussagen über Gott und die erwähnten 2000 Nennungen Gottes inflationäre Wirkung hätten, die einzelne Aussage schwächten, aber genau das Gegenteil ist der Fall. Diese Vielzahl potenziert die Rede von Gott, macht Gott buchstäblich zeichenhaft allgegenwärtig.

Besondere Bedeutung gewinnt in diesem Zusammenhang die Einzigkeit Gottes. Euer Gott ist ein einziger, heißt es in modulierenden Wendungen immer wieder.[8]

Hinzu kommt, dass die Formel „es gibt keinen Gott außer Gott" im Arabischen ein besonderes, alliterierendes Klanggefüge darstellt – lā allahu illā allahu. Die sufischen Mystiker haben es gern genutzt, um sich über zahlreiche Wiederholungen desselben in Ekstase zu versetzen. Das ist im Koran nicht gemeint, eher schon ein staunendes geistiges Sichniederwerfen vor Gottes Größe und Einzigkeit, auf die es ja bei der Auseinandersetzung mit dem Polytheismus der Anwohner von Mekka so sehr ankam.

Formelhaftigkeit begegnet folgerichtigerweise auch auf dem Gebiet des Glaubens, von „wir glauben" über „ihr glaubt" und „sie glauben" bis hin zu „glaubt" und zu „Gläubiger" und „Gläubige". Der Glaube an den einen Gott ist ein ganz wichtiges Anliegen des Korans. Die arabische Sprache mit ihrem Spiel von gleichbleibenden Radikalen und wechselnden Vokalen, Vor- und Nachsilben lässt diese Formelhaftigkeit viel klarer hervortreten als das in der deutschen Übersetzung zum Tragen kommen könnte. Im Koran wird des Öfteren betont, dass die Offenbarung gezielt in arabischer Sprache erfolgte. Der Koran sei auf diese Weise deutlich (16,103; 26,195) und könne so von den Arabern verstanden werden und ihnen eine Warnung sein (12,2; 13,37; 42,7; 43,3; 46,12). Aber es trifft sich eben auch, dass der Koran als arabischer Koran (20,113; 39,28; 41,3) über eine ausgeprägte und reichlich entfaltete Formelhaftigkeit verfügt. Er eignet sich so in besonderer Weise für die Rezitation und Rememorierung. Die modulierenden Spielformen von „glauben" bestätigen das, wie gesagt.

„Wir glauben“ (āmannā) begegnet zwanzigmal in gleichlautenden Wendungen, davon siebenmal aus dem Munde von Leuten, die nicht wirklich glauben.

Ähnlich ist es bei den anderen Flexionsformen von „glauben“. Häufig wird „glauben“ modulierend mit Gott, dem Jüngsten Tag, Umkehr und Gutes tun verbunden: „die an Gott und den Jüngsten Tag glauben und Gutes tun“ (2,62; 5,69); „die an Gott und den Jüngsten Tag glauben“ (2,126; 9,18.99); „der an Gott und den Jüngsten Tag glaubt“ (9,19); „so ihr an Gott und den Jüngsten Tag glaubt“ (2,232; 65,2); „wer aber glaubt und Gutes tut“ (28,80); „die umkehren und glauben und Gutes tun“ (19,60); „für den, der umkehrt und glaubt und Gutes tut“ (20,82); „außer dem, der umkehrt, glaubt und Gutes tut“ (25,70); „wer aber umkehrt und glaubt und Gutes tut“ (28,67); „wer an Gott glaubt und Gutes tut“ (64,9); „Und wer an Gott glaubt und Gutes tut“ (65,11); „die glauben und die guten Werke tun“ (18,30).

Besonders auffällig ist die insgesamt 83-mal vorkommende Form der Anrede an die Muslime: „O ihr, die ihr glaubt“.[9]

Auch der Imperativ von „glauben“ begegnet oft: „Glaubt an Gott und seinen Gesandten“ (57,7); „So glaubt an Gott und seine Gesandten“ (3,179); „Glaubt an das, was Gott herabgesandt hat“ (2,91). In der dritten Person Plural begegnen ähnliche Verbindungen: „die an das glauben, was zu dir herabgesandt und was vor dir herabgesandt wurde“ (2,4); „die Gläubigen glauben an das, was zu dir herabgesandt und vor dir herabgesandt wurde“ (4,162).

Verwandte Konstruktionen finden sich im Bereich der Motive „Zeichen“, „Rechtleitung“ und „Barmherzigkeit“: „die an unsere Zeichen glauben“ (6,54; 7,156); „Darin sind Zeichen für Leute, die glauben“ (6,99; 16,79; 27,86; 28,3; 29,24; 30,37; 39,52); „und die an die Zeichen ihres Herrn glauben“ (23,58); „als Rechtleitung und Barmherzigkeit für Leute, die glauben“ (7,52.203; 12,111; 16,64); „Darin ist ein Zeichen für die Gläubigen“ (29,44); „Darin ist eine Barmherzigkeit und eine Ermahnung für Leute, die glauben“ (29,51); „als Rechtleitung und Barmherzigkeit, auf daß sie an die Begegnung mit ihrem Herrn glauben“ (6,154).

Im Imperativ tauchen die Motive von Herabsendung und Gesandtem wieder auf: „Glaubt an das, was Gott herabgesandt hat“ (2,91); „glaubt an das, was Wir hinabgesandt haben“ (4,47); „glaubt an Gott und seinen Gesandten“ (4,136.158; 57,7); „glaubt an Gott und setzt euch mit seinem Gesandten ein“ (9,86); „glaubt an Mich und an meinen Gesandten“ (5,111); „so glaubt an Gott und seine Gesandten“ (3,179; 4,171); „fürchtet Gott und glaubt an seinen Gesandten“ (57,28).

In anderen Fällen wird das Glauben verneint: „Sie mögen jedes Zeichen sehen, sie glauben nicht daran“ (6,25); „wenn sie auch jedes Zeichen sehen, sie glauben nicht daran“ (7,146); „wie sie das erste Mal nicht daran (d. i. an die Zeichen) geglaubt haben“ (6,110); „wenn sie an diese Botschaft nicht glauben“ (18,6); „schnüre ihre Herzen fest, so daß sie nicht glauben“ (10,88); „sie vermochten nicht an das glauben, was sie für Lüge erklärt hatten“ (7,101; 10,74); „da ihre Gesandten mit den deutlichen Zeichen zu ihnen kamen, und sie nicht glauben mochten“ (10,13); „wollen sie denn nicht glauben?“ (21,30); „die meisten von ihnen glauben nicht“ (2,100); „sie glauben nicht (wirklich)“ (4,65); „sie glauben eben nicht“ (6,12; 20,109).

Angesichts dieser Modulationen von „glauben“ und „nicht glauben“ fällt es umso mehr auf, dass diese beim Substantiv „der Glaube“ entfallen. „Der Glaube“ wird absolut gesetzt, mit Ruhe und Gegenwart in den Herzen verbunden. „Er ist es, der die Ruhe spendende Gegenwart in die Herzen der Gläubigen herabgesandt hat, dass sie in ihrem Glauben noch an Glauben zunehmen“ (48,4).[10] „Die Gläubigen, das sind diejenigen, deren Herzen sich ängstigen, wenn Gottes gedacht wird, und die, wenn ihnen seine Zeichen verlesen werden, dadurch in ihrem Glauben bestärkt werden.“ (8,2) „Gott hat euch den Glauben lieb und in euren Herzen anziehend gemacht“ (49,7). „Der Glaube ist ja noch nicht in eure Herzen gedrungen“ (49,14); „in deren Herzen hat Er den Glauben geschrieben und sie mit einem Geist von sich gestärkt“ (58,22); „während sein Herz im Glauben Ruhe gefunden hat“ (16,106); „die uns im Glauben vorangegangen sind“ (59,10); „denen ihre Nachkommenschaft im Glauben folgt“ (52,21); „aber das hat ihren Glauben nur verstärkt, und sie sagten: ‚Gott genügt uns‘“ (3,173); „und es hat ihren Glauben und ihre Ergebenheit nur vermehrt“ (53,22) etc.

All dies sind einmalige Aussagen. Der Glaube als das tiefste Geheimnis des Muslim, durch innere Ruhe ausgezeichnet, im Herzen verborgen, führt keine Attribute und attributiven Relativsätze mit sich.

Der Gläubige hingegen erscheint in Lebenswelt und Heilsgeschichte eingebettet. Die Wörter „Gläubiger“ und „Gläubige“ stellen sich daher mit einem Hof von attributiven Relativsätzen mit Umständen, Aussichten, Geboten und Verboten dar. Darunter sind zahlreiche formelhafte Wendungen. So heißt es in Sure 2,285: „Der Gesandte glaubt an das, was zu ihm von seinem Herrn herabgesandt wurde, und ebenso die Gläubigen.“ Sure 4,162 lautet ähnlich: „Die Gläubigen glauben an das, was zu dir herabgesandt wurde und was vor dir herabgesandt wurde.“ Auch in Sure 9,105 werden Gesandte und Gläubige verbunden: „Gott wird euer Tun sehen, und auch sein Gesandter und die Gläubigen.“ Genauso ist es in 48,12: „Nein, ihr (d. i. die Ungläubigen) meintet, daß der Gesandte und die Gläubigen nie mehr zu ihren Angehörigen heimkehren würden." In Sure 24,62 und 49,15 lesen wir: „Die Gläubigen, das sind diejenigen, die an Gott und seinen Gesandten glauben."

Eine andere Gruppe von formelhaften Wendungen hebt darauf ab, dass die Gläubigen untereinander Freunde und Brüder sind (9,71; 49,10), sich nicht Ungläubige zu Freunden nehmen sollen (3,28; 4,139.144), eine gute Meinung voneinander haben sollen (24,12) und sich Gott und seinen Gesandten zu Freunden nehmen (5,56). Sure 9,16 lautet: „Oder meint ihr, daß ihr in Ruhe gelassen werdet, bevor Gott in Erfahrung gebracht hat, wer von euch sich eingesetzt und sich außer Gott, seinem Gesandten und den Gläubigen keinen Freund genommen hat?"

Eine Vielzahl von Versen enthält die Formel „so ihr gläubig seid" und verbindet diese modulierend mit anderen Vor-Sätzen: „darin ist für euch ein Zeichen, so ihr gläubig seid" (3,49); „werdet nicht traurig, wo ihr doch die Oberhand haben werdet, so ihr gläubig seid" (3,141).[11]

In Sure 26 schließt die Satzfolge: „Darin ist wahrlich ein Zeichen. Aber die meisten von ihnen sind nicht gläubig", an verschiedene Erzählungen zu den Propheten an (Vers 7.66.102.139.158.173).

Die Formel „Und verkündige den Gläubigen eine frohe Botschaft" schließt an Sätze an wie: „Und fürchtet Gott und wißt, daß ihr ihm begegnen werdet" (2,223); „Diejenigen, die umkehren, (Gott) dienen, loben, umherziehen, sich verneigen, sich niederwerfen, das Rechte gebieten und das Verwerfliche verbieten, die Bestimmungen Gottes einhalten" (9,112) etc.[12].

Bedenken wir auch, dass das Wort „Gläubiger" (mu'minûn) mit dem Plural „Gläubige" (mu'minūna, mu'minîna) für sich allein ein sperriges, gewissermaßen nicht zu übersehendes Wiederholungselement abgibt, das an die fünfhundertmal vorkommt. Der Glaube als Antwort auf Gottes zeichenhafte Gegenwart ist so im Koran ähnlich eindringlich präsent wie Gott selbst.

Die Wörter „Buch" und „Koran" begegnen ihrerseits häufig, „Buch" (kitāb) als Bezeichnung für die verschiedenen Offenbarungen über zweihundertmal, „Koran" mehr als fünfzigmal. Wie sehr bei den Nennungen von „Buch" Modulationen oder den Teppich des Ganzen tragende Motive im Spiel sind, mögen ein paar Beispiele aus der zweiten Sure veranschaulichen. „Viele von den Leuten des Buches" (2,109); „Dabei lesen sie (alle) das Buch" (2,113); „Diejenigen, denen Wir das Buch zukommen ließen" (2,121); „der [...] sie das Buch und die Weisheit lehrt" (2,129); „Diejenigen, denen das Buch zugekommen ist" (2,144); „Du magst zu denen, denen das Buch zugekommen ist, mit jedem Zeichen kommen" (2,145); „Diejenigen, denen Wir das Buch zukommen ließen" (2,146); „und euch das Buch und die Weisheit lehrt" (2,129); „nachdem Wir es den Menschen im Buch deutlich gemacht haben" (2,159);

„Diejenigen, die verschweigen, was Gott vom Buch herabgesandt hat" (2,174); „Dies geschieht, weil Gott das Buch mit der Wahrheit herabgesandt hat" (2,176); „Frömmigkeit [...] besteht darin, daß man an [...] das Buch glaubt" (2,177).

Es seien noch ein paar Beispiele für Modulationen oder Figuren im Umfeld von „Koran" aufgeführt: „Der Monat Ramadan ist es, in dem der Koran herabgesandt wurde" (2,185); „Betrachten sie denn nicht sorgfältig den Koran?" (4,82); „zu der Zeit, da der Koran herabgesandt wird" (5,101); „Dieser Koran ist mir offenbart" (5,19); „und wenn der Koran verlesen wird, dann hört zu" (7,204); „Das ist ein Ihm obliegendes Versprechen in Wahrheit in der Tora, im Evangelium und im Koran" (9,111); „Bring einen anderen Koran als diesen" (10,15); „Dieser Koran kann unmöglich ohne Gott erdichtet werden" (10,37).

Mit der Wendung „ein Ihm obliegendes Versprechen in Wahrheit" ist ein weiterer Bereich von Formeln ins Blickfeld gerückt. Er steht im Zusammenhang mit „Wahrheit" (haqq)[13]. „Es ist die Wahrheit von ihrem Herrn", liest man wiederholt mit Bezug auf den Koran (2,26.144; 47,2.3). Als geringfügige Abweichungen von dieser Formel begegnen mit gleichem Bezug: „es ist die Wahrheit von deinem Herrn" (2,147.149; 3,60; 10,94; 11,17; 22,54; 32,3) und „es ist die Wahrheit von unserem/eurem Herrn (18,29; 28,53). In zahlreichen Modulationen findet sich die Formel „mit der Wahrheit", von „mit der Wahrheit herabgesandt" (6,114; 16,102; 17,105) über „mit der Wahrheit gekommen" u. ä. (4,170; 7,43.53; 17,105; 23,70.90; 35,24; 37,37) bis zu „das Buch mit der Wahrheit" (2,176.213; 3,3; 4,105; 5,48; 39,2.41; 42,17).

Auffällig oft, mehr als fünfzigmal, begegnet auch der Topos von den „Gärten, unter denen Bäche fließen", das heißt der vom himmlischen Paradies. Einige Beispiele seien angeführt: „Und verkünde denen, die glauben und die guten Werke tun, daß für sie Gärten bestimmt sind, unter denen Bäche fließen" (15,25); „Für diejenigen, die gottesfürchtig sind, sind bei ihrem Herrn Gärten, unter denen Bäche fließen und in denen sie ewig weilen werden" (3,15); „Die Vergeltung für sie ist Vergebung von ihrem Herrn und Gärten, unter denen Bäche fließen; darin werden sie ewig weilen" (3,136); „Ich werde sie in Gärten eingehen lassen, unter denen Bäche fließen, als Belohnung von Gott" (3,195); „Aber für diejenigen, die ihren Herrn fürchten, sind Gärten bestimmt, unter denen Bäche fließen; darin werden sie ewig weilen, als Herberge von seiten Gottes" (3,198); „Wer Gott und seinem Gesandten gehorcht, den läßt Er in Gärten eingehen, unter denen Bäche fließen; darin werden sie ewig weilen. Das ist der großartige Erfolg." (4,13); „Und diejenigen, die glauben und die guten Werke tun, werden Wir in Gärten eingehen lassen, unter denen Bäche fließen; darin werden sie auf immer ewig weilen" (4,57).[14]

Aus dem Rahmen fallen die Stellen, an denen das Paradies ausführlich beschrieben wird. Dabei siedeln sich zahlreiche topische Züge an den Grundtopos an. In Sure 37, Vers 41–49 lautet das so:

Für diese (d. i. für die auserwählten Diener Gottes) ist ein festgelegter Unterhalt bestimmt: Früchte, und sie werden ehrenvoll behandelt in den Gärten der Wonne auf Liegen, einander gegenüber. Dabei wird ihnen ein Becher aus einem Quell herumgereicht, weiß, genußvoll für die, die (daraus) trinken. Darin steckt keine heimtückische Beeinträchtigung, und dadurch werden sie nicht berauscht. Und bei ihnen sind (Hûrî), die ihre Blicke zurückhalten und schöne, große Augen haben, als ob sie wohlverwahrte Eier wären.[15]

Das Feuer der Hölle gibt ebenfalls Anlass zu zahlreichen Formeln und Modulationen derselben. Es wird mehr als hundertmal im Koran genannt. Die Formel „Das sind die Gefährten des Feuers; sie werden ewig darin weilen" begegnet in zumeist identischer, nur hier und da leicht abgewandelter Form dreizehnmal. Gefährten des Feuers sind diejenigen, die als Ungläubige sterben (2,217), die Götzen zu Freunden haben und nicht glauben (2,258), die nicht vom Zinsnehmen ablassen (2,275), die ungläubig sind (3,116), die „unsere Zeichen für Lüge erklären (7,36; 64,10), die böse Taten tun (10,26), die nicht an die Auferstehung glauben und ihren Herrn verleugnen (13,5), die sich Gottes Gaben gegenüber undankbar zeigen (39,8), die über die Zeichen Gottes streiten und ungläubig sind (40,6), die Maßlosen (40,43), diejenigen, die die Menschen vom Weg Gottes abweisen (58,17), und die Frevler (59,20).

Die Formel „Eure bzw. ihre Heimstätte ist das Feuer", die der Leser siebenmal im Koran antrifft, wird angewendet: auf diejenigen, die „Gott solche beigesellen, für die Er keine Ermächtigung herabgesandt hat" (3,151; 24,55 ff.) – das trifft auf die Polytheisten und in etwa auch auf die Christen zu, die Gott einen Sohn beigesellt haben. Die Formel wird spezifischer noch angewendet auf die Christen, die sagen: „Gott ist Christus, der Sohn Marias"; auf die, die „anstelle Gottes Götzen genommen (haben) aus Liebe zueinander im diesseitigen Leben" (29,25); auf diejenigen, die die Pein des Feuers für Lüge erklärt haben (32,20); auf diejenigen, die die Begegnung mit dem Tag der Auferstehung vergessen haben (45,34), und auf diejenigen, die sich der Versuchung ausgesetzt und gezweifelt haben (57,15).[16]

Die Formel „Das Feuer ist eure (bzw. ihre) Bleibe", die ich, wie in all diesen Fällen auf eine Konkordanz gestützt[17], überdies noch dreimal im Koran gezählt habe, ist denen vorbehalten, die sich dem Nutzen verschrieben haben (6,128), die glaubten, Gott wisse nicht, was sie tun (41,24), und denen, die „genießen und essen wie das Vieh frißt" (47,12).

„Das Feuer“ steht in all diesen Fällen metonymisch für „die Hölle“. So ist es auch in einer Vielzahl weiterer einschlägiger Wendungen. Für die Ungläubigen und die Frevler ist das Feuer „bereitet“ (3,131), „bestimmt“ (8,14; 9,63; 11,16; 15,62; 35,36). Es wird ihnen „angedroht“ (22,72). Gott lässt sie ins Feuer „eingehen“ (3,192; 4,14), ins Feuer „abstürzen“ (9,109), ins Feuer „treiben“ (14,30). Ins Feuer werden sie wie zur Tränke hinabgeführt (11,98). Sie werden „auf ihren Gesichtern ins Feuer gestürzt“ (27,90). Sie werden dem Feuer „vorgeführt“ (40,46; 46,20.34), ins Feuer geworfen (40,72; 41,40), zum Feuer „versammelt“ (41,19), im Feuer „geprüft“ (51,13), ins Feuer „gestoßen“ (52,13), im Feuer „eingesperrt“ (54,48). Gott lässt sie in einem Feuer brennen (4,30.56). Das Feuer umschließt sie wie eine Zeltdecke (18,29). Sie fallen in es hinein (18,33). Sie können es weder von ihren Gesichtern noch von ihrem Rücken abhalten (21,39). Ihnen sind Gewänder aus Feuer zugeschnitten (22,19).

Eine besondere Kategorie von Ungläubigen, die für das Feuer bestimmt sind, stellen diejenigen dar, die die Botschaft des Gesandten oder der ihm vorausgehenden Gesandten und Propheten „für Lüge erklären“ (kaḏḏaba). „Für Lüge erklären“, „der Lüge zeihen“ kommt mehr als hundertmal im Koran vor, ein Zeichen dafür, wie sehr es Mohammed verletzt haben dürfte, diesem Vorwurf ausgesetzt worden zu sein, auch wenn er wusste, dass dies das Schicksal aller Propheten war (vgl. etwa 35,25; 39,25; 67,18 et passim). Besonders eindrucksvoll ist die litaneiartige Verwendung von „für Lüge erklären“ in der Sure 55, wo der Ausdruck einunddreißigmal als Refrain auftritt. Da werden die ganzen Wohltaten und Zeichen Gottes aufgeführt, und jedesmal wird nachher gefragt: „Welche der Wohltaten eures Herrn wollt ihr beide (das sind die Djinn und die Menschen) für Lüge erklären?“

Die Formelhaftigkeit im Koran findet im Umkreis dessen, was unter dem Begriff des Djihad berühmt-berüchtigt geworden ist, eine durchaus vergleichbare Dichte. Das Wort Djihad selbst begegnet im Koran nicht, wohl aber im Hadith. Es leitet sich ab vom Verb „djahada“, „sich einsetzen“, das im Koran häufig, achtundzwanzigmal, vorkommt, und dies mit stereotypen begleitenden Zügen. Das Sicheinsetzen auf dem Weg Gottes erscheint dabei als ein Merkmal des Gläubigen neben dem Glauben selbst und dem (aus Mekka) Ausgewandertsein. Es tritt vorzugsweise mit der Aufforderung zum Kampf auf, weshalb es sich anbot, Djihad von diesem Verb abzuleiten und, wie im Hadith, als „Kampf, damit das Wort Allahs siegt“ zu verstehen.[18]

So heißt es in Sure 2,218, nachdem zuvor von der Verpflichtung zum Kampf die Rede war:

„Diejenigen, die glauben, und diejenigen, die ausgewandert sind und sich auf dem Weg Gottes eingesetzt haben, dürfen auf die Barmherzigkeit Gottes hoffen.“

In Sure 8,72 wird das Sicheinsetzen so erläutert:

„Diejenigen, die glaubten und ausgewandert sind und sich mit ihrem Vermögen und ihrer eigenen Person auf dem Weg Gottes eingesetzt haben, und diejenigen, die (jene) untergebracht und unterstützt haben, sind untereinander Freunde.“

Es wird also vom gläubigen Muslim erwartet, dass er sich mit seinem Vermögen und seiner Person einsetzt, d. h. in Mohammeds Unternehmungen gegen die Mekkaner investiert und selbst an diesen teilnimmt. Diese Kombination ist so wichtig und grundlegend, dass sie im Koran ihrerseits eine Formel darstellt und die Voraussetzung für die Erlangung eines besonderen Ranges bildet. In Sure 9, Vers 20 lesen wir:

„Diejenigen, die glauben und ausgewandert sind und sich auf dem Weg Gottes mit ihrem Vermögen und mit ihrer eigenen Person eingesetzt haben, haben eine höhere Rangstufe bei Gott.“

Der 88. Vers der gleichen Sure lautet:

„Aber der Gesandte und diejenigen, die ihm glauben, setzen sich mit ihrem Vermögen und mit ihrer eigenen Person ein.“

Fast wortgleich klingen 9,41.44.81; 49,15; 61,11.

Andere Stellen des Korans halten fest, dass Gott die Gläubigen erst prüft, ob sie sich eingesetzt haben, bevor er sie ins Paradies einlässt (3,141; 9,16).

Ausführlich wird an anderer Stelle klargemacht, dass die Gläubigen, die daheim sitzen bleiben (und nicht zum Kampf ausrücken), eine Stufe unter denen stehen, „die sich mit ihrem Vermögen und mit ihrer eigenen Person einsetzen“ (4,95).

Daheim sitzen bleiben und zum Kampf ausrücken führt wiederum zu formelhaften Wendungen. „Rückt zusammen aus“, heißt es in Sure 4,22. „Rüstet gegen sie, was ihr an Kraft und an einsatzbereiten Pferden haben könnt“, lesen wir in Sure 8,60. „Rückt aus auf dem Weg Gottes“, lautet die Formel in 9,38. „Wenn ihr nicht ausrückt, peinigt Er [d. i. Gott] euch mit einer schmerzhaften Pein“, heißt es kurz darauf (9,39). „Rückt aus, ob leicht oder schwer“, steht wenig später zu lesen (9,41). „Hätten sie wirklich ausziehen wollen, hätten sie sich dafür gerüstet“, werden diejenigen, die daheim geblieben sind, angeprangert (9,46). „Sitzt daheim mit denen, die daheim sitzen“, heißt es darauf spottend (ebda.). „Würden sie mit euch ausziehen, würden sie euch nur Verschlechterung bringen“, wird das Thema in 9,47 weiter gesponnen. „Den Rücken kehren“ und „Ausflüchte ergreifen“ sind das gebrandmarkte Gegenstück hierzu (8,15 f.; 13,13 ff.; 59,12).

Töten, Kampf, Kämpfen sind bevorzugte Formen des Sicheinsetzens. Formen des hier zugrunde liegenden Verbs „qatala“ begegnen oft im Koran, insgesamt gut 160-mal, allerdings auch ohne Zusammenhang mit Kampf. So tötet Moses einen Mann (20,40; 28,19.33); von den Gesandten heißt es, dass sie getötet wurden (2,87.91; 3,183), von Jesus, dass er nicht getötet wurde (4,157); die Gläubigen werden ermahnt, ihre Kinder nicht aus Angst vor Verarmung zu töten (6,151; 17,31) etc.

Im Übrigen ist zu bedenken, dass im Arabischen das Verb „kämpfen“ vom Verb „töten“ (qatala) als dessen dritter, Reziprozität beinhaltender Stamm (qātala) abgeleitet wird, ebenso das Substantiv „Kampf“ (qitāl). „Kämpfen“ heißt also im Arabischen „einander zu töten suchen“. Die ethisch-ritterlich-sportliche Nuance von „Kampf“ entfällt. Hiermit hängt es zusammen, wenn im Koran „Töten“ und „Kampf“ Hand in Hand gehen. So ist es in Sure 2, Vers 190–193:

> *„Und kämpft auf dem Weg Gottes gegen diejenigen, die gegen euch kämpfen […] Und tötet sie, wo immer ihr sie trefft, und vertreibt sie, von wo sie euch vertrieben haben. Denn Verführen ist schlimmer als Töten […] Kämpft gegen sie, bis es keine Verführung mehr gibt und bis die Religion nur noch Gott gehört.“*

Und so ist es auch in Sure 2,216 f.:

> *„Vorgeschrieben ist euch der Kampf, obwohl er euch zuwider ist […] Verführen wiegt schwerer als Töten.“*

Töten oder Getötetwerden, das ist die Alternative (9,111):

> *„Gott hat von den Gläubigen ihre eigene Person und ihr Vermögen dafür erkauft, daß ihnen das Paradies gehört, insofern sie auf dem Weg Gottes kämpfen und so töten oder getötet werden.“*

Tief blicken läßt auch folgender Vers (4,92):

> *„Es steht einem Gläubigen nicht zu, einen Gläubigen zu töten, es sei denn (es geschieht) aus Versehen. Wer einen Gläubigen aus Versehen tötet, hat einen gläubigen Sklaven zu befreien oder ein Blutgeld an seine Angehörigen zu übergeben.“*

Einen Ungläubigen zu töten zählt nicht. Es zählt nur der Gläubige, den man umbringt und den man füglich durch einen neuen vollzähligen Gläubigen ersetzen sollte, indem man einen gläubigen Sklaven befreit. Der Sinn für den Wert des Lebens scheint zu fehlen.

„Tötet sie, wo immer ihr sie (die ungläubigen Mekkaner) trefft", ist eine Formel für diese Haltung, die mehrfach begegnet (2,190; 4,89.91). In variierenden Formeln wird der Gedanke entwickelt, dass diejenigen, die auf dem Weg Gottes getötet werden, nicht wirklich tot sind, sondern das ewige Leben haben.

> *„Und wenn ihr (auf dem Weg Gottes) sterbt oder getötet werdet, so werdet ihr gewiß zu Gott versammelt werden." (3,150)*
> *„Und sagt nicht von denen, die auf dem Weg Gottes getötet wurden, sie seien tot." (2,154)*
> *„Halte diejenigen, die auf dem Weg Gottes getötet werden, nicht für tot. Sie sind vielmehr lebendig bei ihrem Herrn." (3,169)*
> *„Diejenigen, die ausgewandert sind […] und auf meinem Weg Leid erlitten haben, die gekämpft haben und getötet worden sind, werde Ich ihre Missetaten sühnen und sie in Gärten eingehen lassen, unter denen Bäche fließen." (3,195)*
> *„Und wer auf dem Weg Gottes kämpft und daraufhin getötet wird oder siegt, dem werden Wir einen großartigen Lohn zukommen lassen." (4,74)*

Hinter alldem steht eine radikale Abwertung des diesseitigen Lebens zugunsten des Jenseits. Das diesseitige Leben ist nur „Spiel und Zerstreuung", heißt es wiederholt, wobei diese Formel im Arabischen eine wirksame Alliteration enthält: „la'b wa lahwun".

In Sure 6,32 lesen wir:

> *„Das diesseitige Leben ist nur Spiel und Zerstreuung. Die jenseitige Wohnung ist gewiß besser für die, die gottesfürchtig sind. Habt ihr denn keinen Verstand?"*

Sure 47,36 lautet:

> *„Das diesseitige Leben ist nur Spiel und Zerstreuung. Wenn ihr glaubt und gottesfürchtig seid, läßt Er (Gott) euch euren Lohn zukommen."*

In Sure 57,20 steht zu lesen:

> *„Wißt ihr, daß das diesseitige Leben nur Spiel und Zerstreuung ist, Schmuck und Prahlerei und Wetteifern nach mehr Vermögen und Kindern."*

Immer wieder wird betont, dass das diesseitige Leben nur Nutznießung ist im Vergleich zur Bleibe des Jenseits.[19]

Die Gläubigen werden davor gewarnt, das diesseitige Leben mehr zu lieben als das Jenseits (9,38; 14,3; 16,107), nach den Gütern des diesseitigen Lebens zu trachten (4,94; 24,33), es zu begehren (11,15; 28,79) und es dem Jenseits vorzuziehen (79,38; 87,16).

Das diesseitige Leben wird wiederholt in einem ausgedehnten Vergleich mit dem Wasser verglichen, das die Natur vorübergehend aufsprießen und dann wieder verdorren läßt:

> *„Mit dem diesseitigen Leben ist es wie mit dem Wasser, das Wir (d. i. Gott) vom Himmel herabkommen lassen, worauf die Pflanzen der Erde, wie sie die Menschen und das Vieh verzehren, sich damit vermengen. Wenn dann die Erde ihren Prunk angenommen und sich geschmückt hat und ihre Bewohner meinen, sie verfügen nun über sie, kommt unser Befehl über sie in der Nacht oder am Tag, und Wir machen sie zum abgemähten Land."(10,24)*[20]

Was in christlichen Erbauungsbüchern vergangener Tage fromme Rhetorik blieb, das wird hier als Wort Gottes dem Gläubigen, durch formelhafte Wiederholungen wirkungsvoll gestützt, eingehämmert. Kein Wunder, dass manche Muslime auf den Gedanken verfallen, „das diesseitige Leben gegen das Jenseits (zu) verkaufen" (4,74), indem sie auf dem Weg, was sie für den Weg Gottes halten, kämpfen, um so das ewige Leben zu erkaufen. Nirgends allerdings ermuntert der Koran (und auch der Hadith nicht) dazu, als Selbstmordattentäter möglichst viele unschuldige Ungläubige, geschweige denn gläubige Iraker in den Tod zu ziehen.

Es ließen sich sicher noch zahlreiche andere Beispiele für Formelhaftigkeit im Koran anführen, die Schwurformeln zum Beispiel[21] und die vielen Formeln, die kaufmännisches Denken verraten, wie „Gott ist schnell im Abrechnen" (2,202; 3,19.199; 5,4; 13,41; 14,51; 24,39; 40,17), „Gott beschert den Lebensunterhalt, wem Er will, ohne (viel) zu rechnen" (2,212; 3,27.37; 24,38; 40,40), „böse Abrechnung" (13,18.21), „harte Abrechnung" (65,8), „leichte Abrechnung" (84,8) etc. Das Wort „Lohn" begegnet über 70-mal, und zahlreich sind die Wendungen mit „erkaufen" und „verkaufen" (2,16.41.79.90. 174.175; 3,177.187; 5,44.106; 9,9; 16,95). Wiederholt wird der Gläubige aufgefordert, Gott ein „schönes Darlehen" zu geben (d. i. zu spenden), für das ihm ein Vielfaches erstattet wird (2,245; 5,12; 57,11; 64,17; 73,20).

Anmerkungen zu Kapitel 6

1 Im Folgenden Belege und Angaben über Frequenzen nach:
Qur'ān karîm tafsîr wa bayān ma'a asbāb annazûl lil sayûti ma'a fahāris kāmila lil mawādi'a wa al-alfaḏ i'dād Dr. Muhammad Hasan al Humsi, Damaskus–Beirut o. J. und:
Al mu'djam al mujassar li alfāz al qur'ān al karîm hasab bidāyāt al kalima al Shaih Ibrāhim Ramadān, Beirut 1994.
Beides sind Konkordanzen zum Koran. Die erstgenannte ist sehr zuverlässig, geht aber streng von Verbformen aus, so dass man viele Substantive nicht findet und gar keine Namen.
Die zweitgenannte ist eine alphabetisch geordnete Wortkonkordanz, die nach meinen Erfahrungen nicht alle Belege verzeichnet.
Die Konkordanzen ergänzen sich aber optimal.

2 Dazu Navid Karmani, Gott ist schön. Das ästhetische Erleben des Koran, München 1999, S. 101 ff. – Karmani spricht mit guten Gründen von Poetizität des Korans. Gleichwohl scheint es mir wichtig, Mohammeds Stellungnahme gegen die Auffassung des Korans als Dichtung ernst zu nehmen. Sie wird durch den Sachverhalt gerechtfertigt, dass hier die zweifellos vorhandene Poetizität nicht selbstwerthaft ist, sondern streng einem Aussagewillen, genauer einem Offenbarungswillen dienend untergeordnet wird. Wer den Koran (nur oder überwiegend) ästhetisch erlebt, geht am Wesen, anders ausgedrückt an der Funktion des Textes vorbei.

3 A. Th. Khoury, a. a. O., Bd. 7, S. 278.

4 Vgl. noch 2,276; 3,140.146.149; 4,107.148; 5,42.64; 6,141; 7,31; 8,58; 9,4.7; 16,23; 28,76; 30,45; 49,9; 60,8.

5 Vgl. allein in Sure 2 die Verse 19, 29, 72, 85, 110, 140, 149, 215, 227, 244, 256, 261, 268, 271, 273, 282 f.

6 Vgl. wiederum allein in Sure 2 die Verse 20, 106, 119, 129, 209, 213, 220, 228, 240, 260, 263 f., 267.

7 Vgl. in Sure 2 die Verse 37, 52, 105, 128, 143, 160, 173, 182, 207, 218, 226, 252.

8 Vgl. etwa 2,163; 3,6.18.158; 4,87; 6,106; 7,65.73.85; 11,14.50; 13,30; 16,7.22.51; 20,14; 21,25.87.108; 23,23.91; 37,4.35; 39,4.6; 40,3.65; 41,6; 44,8; 59,22; 64,13; 73,9; 112,1.

9 Belegstellen bei A. Th. Khoury, a. a. O., Bd. 2, S. 87.

10 Vgl. 9,26 sowie 48,26.

11 Vgl. noch 3,175; 5,23.51.112; 6,118; 7,85; 8,1; 9,13; 11,62.86; 24,17; 57,8.

12 Vgl. noch 4,84.124.146; 8,60; 9,72; 10,87; 17,9; 18,2; 33,35; 37,81,111,122.132; 40,40; 48,5; 57,12.

13 „haqq" kann auch „Recht" und „Verpflichtung" bedeuten; dazu Kap. 7.

14 Vgl. noch: 4,122; 5,12.85.119; 9,21.72.89.100; 10,9; 13,23; 14,23; 15,45; 16,30 f.;

18,31.107; 19,60 ff.; 20,75 f.; 22,14.23.56; 25,10; 30,15; 31,8; 32,19; 35,33; 40,8; 42,22; 47,12; 48,5.17; 51,15; 52,17; 54,54; 56,89; 57,12; 58,22; 61,12; 64,9; 65,11; 66,8; 68,34; 70,35; 71,12; 74,40; 85,11; 98,8.

15 Vgl. 38,49–52; 43,71–73; 47,15; 56,11–26; 88,8–16.

16 Vgl. noch mit ähnlicher Formel 8,16; 3,162; 2,61.

17 In diesem Fall die in Anm. 1 zweitgenannte.

18 Vgl. An-Nawawi, Riyād-us-Sâlihîn (Gärten der Tugendhaften), Teil I, Garching und München 1996, S. 11, Hadith 8.

19 Vgl. dazu 3,14.185; 6,70.130; 9,38; 10,23; 13,26; 20,131; 28,60 f.; 31,33; 40,39; 42,36; 45,35.

20 Das Wasser als Gleichnis des Lebens auch in 18,45 und 57,20.

21 Dazu Rudi Paret, Mohammed und der Koran, a. a. O., S. 55 f.

7. Von Formeln und Motiven des Korans zu den Themen des Hadith

Der Koran ist für den Muslim oberste Richtschnur jeglichen Verhaltens, er ist seine „Rechtleitung“ (hudā). Das Gleiche gilt, zumeist in abgeschwächtem Maße, für den Hadith. Er verdeutlicht in der Regel das im Koran Gemeinte. So kommt es, dass im Koran verbreitet anzutreffende Motive wie das des Gottvertrauens, der Geduld, des Fastens, des Tuns guter Taten und viele andere mehr dort breit entwickelt und im Hinblick auf die Praxis spezifiziert werden. Koran und Hadith ergeben miteinander ein dichtes Netz von Geboten und Verboten, die das gesamte religiöse und soziale Leben des Muslim regeln.

Die Hadithe, auch die gut überlieferten, sind so zahlreich, dass es nicht möglich ist, dieser Vielfalt hier gerecht zu werden. Die Sammlung, die ich meinen Ausführungen zugrunde lege, der Riyād us Sālihīn (Gärten der Tugendhaften), umfasst nicht weniger als 1896 solcher Texte, wobei diese oft recht ausführlich, mehrere Seiten lang sind. Sie erzählen dann Begebenheiten und Anlässe, bei denen der Prophet Aussprüche getan hat. Das Wort „Hadith“ bedeutet „Mitteilung, Erzählung“. Es wird auch im alltäglichen Gebrauch verwendet. Im religiösen Bereich bezeichnet es gut überlieferte Erzählungen von Aussprüchen und Lebensweisen des Propheten

Die einzelnen Hadithe bestehen aus der Nennung der Kette von Gewährsmännern, die sie überliefert haben (Sanad oder Isnād), und dem Text (matn) des Hadith.[1] Ein in den Sammlungen von Al-Bukhāri und Muslim enthaltener Hadith mag das erläutern. Es ist der Hadith 26 der von mir verwendeten Sammlung.

Abu Sa'īd Sa'd ibn Mâlik ibn Sinân al-Khudri (r)[2] überliefert, dass einige Leute aus den Reihen der *Ansâr* den Gesandten Allahs (s)[3] baten, ihnen etwas zu geben, und er gab es ihnen. Sie baten erneut, und er gab ihnen, so lange, bis nichts mehr übrig blieb. Dann sagte er zu ihnen: „Solange mir etwas verbleibt, zögere ich nicht, es euch zu geben. Erinnert euch aber: Wer Reinheit begehrt, so macht Allah ihn rein; und wer sich zufriedengibt (mit dem was er hat), den wird Allah bereichern; und wer sich geduldet, dem wird Allah Geduld schenken. Kein Geschenk ist besser und umfangreicher für einen von euch als die Geduld.“

Der Prophet gibt hier den Ansar, den „Helfern", d. h. den zuverlässig zum Islam übergetretenen Medinensern ein Beispiel seiner großherzigen Hilfsbereitschaft, gibt ihnen aber auch zu bedenken, dass es Gott wohlgefälliger ist, Geduld zu üben, sich mit dem zufriedenzugeben, was man hat.

Der Hadith exemplifiziert so, was im Koran (vgl. 3,200; 2,155; 42,43) gesagt ist. Es soll im Folgenden ein repräsentativer Einblick in die Themen des Hadith und deren ableitende Weiterführung, Präzisierung und Illustration von Formeln und Motiven des Korans gegeben werden.

Ein außerordentlich häufig im Koran anzutreffender, dort zu formelhaften Wendungen stattgebender Motivkomplex ist der von Vertrauen und Geduld. Von ihm ausgehend wird dieses Thema im Hadith entfaltet und expliziert.

„Vertrauen auf" (tawakkala ʿalā) begegnet im Koran an die vierzigmal, wobei diese Rekurrenz noch durch das zwanzigmal vorkommende Substantiv „Sachverwalter" (wakîl), das vom gleichen Verb abgeleitet ist, verstärkt wird. „Sachverwalter" meint eben den, auf den man in seinen Angelegenheiten sein Vertrauen setzt und setzen kann. Dieser „Sachverwalter" ist in jedem Fall Gott, und auch bei „vertrauen auf" geht es immer um das Gottvertrauen.

Dieses Gottvertrauen gibt im Koran Anlass zu zahlreichen formelhaften Wendungen. In Sure 11,88 lesen wir: „Durch Gott allein wird mir das Gelingen beschieden. Auf Ihn vertraue ich und Ihm wende ich mich reumütig zu." Sure 13,30 lautet: „Er ist mein Herr. Es gibt keinen Gott außer Ihm. Auf Ihn vertraue ich und Ihm wende ich mich zu." In Sure 42,10 heißt es: „Das ist eben Gott, mein Herr. Auf ihn vertraue ich, und zu Ihm wende ich mich reumütig."

Die Wendung „auf Gott sollen die Gläubigen vertrauen" begegnet siebenmal (14,11; 3,122.160; 5,11; 9,52; 58,10; 64,13). Vergleichbar lauten Sure 14,12: „Auf Gott sollen die vertrauen, die (überhaupt auf jemanden) vertrauen", und Sure 5,23: „und auf Gott sollt ihr vertrauen, so ihr Gläubige seid". In fünf weiteren Fällen begegnet die Wendung „auf ihren Herrn vertrauen" (8,2; 16,42.99; 29,59; 42,36). Der Imperativ „vertrau!" gibt Anlass zu folgenden Variationen: „Vertrau auf Gott. Gott genügt als Sachverwalter" (4,81; 33,3.48); „vertrau auf Gott. Er ist der, der alles hört und weiß" (8,61); „vertrau auf Gott. Gott liebt ja die, die vertrauen" (3,159); „So vertrau auf Gott. Du folgst der offenkundigen Wahrheit." (27,79)

Im Hadith wird dieses Gottvertrauen ausgemalt und spezifiziert. Im Hadith 77 der mir vorliegenden Sammlung lesen wir: „Ins Paradies werden Völker eintreten, deren Herzen wie die Herzen von Vögeln sind. Man sagt, dies seien diejenigen, die auf Allah vertrauen." Im Hadith 79 heißt es: „Wenn ihr aufrichtig auf Allah vertraut, wird Er für euren Lebensunterhalt sorgen, wie Er auch für die Vögel sorgt." Im Hadith 80 wird das Gottvertrauen zu einem

Gebet ausgebaut: „Wenn du dich schlafen legst, dann sprich: ‚O Allah, Dir vertraue ich meine Seele an, auf Dich sammle ich meine Gedanken, und ich überlasse meine Angelegenheiten Deiner Obhut. Zu Dir nehme ich meine Zuflucht.'" Im Hadith 83 wird das Gottvertrauen mit Gottes Macht begründet: „Auf Allah vertraue ich, denn es gibt keine Macht noch Kraft außer bei Allah."

„Geduld, geduldig sein" (sabr, sabara), ein Leitmotiv des Korans, das dort etwa hundertmal vorkommt, wird im Hadith ebenfalls ausgeschmückt und exemplifiziert. Im Übrigen wäre es verfehlt anzunehmen, dass die Geduld im Koran eine passive Eigenschaft meine. Geduld geht dort vielmehr mit fester Entschlossenheit und Standhaftigkeit überein. Sie meint das entschlossene Vertrauen auf Gott und das beharrliche Festhalten am Glauben und an der Rechtleitung durch den Koran. So heißt es in Sure 42,43: „wenn einer geduldig ist und vergibt, so gehört dies zur Entschlossenheit in den Anliegen." In Sure 3,200 werden die Muslime aufgefordert: „seid geduldig und miteinander standhaft und einsatzbereit." Es ist kein Zufall, wenn vom Verb „geduldig sein" (sabara) das Adjektiv „standhaft" (sābiran) abgeleitet wird, dem man beispielsweise in Sure 3,125, 16,110 und 18,69 begegnet.

Welch herausragende Stellung die so gemeinte Geduld unter den muslimischen Tugenden einnimmt, unterstreichen zahlreiche Hadithe. „Kein Geschenk ist besser und umfangreicher für einen von euch als die Geduld" (Hadith 26); „Das Gebet ist ein Licht, Almosen sind ein Beweis (der Frömmigkeit), Geduld ist der Glanz" (Hadith 25). Ein einprägsames Beispiel für Geduld üben bietet Hadith 32: „Es gibt keine andere Belohnung von Mir für Meinen gläubigen Diener, wenn ich seinen besten Freund von den Bewohnern dieser Welt zu Mir genommen habe und er dies mit Geduld trägt, als das Paradies."

Andere Hadithe exemplifizieren den hohen Stellenwert der Geduld durch kleine Erzählungen. Dabei wird überdeutlich, dass diese Geduld nichts mit „abwarten und Tee trinken" zu tun hat. Sie kann allerdings sehr wohl den Charakter eines Erduldens von Leiden annehmen, wie die Hadithe 33–39 verdeutlichen. Hadith 35 beispielsweise erzählt von einer Epileptikerin, die, wenn sie einen Anfall hatte, ihren Körper entblößte. Sie geht zum Propheten und bittet ihn, für sie zu Allah zu beten. Der Prophet sagt darauf: „Wenn du es vorziehst, geduldig zu sein, wann immer du von deinem Leiden gequält wirst, wirst du ins Paradies gelangen. Wenn du jedoch wünschst, dass ich für dich bete, wird Allah dich heilen." Sie sagte: „Ich werde es mit Geduld tragen, doch bete bitte, dass mein Körper sich nicht enthüllt, wenn ich einen Anfall habe."

Das ist die rechte Haltung. In Hadith 39 heißt es: „Wenn Allah einen Menschen begünstigen will, macht Er dies, indem Er ihm eine Härte auferlegt." Im Hadith 43 lesen wir Ähnliches: „Wenn Allah einen seiner Diener begünstigen will, so lässt Er ihn im Diesseits leiden." Im Leiden gilt es Geduld zu üben, Gottes Willen anzunehmen.

Gutes tun ist ein weiteres Leitmotiv des Korans, das im Hadith spezifiziert wird. Der Koran begnügt sich diesbezüglich mit der abstrakten Formel „Gutes tun" (ʿalima sālihan). So heißt es in Sure 2, Vers 62: „die an Gott und den Jüngsten Tag glauben und Gutes tun, erhalten ihren Lohn bei ihrem Herrn". Sure 5,69 verkündet: „die an Gott und an den Jüngsten Tag glauben und Gutes tun, haben nichts zu befürchten." In Sure 18,85 liest man: „Wer aber glaubt und Gutes tut, für den ist das Beste als Lohn bestimmt". Sure 20,82 verspricht dem, „der umkehrt und glaubt und Gutes tut und dann der Rechtleitung (durch den Koran) folgt, daß Gott voller Vergebung für ihn ist".

Beachten wir, dass dabei Gutes tun immer im Verband von „glauben" und oft auch „umkehren" und „sich Gott zuwenden" steht. Es ist nicht für sich gesehen verdienstvoll, sondern nur, wenn es aus einer Haltung des Glaubens heraus erfolgt.

Der Hadith zeigt an allerlei Beispielen, wie man Gutes tun kann bzw. wie man Almosen (sadaqa) gibt, ein Begriff, der sich mit dem des Gutestuns überschneidet. Im Hadith 121 heißt es: „Verachte niemals auch nur die kleinste Kleinigkeit einer guten Tat; sogar deinen Bruder (Mitmenschen) mit einem fröhlichen Gesicht zu treffen (zählt als gute Tat)." Hadith 122 berichtet folgende Worte des Propheten: „Wenn du Gerechtigkeit zwischen zwei Parteien stiftest, so zählt dies als Sadaqa. Jemandem zu helfen, sein Reittier zu besteigen, ist Sadaqa, oder ihm beim Beladen seines Tieres zu helfen, ist Sadaqa, ein freundliches Wort ist Sadaqa, jeder Schritt, der zum Gebet führt, ist Sadaqa, etwas vom Weg zu beseitigen, was ein Hindernis bildete, ist Sadaqa."

Im Hadith 126 fragt man den Propheten, ob wir auch für Freundlichkeit gegenüber Tieren belohnt werden, und er antwortet: „Es gibt Belohnung für Freundlichkeit gegenüber jedem Lebewesen." In einer anderen Version des Hadith 126 wird von einer Prostituierten erzählt, die sah, wie ein Hund voller Durst den Rand eines Brunnens umkreiste. Sie ließ ihren Lederstrumpf in den Brunnen hinab, zog etwas Wasser herauf und gab dem Hund zu trinken. Dann heißt es: „Ihr wurde aufgrund dieser Tat vergeben." Man wird anlässlich solcher Beispiele an Sure 99,7 erinnert, wo es heißt: „Und wer Gutes im Gewicht eines Stäubchens getan hat, wird es (am Tag des Gerichtes) sehen".

Nach Hadith 118–120 zählt es schon als eine Form des Gutestuns oder des Almosengebens, wenn man eine der unter Muslimen viel verwendeten Formeln spricht wie Alhamdu lillāh (Gott sei gelobt), Lā allahu illā-llāh (Es gibt keinen Gott außer Gott) oder Allahu akbar (Gott ist der Größte). Laut dem Hadith 138 gibt es vierzig Arten guter Taten, „von denen die höchste die ist, eine Milch gebende Ziege auszuleihen. Wer auch immer eine dieser Taten vollbringt, in der Hoffnung auf Belohnung und der Zuversicht darauf, den wird Allah ins Paradies eintreten lassen."

Hadith 139 empfiehlt:

> *„Deshalb schützt euch gegen das Höllenfeuer, wenn es auch nur durch das Geben einer halben Dattel (als Sadaqa) sei, und wenn selbst das nicht vorhanden ist, durch das Sprechen eines angenehmen Wortes."*

Es fällt auf, dass in all diesen Fällen Lohn in Aussicht gestellt wird. Das treibende Motiv ist weniger Nächstenliebe oder im Fall des Hundes Tierliebe, als die Aussicht auf Entlohnung durch Gott. Deshalb heißt es im Koran in den Suren 41 (Vers 46) und 45 (Vers 15): „Wer Gutes tut, tut es zu seinem eigenen Vorteil."

Das gilt auch für denjenigen, der sich der Waisen und Bedürftigen annimmt. Nach Hadith 263 hat der Prophet gesagt: „Ich und einer, der sich einer Waise annimmt, gleich ob er mit ihr verwandt ist oder ihr fremd, werden wie diese (Zeigefinger und Mittelfinger) im Paradies sein." Laut Hadith 265 sagte der Prophet: „Denjenigen, der für verwitwete Frauen und Bedürftige sorgt, belohnt Allah wie den Mudschāhid, der um Allahs willen kämpft." Im Hadith 171 fordert der Prophet die Leute auf: „Jeder von euch soll Sadaqa geben, von seinem Geld, seiner Kleidung, Getreide und Datteln".

Als eine gute Tat, die ihren (himmlischen) Lohn bringt, gilt es auch, wenn man Töchter aufzieht und sie gut behandelt (Hadith 268) – unerwünschte Töchter wurden oft nach der Geburt lebendig begraben.

Mohammed ist so in allem das große Vorbild: „Ihr habt im Gesandten Gottes ein schönes Vorbild, (und zwar) für jeden, der auf Gott und den Jüngsten Tag hofft und Gottes viel gedenkt." So verkündet es der Koran (33,21). Die Hadithe wenden das auf alles an, was der Prophet gesagt und getan hat bis hin zu seinen Tischmanieren, seiner Kleidung, seinen Schlafsitten und seiner Art des Grüßens.

So begann der Prophet nie zu essen, ohne vorher „im Namen Gottes" (Bismillāhi) zu sprechen und so Gottes Segen auf das Essen herabzurufen. Eine Anekdote erzählt, wie er einem Mädchen, das sich gleich aufs Essen stürzen wollte, die Hand so lange festhielt, bis es das „im Namen Gottes" gesprochen hatte (Hadith 731). Und da der Prophet nie etwas an dem auszusetzen hatte, was ihm vorgesetzt wurde (Hadithe 736, 737), soll es auch der Muslim so halten. Weiter pflegte er ein Essen nie von der Mitte des Tellers aus zu essen, sondern vom Rand beginnend (Hadith 744). Er begründet das mit folgenden Worten: „Der Segen kommt auf das Essen von seiner Mitte her (dann breitet er sich aus), esst also von der Seite her und beginnt nicht von der Mitte aus zu essen."

Hadith 748 berichtet, dass der Gesandte Allahs gesagt habe: „Wenn jemand von euch gegessen hat, soll er seine Finger nicht abwischen, bis er sie abgeleckt hat." Hadith 749 berichtet von Ka'b ibn Mālik, er habe den Gesandten Allahs mit drei Fingern essen gesehen, und wenn er (mit dem Essen) fertig war, pflegte er sie abzulecken." Hadith 753 berichtet: „Der Gesandte Gottes pflegte beim Essen drei Finger abzulecken und zu sagen: ‚Wenn einem von euch ein Bissen (auf den Boden) fällt, soll er ihn aufheben, ihn von Staub etc. reinigen und ihn essen, und ihn nicht dem Satan lassen.' Und er empfahl uns, die Schüssel abzulecken, und sagte: ‚Ihr wisst nicht, in welchem Teil der Speise Segen steckt.'"

Zu bedenken ist bei alldem, dass man in den arabischen Ländern mit der Hand, mit Daumen, Zeigefinger und Mittelfinger der rechten Hand zu essen pflegte, auch beispielsweise Fleisch. Und diese Sitte ist auch heute noch dort anzutreffen. Im Koran ist zwar viel von Essen die Rede, wobei terminologisch kein Unterschied zwischen Mensch und Tier gemacht wird, aber man findet dort nirgends Anweisungen zu Tischmanieren. Zum Fastenbrechen heißt es dort beispielsweise: „Und eßt und trinkt, bis ihr in der Morgendämmerung den weißen Faden vom schwarzen Faden unterscheiden könnt" (2,187). Wohl aber hält der Koran fest, dass man vor dem Essen das Tischgebet zu sprechen hat: „Eßt von dem, worüber der Name Gottes ausgesprochen worden ist" (6,118). Darin liegt angelegt, dass man das einmal gesegnete Essen zu respektieren habe. Im Übrigen aber scheint sich der Prophet beim Essen und Trinken genauso verhalten zu haben wie die anderen, auch die Ungläubigen. Deren Vornehme sagten: „Dieser ist nur ein Mensch wie ihr. Er ißt von dem, was ihr eßt, und trinkt von dem, was ihr trinkt." (23,32 f.)

Auch von den Trinksitten Mohammeds handelt der Hadith, und die Muslime sollten seinem Beispiel folgen. So wird in Hadith 757 berichtet, dass der Gesandte dreimal zu atmen pflegte, wenn er Wasser trank. Das heißt, er atmete außerhalb des Gefäßes, atmete nicht in es hinein. Entsprechend überliefert Hadith 766, dass der Prophet verboten habe, ins Trinkgefäß zu atmen oder zu husten. Hadith 758 präzisiert: „Trinkt nicht in einem Zug, wie ein Kamel, sondern trinkt, indem ihr zwei oder dreimal absetzt. Sprecht ‚Bismillāh' (Im Namen Gottes), wenn ihr trinkt, und ‚Alhamdu lillāh' (Lob sei Gott), wenn ihr aufhört."

Das Verbot, aus goldenen und silbernen Trinkgefäßen zu trinken (Hadith 777, 809), hat seinen koranischen Ursprung wohl darin, dass dort davor gewarnt wird, Gold und Silber zu horten: „Denjenigen, die Gold und Silber horten und es nicht auf dem Weg Gottes spenden, verkünde eine schmerzhafte Pein.“ (9,34)

Auch hinsichtlich der Kleidung ist Mohammed das große Vorbild. Im Koran wird das Wort „Kleidung“ meist nur im übertragenen Sinn gebraucht. „Die Frauen sind euch eine Bekleidung“, heißt es da beispielsweise (2,187). Auch ist vom Kleid des Hungers (16,112) und vom Kleid der Nacht (25,47) die Rede. Von der Kleidung im konkreten Sinn von Textilien heißt es im Koran nur einmal relativ abstrakt und allgemein: „Wir haben auf euch Kleidung herabgesandt, die eure Blöße bedeckt, und auch Prunkgewänder. Aber die Kleidung der Gottesfurcht, die ist besser.“ (7,26) Der Hadith jedoch handelt ausführlich und detailfreudig von diesem Aspekt.

Laut Hadith 779 hat Mohammed gesagt: „Tragt weiße Kleidung, denn sie ist von aller Kleidung die beste, und verhüllt eure Toten darin.“ Im Hadith 789 wird berichtet, „dass sich der Gesandte Allahs am liebsten mit einem (langen) weißen Hemd kleidete“. In den arabischen Ländern kann man auch heute noch viele mit einem langen weißen Hemd gewandete Männer sehen, vor allem in ländlichen Regionen und bei Leuten, die vom Land in die Stadt kommen. Hierzulande treten oft islamische Würdenträger, Schaichs, bei diplomatischen Empfängen so auf. Da, wo die islamische Tradition greift, findet man also vorzugsweise diese Bekleidung.

Genau wird festgestellt und damit zum Vorbild erklärt, dass die Ärmel dieses Hemdes bei Mohammed bis zum Handgelenk reichten (Hadith 790) und dass das Gewand dementsprechend (bei Männern) nicht über die Knöchel fallen darf. Der Prophet habe gesagt: „Was vom Gewand über die Knöchel reicht, ist für das Höllenfeuer bestimmt.“ (Hadith 793) Der Hadith 799 wird noch genauer: „Das Gewand eines Muslim sollte bis zur Mitte seiner Waden reichen, und es ist keine Sünde, wenn es zwischen Wade und Knöchel reicht. Und was unter die Knöchel reicht, ist für das Höllenfeuer.“ Auch das Haar soll nicht lang getragen werden. Der Prophet hat laut Hadith 798 gesagt: „Was für ein guter Mensch wäre Khuraim al-Asadi, wenn er seine Haare nicht so lang tragen, und sein Gewand nicht auf den Boden hängen ließe.“

Auch der Stoff der Kleidung interessiert. Den Männern ist es gemäß Hadith 804 (und auch 806, 808) verboten, Kleider aus Seide zu tragen. Der Gesandte Allahs habe gesagt: „Tragt keine Seide, denn wer sie in dieser Welt trägt, wird sie nicht im Jenseits tragen.“ Das gilt allerdings, wie gesagt, nur für Männer. Wie denn überhaupt zu beobachten ist, dass sich der Hadith fast ausschließlich mit den Männern befasst. Der Koran schenkt den Frauen mehr Aufmerksamkeit.

Neben weißer Kleidung trug der Prophet, wie der Hadith 781 zu berichten weiß, auch rote: „Der Prophet war von mittlerer Körpergröße, und ich sah ihn in roter Kleidung. Ich habe nie jemand Schöneres als ihn gesehen." Laut Hadith 783 wurde der Prophet auch in zwei grünen Kleidungsstücken gesehen. Weiß, Rot und Grün sind im Islam die bevorzugten Farben für Kleidungsstücke von Männern; was freilich nur noch da greift, wo die Tradition lebendig ist.

Dem Grüßen kommt schon im Koran große Bedeutung zu. „O ihr, die ihr glaubt, betretet nicht Häuser, die nicht eure (eigenen) Häuser sind, bis ihr euch bemerkbar gemacht und ihre Bewohner begrüßt habt." (24,27) „Wenn ihr nun Häuser betretet, so grüßt einander mit einem gesegneten, guten Gruß, der von Gott kommt" (24,61). „Wenn ihr mit einem Gruß begrüßt werdet, dann grüßt mit einem noch schöneren Gruß, oder erwidert ihn." (4,86)

Im Hadith wird diese Aufforderung zum Grüßen präzisiert und erläutert. Im Hadith 850 wird von einem Mann erzählt, der auf den Markt geht, um jeden kleinen Ladenhalter, jeden Händler und jeden Armen, den er trifft, mit dem Friedensgruß zu grüßen. Im Hadith 851 wird aus dem Munde des Propheten eine interessante Rechnung aufgestellt: „Ein Mann kam zum Propheten und sagte: ‚As-salāmu alaikum' (der Friede sei mit euch). Er beantwortete den Gruß, und der Mann setzte sich. Da sagte der Prophet: ‚[Das entspricht der Belohnung von] Zehn.' Da kam noch ein Mann und sagte: „As-salāmu alaikum wa rahmatu-llāh' (der Friede sei mit euch und die Barmherzigkeit Allahs). Er beantwortete den Gruß, und der Mann setzte sich. Da sprach der Prophet: ‚[Das entspricht der Belohnung von] Zwanzig.' Da kam ein weiterer [Mann] und sagte: ‚As-salāmu alaikum wa rahmatu-llāhi wa barakātuh' [der Friede sei mit euch und die Barmherzigkeit Allahs und Sein Segen]. Er beantwortete den Gruß, und der Mann setzte sich. Der Prophet sagte: ‚[Das entspricht der Belohnung von] Dreißig.'" Mohammed bewertet so die Grußformeln ihrer Länge und ihrem Gewicht nach als entsprechende Belohnung versprechende Taten.

Nach Hadith 858 hat der Gesandte Allahs gesagt: „Derjenige von den Menschen steht Allah am nächsten, der sie [die Menschen] immer zuerst begrüßt." Hadith 860 empfiehlt, sich erneut zu grüßen, wenn man zwischendurch getrennt wurde: „Wenn jemand von euch einen Bruder trifft, soll er ihn grüßen. Auch wenn die beiden durch einen Baum, eine Mauer oder einen Felsen voneinander getrennt werden, und sie sich dahinter wieder treffen, so sollen sie sich erneut grüßen."

Im Umgang mit Juden und Christen gilt diese Regel nicht. Gemäß Hadith 866 soll der Gesandte Allahs gesagt haben: „Seid nicht die ersten, die den Juden und den Christen den Friedensgruß entbieten."

Genau wird im Hadith 880 festgelegt, wie man sich zu verhalten hat, wenn jemand niest. „Wenn einer von euch niest und Allah lobt (indem er alhamdu lillāh sagt), sollt ihr ihm Yarhamuk Allah (Allah erbarme sich deiner) antworten, doch wenn er Allah nicht lobt, braucht ihr nicht zu antworten." Kurioserweise soll laut Hadith 878 Mohammed gesagt haben, dass Allah das Niesen liebt und das Gähnen verabscheut. Damit hängt es auch zusammen, wenn der Muslim nach dem Niesen Alhamdu lillāh sagt: Gott sei Dank hat er genießt! Das Niesen ist ein Segen! Hadith 887 weiß zu berichten, dass Mohammed gesagt habe: „Wenn sich zwei Muslime treffen und sich die Hand geben, werden ihnen ihre Sünden vergeben, bevor sie sich (voneinander) trennen."

Keine direkten koranischen Vorformen weist der Hadith zu Krankenbesuchen, Teilnahme am Begräbniszeremoniell und Verweilen am Grab auf. Diese frommen Pflichten dürften im arabischen Raum so selbstverständlich gewesen sein, dass sie nicht ausdrücklich im Koran erwähnt zu werden brauchten. Auch umfasst der im Koran gut repräsentierte Begriff des Gutestuns sicher auch diesen Bereich. Der Koran war zu sehr auf fundamentale religiöse Phänomene und Pflichten fokussiert, um sich diesem gesellschaftlichen Aspekt des Islam zu widmen.

Kranksein wird deswegen im Koran vorzugsweise als seelisches Kranksein, etwa der „Heuchler", thematisiert[4] oder als ein Umstand, der legitimermaßen die Pflichten eines Muslim reduzieren kann[5]. Der Tod als ein Absterben, dem dank der Allmacht Gottes ein erneutes Belebtwerden folgt[6] oder, bei den Muslimen, die im Kampf auf dem Weg Gottes gefallen sind, als ein Tod, der in Wirklichkeit Leben bedeutet.[7] Lediglich einmal gibt der Text zu erkennen, dass es üblich ist, über den Toten zu beten und an ihrem Grab zu stehen, und zwar, als die Muslime aufgefordert werden, nicht über dem Grab dessen zu beten, der ohne triftigen Grund nicht am Kampf teilgenommen hat, und nicht an seinem Grab zu stehen (9,84).

Der Hadith aber nimmt sich ausgiebig dieses Themenkomplexes an. Er hat hier wie immer die Praxis, die Umsetzung der Lehren des Korans im Blick. Im Hadith 894 lesen wir:

> *„Der Gesandte Allahs hat uns aufgetragen, den Kranken zu besuchen, am Begräbniszeremoniell teilzunehmen, dem Nießenden Gottes Erbarmen zu wünschen […] den Unschuldigen zu unterstützen, der Einladung nachzukommen und den Friedensgruß zu verbreiten."*

Entsprechend heißt es im Hadith 895:

> *„Der Gesandte Allahs hat gesagt: ‚Fünf Pflichten hat der Muslim gegen-*

über seinem Glaubensbruder: Er ist verpflichtet, den Gruß zu erwidern, den Kranken zu besuchen und dem Begräbniszug zu folgen, der Einladung nachzukommen und dem Nießenden Gottes Erbarmen zu wünschen.'"

Nach Hadith 896 hat Mohammed gesagt: „Allah, der Mächtige und Erhabene, wird am Tag der Auferstehung dem Menschen vorhalten: ‚O Kind Adams! Ich erkrankte, doch du besuchtest mich nicht!' Er wird antworten: ‚O mein Herr! Wie hätte ich dich besuchen können, wo Du doch der Herr der Welten bist?' Allah wird erklären: ‚Hast du denn nicht erfahren, dass mein Diener Soundso krank war, und du ihn nicht besuchtest? Hast du denn nicht gewusst, wenn du ihn besucht hättest, hättest du Mich bei ihm gefunden!'" – Die Nähe zu Matthäus 25,35 ff. ist hier nicht zu übersehen.

Laut Hadith 897 hat Mohammed gesagt: „Besucht den Kranken, speist den Hungrigen und befreit den Kriegsgefangenen!" Im Hadith 899 wird berichtet: „Ich hörte den Gesandten Allahs sagen: ‚Es gibt keinen Muslim, der seinen kranken Glaubensbruder morgens besucht, ohne dass siebzigtausend Engel ihn bis zum Abend segnen.'"

Weitere Hadithe behandeln Bittgebete für denjenigen, der keine Hoffnung mehr auf ein Weiterleben hat; die Art und Weise, wie man mit den Angehörigen der Kranken umgehen soll; was dem Kranken erlaubt ist; wie man die Sterbenden sanft unterweisen soll; dass man die Toten beweinen darf; dass die Teilnahme der Frauen am Trauerzug unerwünscht ist etc.

Auch die Etikette des Reisens, der zahlreiche Hadithe gewidmet sind, ist im Koran nicht zu finden. Es finden sich dort nur einige vergleichsweise abstrakte Stellen, an denen es um Lizenzen geht, die der Koran den Reisenden einräumt. So lesen wir mehrmals „Wer von euch krank ist oder sich auf einer Reise befindet" (2,184.185; 4,43; 5,6); ähnlich heißt es in 2,283: „Und wenn ihr auf einer Reise seid".

Im Hadith jedoch werden ganz konkrete Umstände und Empfehlungen behandelt: dass der Prophet vorzugsweise am Donnerstag zu einer Reise aufbrach (Hadith 956) und hierzu den frühen Morgen bevorzugte (Hadith 957); dass der Prophet empfohlen habe, mit einem Begleiter zu reisen (Hadith 958); dass, wenn man zu dritt reist, einer der Führer sein solle (Hadith 960). Die ganze Erfahrung des Reisens in arabischen Landen kommt hier zum Tragen. So soll der Gesandte Allahs laut Hadith 962 gesagt haben: „Wenn ihr durch fruchtbare Gegenden reist, so gebt den Kamelen ihren bestimmten Anteil am Boden [d. h., lasst sie zwischendurch weiden], und wenn ihr durch die Dürre reist, dann eilt damit, und schont ihr Gehirn, und wenn ihr übernachtet, meidet die [Land-]Straßen, denn sie sind die Wege der Reittiere und Herberge für Reptilien und Ungeziefer." Leuten, die gewohnt waren, sich beim Lagern in den Schluchten zu verteilen, sagte gemäß Hadith 965 der Prophet: „Eure Zerstreuung ist [ein Werk] des Satans."

Im Hadith 966 beweist Mohammed Mitgefühl mit den Kamelen (er hat, wie gesagt, sehr an seiner eigenen Kamelstute gehangen). Als er an einem abgemagerten Kamel vorbeikam, sagte er: „Fürchtet Allah! Kümmert euch um die Rechte dieser stummen Tiere, so pflegt sie gesund, sodass sie euch als Reit- oder Schlachttiere dienlich sind." Im folgenden Hadith wird erzählt, dass der Prophet eines Tages ein Kamel fand, „welches stöhnte und dessen Tränen flossen, als es den Gesandten Allahs erblickte. Der Prophet ging zu ihm, streichelte seinen Höcker und kraulte es hinter den Ohren, bis es sich beruhigte, dann fragte er: ‚Wem gehört dieses Kamel?' Ein junger Anßaariy trat vor und sagte: ‚Es ist meins, o Gesandter Allahs.' Er sagte: ‚Fürchtest du Allah nicht ob dieses Tieres, welches Allah dich besitzen ließ? Fürwahr klagt es bei mir, dass du es hungern lässt und es überbeanspruchst.'"

Auch einen Blick für die Bedürfnisse von Mitreisenden sollte man haben. Hadith 969 referiert folgende Worte des Propheten: „Wer auch immer ein Reittier erübrigen kann, sollte es demjenigen, der es nötig hat, schenken, und wer von seiner Wegzehrung etwas erübrigen kann, sollte es demjenigen, der keine hat, weitergeben." Der Prophet selbst bewies seinen Blick für den Mitmenschen. Hadith 971 berichtet: „Der Gesandte Allahs pflegte in der Nachhut zu weilen, um den Schwachen sanft anzutreiben, ihn auf einem Reittier mitzunehmen und für ihn zu beten."

Ausführlich widmet sich der Hadith den Vorzügen des Koranlesens, des Gebetes und der Waschung vor dem Gebet. Laut Hadith 993 hat der Gesandte Allahs gesagt: „Der Beste unter euch ist derjenige, der den Qurān studiert und weiter gelehrt hat." Gemäß Hadith 996 hat der Prophet gesagt: „Wahrlich wird Allah, Dank dieses Buches, Völker erhöhen, und andere erniedrigen." Nach Hadith 1002 wird der Muslim durch den Propheten aufgefordert, den Koran durch Auswendiglernen und Studieren zu pflegen. Hadith 1004 zufolge hat der Gesandte Allahs gesagt: „Allah hört keinem Geschöpf mit solcher Andacht zu, wie Er einem Propheten mit schöner Stimme zuhört, wenn er den Qurān laut in besinnlichem Gesang rezitiert." Nach Hadith 1009 hat Mohammed die Eingangssure, Al Fātiha, als die bedeutendste Sure bezeichnet.

Zur Waschung vor dem Gebet, die Sure 5,6 vorschreibt, wird in mehreren Hadithen berichtet, dass der Gesandte von ihr gesagt habe, sie wasche die Sünden ab (Hadith 1026, 1028). Nach Hadith 1032 ist bezeugt, dass der Prophet gesagt habe: „Wer das Wudû (die Waschung) gut macht und anschließend sagt: ‚Ich bezeuge, dass es keine Gottheit außer Allah gibt, Der keinen

Partner hat, und ich bezeuge, dass Mohammed Sein Diener und Sein Gesandter ist', dem werden die acht Tore des Paradieses geöffnet."

Sünden abwaschende Wirkung wird auch den fünf täglichen Gebeten zugeschrieben (Hadith 1042, 1043, 1045). Wer das Morgen- und das Nachmittagsgebet immer verrichtet, geht in das Paradies ein (Hadith 1047, 1048), und „wer das Nachmittagsgebet auslässt, dessen Werk ist zunichte geworden" (Hadith 1052). Besonderen Wert hat gemäß Hadith 1064 das Gemeinschaftsgebet: „Das gemeinsame Gebet hat den siebenundzwanzigfachen Wert des allein verrichteten Gebets." Der Muslim hat dem Gebetsruf zu folgen (Hadith 1066, 1067, 1069). Hadith 1075 (ebenso Hadith 1206) nennt die fünf Säulen, auf denen der Islam errichtet wurde: „dem Zeugnis, dass es keinen Gott außer Allah gibt und dass Mohammed der Gesandte Allahs ist, dem Verrichten der Pflichtgebete, dem Entrichten der Zakāt-Abgabe, der Pilgerfahrt zum Hause (nach Mekka) und dem Fasten des Monats Ramadān".

Gemäß Hadith 1196 und 1199 soll Mohammed auch daran gedacht haben, seine Gläubigen anzuweisen, sich vor dem Beten die Zähne zu putzen. Laut Hadith 1204 hat der Gesandte Allahs gesagt: „Zehn Dinge gehören zur menschlichen Natur: das Schneiden des Schnurrbarts, den Bart wachsen lassen, die Zähne reinigen, die Nase mit Wasser reinigen, die Nägel schneiden, die Zwischenräume der Finger waschen, die Achselhöhlenhaare entfernen, die Schamhaare rasieren und Wasser für die Reinigung (nach dem Verrichten der Notdurft) verwenden." Wakī' – einer der Überlieferer dieses Hadiths – sagte: „Das Zehnte habe ich vergessen, wenn es nicht das Ausspülen des Mundes war."

Zahlreiche Hadithe befassen sich mit dem Djihad, der ja auch im Koran eindringlich empfohlen wird. Laut Hadith 1288 hat der Gesandte Gottes gesagt: „Wahrlich, ein Aufbruch am Morgen oder am Abend für die Sache Allahs ist besser als diese Welt und was in ihr ist."[8] Im Hadith 1289 wird berichtet, dass man den Gesandten Allahs gefragt habe, welcher der beste aller Menschen sei, und er habe geantwortet: „Ein Gläubiger, der für die Sache Allahs mit seinem Blut und Gut kämpft." Gemäß Hadith 1294 hat der Gesandte Allahs gesagt: „Allah gewährt demjenigen, der für Seine Sache in den Krieg zieht, und der an Ihn und an Seine Gesandten glaubt, dass er ins Paradies kommt (falls er fällt), oder dass er heimkehrt mit der ihm vorbestimmten Belohnung oder Beute. [...] Wer verletzt wird, während er für die Sache Allahs eintritt, dessen Aussehen am Tag der Auferstehung wird sein wie sein Aussehen am Tage seiner Verletzung: seine Farbe ist die Farbe des Blutes, und sein Geruch ist der Duft des Moschus."[9] Nach Hadith 1299 hat der Gesandte Allahs gesagt: „Das beste Leben eines Menschen ist das eines Glaubenskämpfers, der die

Zügel seines Pferdes um Allahs willen in der Hand (wachsam in Bereitschaft) hält. Hört er den leisesten Hilfeschrei oder Schrei, eilt er herbei, mit dem Ziel (für die Sache Allahs) zu töten und zu sterben." Im Hadith 1301 sagt der Prophet: „Eine andere Sache lässt Allah den Diener einhundert Rangstufen im Paradies erhöhen, (der Abstand) zwischen zwei solchen Stufen entspricht dem zwischen Himmel und Erde." Und als man ihn fragte, was dies sei, habe er geantwortet: „Der Dschihad um Allahs Willen!"

Anmerkungen zu Kapitel 7

1 Nach Ignaz Goldziher, Muhammedanische Studien, Hildesheim/New York 1971, zweiter Teil, S. 6. Goldziher widmet sich ausführlich der Entwicklung des Hadith, seiner Entstehungsgeschichte.
2 r ist die Abkürzung für „radiya-llāhu ʿanhu'", Allahs Wohlgefallen auf ihm. Es wird nach der Nennung von Gewährsleuten eingesetzt.
3 s ist die Abkürzung für „salla-llāhu alaihi wa sallam", Gottes Segen und Heil auf ihm; nach Riyād-us-Sâlihîn, a. a. O., S. 7. Es wird nach jeder Nennung des „Gesandten Gottes" eingesetzt. Der den Text lesende Muslim spricht dann in der Regel die Formel aus.
4 Vgl. 2,10; 5,52; 8,49; 9,125; 24,50; 33,12.32.60; 47,20.
5 Vgl. 4,43.102; 9,91; 73,20.
6 Vgl. 3,27; 6,95; 10,31; 25,49; 30,19; 35,9; 36,33; 43,11; 50,11.
7 Vgl. 2,154; 3,150.169.195.
8 Vgl. auch Hadith 1290.
9 Vgl. auch Hadith 1295 und 1296.

8. Von Koran und Hadith zur Scharia – Unter besonderer Berücksichtigung der „Rechte“ der Frau

Die Grundlage des muslimischen Rechts, um das es uns in diesem Kapitel geht, bilden Koran und Hadith. Diese enthalten Anhaltspunkte für die Rechtsprechung, stellen aber für sich betrachtet noch keine Rechtstexte dar. Der Koran ist eine „Rechtleitung“ (hudā) für den Muslim, und der Hadith stellt dem Muslim das Handeln und die Aussagen des Propheten als weitere Richtlinien hierfür anheim.

Das Wort für „Recht“ (haqq), das auch „Wahrheit und „Pflicht“ bedeuten kann, kommt im Koran zwar oft, mehr als zweihundertmal, vor, heißt aber dort fast ausschließlich „Wahrheit“. Es meint die Wahrheit Gottes und deren Offenbarung im Koran und in vorausgehenden Offenbarungen. „Das Buch mit der Wahrheit“, bezogen auf den Koran, ist hier eine stehende Redewendung[1]. Die wenigen Stellen, an denen „haqq“ im Koran „Recht“ bedeutet, meinen das Recht, wie dieses im Koran geschrieben steht. So ist es auch bei den Wendungen „zu Recht“ (28,63; 32,13; 37,31; 38,14; 39,19) und „zu Unrecht“ (2,61; 3,21.112.181; 4,155 etc.). In Sure 32, Vers 13 heißt es z. B.: „Aber der Spruch von Mir ist zu Recht fällig geworden“, und in Sure 3,21: „Denen, die die Propheten zu Unrecht töteten“. In Sure 5,116 fragt Gott Jesus, ob er gesagt habe: „Nehmt euch neben Gott mich und meine Mutter zu Göttern[2],“ worauf dieser antwortet: „Es steht mir nicht zu, etwas zu sagen, wozu ich kein Recht habe.“ In Sure 11,79 sagen die Gäste Lots: „Du weißt genau, daß wir kein Recht auf deine Töchter haben.“ In Sure 24,49 ist von den Ungläubigen die Rede, die vor der Alternative stehen, sich abzuwenden oder dem Gesandten zu unterwerfen: „Wenn aber das Recht auf ihrer Seite ist, dann kommen sie zu ihm, bereit, sich zu unterwerfen.“

Das sind, soweit ich sehe, die wenigen Fälle, in denen „haqq“ im Koran „Recht“ bedeutet, und sie sprechen eine deutliche Sprache. Recht ist, was der koranischen Lehre von der Natur Jesu entspricht (5,116), was den im Koran bestätigten Gesetzen der Tradition gerecht wird (11,79) und was den Propheten anerkennt (24,49).

Wir werden also hinsichtlich der Rechtsvorstellungen des Korans auf den Koran selbst zurückverwiesen. Er erstellt die Grundlinien für ein Recht, das auf vorausgehenden Offenbarungen aufbaut und die damals geltende arabische Rechtspraxis einschneidend korrigiert, ohne sie aufzuheben. Er versteht sich als der offenbarte Wille Gottes. Das islamische Recht, so wie es sich im Koran darstellt, gehorcht also keinen externen Kriterien und definiert sich auch, nachdem der Offenbarungsprozess mit dem Tod Mohammeds abgeschlossen ist, nicht über historische oder örtliche Umstände[3]. Es ist als solches im Prinzip statisch und unwandelbar, auch wenn es sich in vielem dem Kampf gegen historische Fehlentwicklungen verdankt. Als drastisches Beispiel hierfür mag Mohammeds Bemühen stehen, die Tötung von unerwünschtem weiblichen Nachwuchs unter Verbot zu stellen (16,58 f.). In diesem Zusammenhang steht aber auch Mohammeds Streben, den Frauen „Rechte" einzuräumen, zutreffender: den Männern Pflichten hinsichtlich ihrer Frauen vorzuschreiben und ihnen Empfehlungen für eine gute Behandlung ihrer Frauen auszusprechen.[4]

Mit „vorschreiben" (kataba) ist ein wichtiger einschlägiger Terminus gefallen. Das Vorschreiben, welches Gott auf dem Weg der Offenbarung vornimmt, begründet Pflichten. „Trachtet nach dem, was Gott euch vorgeschrieben hat", heißt es in Sure 2,187. „Vorgeschrieben ist euch bei Totschlag die Vergeltung", lesen wir in Sure 2,178. „Vorgeschrieben ist euch, wenn einer von euch im Sterben liegt, falls er Vermögen hinterläßt, eine Verfügung zugunsten der Eltern und der Angehörigen auf rechtliche Weise zu machen. Das ist eine Rechtspflicht für die Gottesfürchtigen." So lautet der Vers 180 der zweiten Sure. „Vorgeschrieben ist euch, zu fasten", heißt es wenig später (2,183). „Vorgeschrieben ist euch der Kampf", steht in Sure 2,216 zu lesen (vgl. 2,246; 4,77).

Erlaubtes und Verbotenes in Koran und Hadith

Weitaus häufiger begegnet die Wendung „Gott hat verboten" (harrama) und wiederum häufiger zeigt der Imperativ an, was Gott den Gläubigen zu tun aufträgt. Daraus ergibt sich ein dichtes Netz von Vorschriften, Verboten und Aufträgen sowie, im Fall des verneinten Imperativs, von Warnungen. Ausdrücklich wird aber auch vieles für erlaubt (halāl) erklärt. Mohammed ist diesbezüglich viel liberaler als die Juden. Wiederholt spricht er sich dagegen aus, alles in Verbotenes und Erlaubtes einzuteilen (10,59; 16,116). Den Juden habe Gott alles verboten, was Krallen hat (6,146); wegen ihrer Ungerechtigkeit habe Er ihnen „köstliche Dinge" verboten (4,160). In 6,138 heißt es hierzu: „Und sie sagen: ‚Das sind Tiere und Ernte, die tabu sind. Niemand darf davon essen, außer dem, den wir wollen.' So behaupten sie." Seinen Gläubigen aber schärft Mohammed ein: „Erklärt nicht für verboten die köstlichen Dinge, die Gott euch erlaubt hat." (5,87) Einmal erteilt Gott sogar seinem Propheten einen Verweis, weil er (um seinen Gattinnen zu gefallen) für verboten erklärt, was Gott ihm erlaubt hat (66,1). Die große kommentierte Ausgabe und Übersetzung von Adel Theodor Khoury gibt hierzu folgende Erklärung: „Als Muhammad in der Wohnung seiner Frau Hafsa bzw. am Tag, der Hafsa zustand, mit seiner koptischen christlichen Sklavin Maria zusammen war und Hafsa dies sah, versprach er ihr, auf den sexuellen Verkehr mit der Maria zu verzichten, wenn sie dies der ʿAisha nicht erzählt. Hafsa teilte aber dies der ʿAisha mit. Da hat Muhammad geschworen, seine Frauen einen ganzen Monat zu meiden. Nach neunundzwanzig Nächten kam dieser Vers herab."

„Erlaubt" (halāl) ist im Koran also genauso wichtig wie „verboten" (harām)[5]. „Er ist es, der für euch alles, was auf der Erde ist, erschaffen hat", heißt es in Sure 2, Vers 29. „Und Er hat euch von sich aus alles dienstbar gemacht, was in den Himmeln und was auf der Erde ist", liest man in Sure 45, Vers 13. Und ganz ähnlich lautet Sure 31, Vers 20: „Habt ihr nicht gesehen, daß Gott euch das, was in den Himmeln und auf der Erde ist, dienstbar gemacht hat?" Ein Hadith bestätigt diese Liberalität, indem er festhält: „das, worüber Er (Gott) schweigt, gehört zu dem, was Er euch nachsieht."[6] Sure 7,157 führt aus, dass hinter allen Geboten und Verboten des Korans die wohlwollende Leitung Gottes steht: „Er (der Gesandte) befiehlt ihnen das Rechte und verbietet ihnen das Verwerfliche, er erlaubt ihnen die köstlichen Dinge und verbietet ihnen die schlechten, und er nimmt ihnen ihre Last und die Fesseln, die auf ihnen lagen, ab." Der Islam reduziert beträchtlich die Lasten, die den Arabern nach der Tradition auferlegt waren, soll das heißen. Ein Hadith verspricht dem Gläubigen sogar Lohn dafür, wenn er mit seiner Ehefrau verkehrt: „Wenn einer von euch mit seiner Ehefrau verkehrt, gilt dies für ihn als eine Handlung, die belohnt wird. Die Leute sagten: ‚Oh Allahs Gesandter, wie kann das sein, dass jemand seine Lust befriedigt und dann dafür belohnt wird?' Der Prophet antwortete: ‚Wäre es keine Sünde für ihn, wenn er sie auf verbotene Weise befriedigte? Und ebenso, wenn er sie auf erlaubte Weise befriedigt, gibt es einen Lohn für ihn'" (S. 52). Gott will den Gläubigen die Lasten früherer Anschauungen abnehmen und ihnen das Leben leicht machen (2,185; 5,6; 4,28).

So kann man hinter dem Verbot, Verendetes, Blut und Schweinefleisch zu essen (2,173; 5,3; 6,145), Gottes Fürsorge für den Menschen sehen. Yusuf Al-Qaradawi findet in seinem Buch über Erlaubtes und Verbotenes im Islam heraus, wenn z. B. ein Tier „von alleine gestorben ist, hatte es vermutlich eine akute oder chronische Krankheit oder fraß eine giftige Pflanze usw." (S. 70). Und zum Schweinefleisch vermerkt er: „da das Schwein Kot und Abfall frisst, ist sein Fleisch Menschen mit natürlichem Anstand widerwärtig." (S. 71 f.) Auch sieht der Koran Ausnahmen vor: „Wer aber gezwungen wird, ohne dass er Auflehnung oder Übertretung begeht, den trifft keine Schuld. Gott ist voller Vergebung und barmherzig." (2,173) Das Schächten, das mit einem scharfen Gegenstand durchgeführt werden muss, erspare dem Tier unnötiges Leid (S. 85–89). Rauschmittel seien verboten, weil sie den Geist vernebeln (S. 108 ff.).

Verboten ist den Männern, Gold und seidene Gewänder zu tragen. Sich gut zu kleiden und eine gepflegte Erscheinung abzugeben, wird hingegen dem Muslim empfohlen (S. 119 ff.). Ein Hadith berichtet, dass ein Mann den Propheten fragte: „Was ist mit dem, der gern ein schönes Gewand und gute Schuhe trägt?" Der Prophet antwortete: „Allah ist schön und liebt das Schöne." (S. 143 f.) Gold und seidene Gewänder ziemen sich hingegen nicht für Männer, weil sie zur Verweichlichung führen und von der zu bedenkenden Wahrheit abzuleiten drohen, dass es auf das Jenseits mehr ankomme.

Umfangreich sind die Bestimmungen zum Verbot von Statuen und Figuren. „Engel betreten kein Haus, in dem Statuen (oder Figuren) sind", lautet ein Hadith (S. 147). Hinter diesem Verbot stehen der Schutz des Glaubens an Gottes Einzigkeit (seine Schöpfung nachahmen zu wollen, ist frevelhaft) und das Bemühen, sich weit von den Bräuchen der Götzendiener zu entfernen (S. 148). Kinderspielzeug und Puppen sind von diesem Verbot ausgeschlossen (S. 153 ff.). „Fotos, Zeichnungen und Gemälde von Nackten oder Halbnackten" sind auch verboten, ebenso Bilder von Tyrannen, Ungläubigen und Ungerechten (S. 168 ff.). Es soll so alles vermieden werden, was von Gott ablenkt und den nötigen Respekt vor seiner Schöpfung beeinträchtigt.

Hygienische Gründe hingegen könnte es haben, wenn Hunde nur als Jagdhunde und zur Bewachung von Feldfrucht und Vieh erlaubt sind (S. 172 ff.).

Große Bedeutung kommt im Islam dem Bemühen zu, Unzucht jeder Art zu vermeiden, ihr entgegenzuwirken durch einen angemessenen Umgang zwischen den Geschlechtern und durch züchtige Kleidung, vor allem der Frau. Allgemein heißt es hierzu im Koran (17,32):

> *„Und nähert euch nicht der Unzucht. Sie ist etwas Schändliches, und sie ist ein übler Weg."*

Der Text geht offensichtlich davon aus, dass der sexuelle Trieb im Menschen sehr ausgeprägt sei. So verbietet er Khawa (Alleinsein), das Zusammensein von Mann und Frau außerhalb der Ehe oder der Verwandtschaft. Einem Hadith zufolge hat der Prophet gesagt:

> *„Wer an Allah und an den Jüngsten Tag glaubt, darf nicht mit einer Frau allein sein, ohne dass ein Mahram (der Ehemann oder ein Verwandter) von ihr dabei ist, denn sonst wird der Satan der Dritte bei ihnen sein.“ (S. 212)*

Der Prophet war sich bewusst, dass die Anwesenheit von Verwandten in den Fällen solcher zwischengeschlechtlicher Begegnungen nicht unproblematisch war. In einem Hadith sagt er: „Hütet euch einzutreten, wo Frauen sind.“ Und als man ihn fragt, was in diesem Fall von den angeheirateten Verwandten zu halten sei, antwortet er: „Die angeheirateten Verwandten sind der Tod.“ (S. 213) Damit will er sagen, dass in solcher Intimität zwischen Verwandten große Gefahren lauern, die Gefahr der Sünde, Gefahr für die Religion und für den Bestand der Ehe. Solchen Gefahren soll man begegnen, indem man den Blick senkt und es so vermeidet, dass der Blickkontakt eine Affäre in Gang setzt. In Sure 24, Vers 30–31 heißt es hierzu:

> *„Sprich zu den gläubigen Männern, sie sollen ihre Blicke senken und ihre Scham bewahren. […] Und sprich zu den gläubigen Frauen, sie sollen ihre Blicke senken und ihre Scham bewahren, ihren Schmuck nicht offen zeigen, mit Ausnahme dessen, was sonst sichtbar ist.“*

In einem Hadith lesen wir: „Auch die Augen begehen Zina (Ehebruch), und ihr Zina ist der lüsterne Blick.“ (S. 216) Ganz ähnlich äußert sich Jesus im Matthäus-Evangelium: „Ich aber sage euch: Jeder, der ein Weib auch nur begehrlich ansieht, hat in seinem Herzen schon Ehebruch mit ihr begangen.“

Dem Vorbeugen von Unzucht gilt auch das Verbot, die Aura (die zu verhüllenden Teile des Körpers) eines anderen Menschen anzuschauen. In einem Hadith sagt der Prophet: „Ein Mann soll nicht die Aura eines anderen betrachten und auch nicht eine Frau die Aura einer anderen Frau, auch soll kein Mann mit einem anderen unter einer Decke liegen und auch keine Frau mit einer anderen.“ (S. 217)

Aus dem gleichen Grund ist es dem Mann gestattet, seine Frau nicht zum öffentlichen Bad gehen zu lassen (S. 227). Seinen eigenen Frauen hat der Prophet geboten: „Haltet euch in euren Häusern auf.“ (33,33)

Sich ganz des sexuellen Umgangs mit dem anderen Geschlecht zu enthalten, missbilligt der Prophet (S. 241 ff.): „Und verheiratet die Ledigen unter euch und die Rechtschaffenen von euren Sklaven und Sklavinnen.“

Weiterhin gilt, dass ein muslimischer Mann zwar eine unbescholtene Christin oder Jüdin, aber eine muslimische Frau keinen Nichtmuslim heiraten darf (S. 256 ff.). Bei Letzterer sah man die Gefahr der Beeinflussung durch den Ehemann und des Abfalls vom Glauben. Vom hier wie immer als die Richtung vorgebende Autorität gesehenen Mann befürchtete man dies nicht. Die Mehrehe – bis zu vier Ehen – ist erlaubt, setzt jedoch voraus, dass man in der Lage ist, diese Frauen gleich zu behandeln (4,5).

Was den sexuellen Umgang mit der Ehefrau anbetrifft, so ist dieser während der Menstruation der Frau zu unterlassen (2,222); des Weiteren gilt: „Nähert euch den Frauen nicht anal“ (S. 247). Die Abtreibung wird zwar grundsätzlich verboten, aber gestattet für den Fall, dass bei Fortsetzung der Schwangerschaft der Tod der Mutter eintreten würde (S. 282).

Nach dem Hadith gab der Prophet auf die Frage eines Mannes, welche Rechte die Ehefrau ihm gegenüber habe, folgende Auskunft: „dass du sie ernährst wie dich selbst, dass du sie kleidest wie dich selbst, dass du sie nicht ins Gesicht schlägst“ (S. 284 f.). Über die Rechte des Ehemanns hat der Prophet nach dem Hadith Folgendes gesagt: „Keiner Frau, die an Allah glaubt, ist erlaubt, jemanden im Haus ihres Gatten zu haben, wenn er es nicht mag. Sie darf nicht ausgehen, wenn er es nicht mag, und sie darf niemandem sonst gehorchen. Sie darf sich ihm nicht verweigern.“ (S. 285)

Der Koran und auch der Hadith sehen für die meisten der aufgeführten Verbote kein rechtskräftiges Strafmaß vor. Das ist nicht zu verwundern. Wie soll beispielsweise ein lüsterner Blickkontakt, wie soll die nicht eingelöste Verpflichtung zum Kampf, wie soll ein Verstoß gegen die Essvorschriften, wie soll das Tragen von Gold durch Männer oder wie das Vorhandensein von Statuen in einem Haus angemessen bestraft werden? Die Strafen, die Koran und Hadith hier androhen, erfolgen im Jenseits.

Für einige Verfehlungen geben Koran und Hadith jedoch konkrete Strafen an, wobei diese teilweise beträchtlich voneinander abweichen. So fordert der Koran für Ehebrecher die Auspeitschung (24,2), während der Hadith die Steinigung von ehebrecherischen Verheirateten verlangt. Einschneidender noch ist der Unterschied bei der Beurteilung von Apostasie. Der Koran benennt für denjenigen, der vom Islam abfällt, kein konkretes Strafmaß und droht ihm lediglich Höllenstrafen an (16,106), der Hadith hingegen fordert hierfür aus dem Mund des Propheten die Todesstrafe („wer seine Religion wechselt, den tötet“)[7]. Für Diebstahl soll man dem Täter nach Sure 5, Vers 38 die Hände abhacken. Der Vers 33 der gleichen Sure legt alternative Strafmaße fest für diejenigen, „die gegen Gott und seinen Gesandten Krieg führen und auf der Erde umherreisen, um Unheil zu stiften“. Sie sollen getötet oder gekreuzigt werden oder man soll ihnen „Hände und Füße wechselseitig abhacken oder sie aus dem Land verbannen“.

Konkrete Strafmaße werden auch für die Pflicht des Gläubigen zur Wiedervergeltung angegeben. In Sure 178, Vers 179 heißt es dazu: „O ihr, die ihr glaubt, vorgeschrieben ist euch bei Totschlag die Wiedervergeltung: der Freie für den Freien, der Sklave für den Sklaven, das Weib für das Weib.“ In Sure 17, Vers 33 steht zu lesen: „Und tötet nicht den Menschen, den Gott für unantastbar erklärt hat, es sei denn bei vorliegender Berechtigung. Wird jemand ungerechterweise getötet, so geben Wir seinem nächsten Verwandten Vollmacht (ihn zu rächen).“

Abgesehen jedoch davon, dass diese wenigen Fälle von verordnetem Strafmaß im Detail viele juristische Fragen offenließen, ergab sich hinsichtlich der übrigen Rechtsprechung ein weites Feld von ungeklärten Rechtsfällen. Die Scharia hat sich dieser Probleme angenommen, hat aber auch zur Bildung oft voneinander abweichender Positionen der Rechtsschulen geführt.

Die Scharia

Unter den Omaijaden (661–750), als sich das arabisch-islamische Reich immens ausdehnte, ergab sich die Notwendigkeit, eine verlässliche Rechtsgrundlage zu schaffen. Es bildeten sich Gelehrtenzirkel heraus, die aus Koran und Hadith die erforderlichen Prinzipien hierfür schöpften.[8] Die administrative Praxis der späten omaijadischen Periode wird nun „in das religiöse Recht des Islam transformiert“.[9] Im weiteren Verlauf des 8. Jahrhunderts, als die Abbassiden die Macht übernehmen, entstehen dann in der Hauptsache vier sunnitische Rechtsschulen, die bis heute in jeweils verschiedenen Ländern grundsätzlich Gültigkeit besitzen. Sie unterscheiden sich nicht in der Sache, wohl aber in den Gewichtungen von Hadith, Strafmaßen, Empfehlungen und Verboten. Da ist einmal die auf dem lokalen Konsens von Medina aufbauende malikitische Rechtsschule, benannt nach dem Rechtsgelehrten Mālik ibn Anas (710–795), der ein erstes einschlägiges Handbuch schrieb und sich streng an den Hadith hielt. Das malikitische Recht galt früher von Arabien über Ägypten bis nach Spanien und hat heute noch im Maghreb, an der ostarabischen Küste, in Oberägypten und Mauretanien Einfluss. Da ist sodann die hanafitische Rechtsschule, mit Abu Hanifā (699–767), einem Maulā aus Kufa, als namengebendem Kopf. Zur Ausbildung dieser Schule haben jedoch Abu Yusuf und vor allem Aš-Šaibānî mehr beigetragen als der Namensgeber. Sie ist bis heute in Ägypten und Syrien, im Irak, in der Türkei und auf dem

Balkan stark vertreten. Sie ist vergleichsweise großzügig und tolerant. Etwa ein Drittel der Muslime dürften ihr angehören. Da ist drittens die schafiitische Rechtsschule, benannt nach dem in Palästina geborenen, weitgereisten Muhammad ibn Idrîs aš-Šafi'î (767–820). Ihr Begründer gab neben Koran und Hadith auch dem Analogieschluss (qiyās) und dem Konsens (iǧmā') Raum. Sie hat bis heute Anhänger in Oberägypten, Syrien, Südarabien, Ostafrika und Südostasien. Da ist schließlich die zahlenmäßig schwächste hanbalitische Rechtsschule, die auf Ahmad ibn Hanbal (780–855), der sich zumeist in Bagdad aufhielt, zurückgeht. Sein maßgeblich auf dem Hadith fußendes Werk enthält nicht weniger als 80 000 Hadithe. Rigoros in kultischen und dogmatischen Fragen, ist diese Schule liberal, wenn keine Offenbarungsquellen tangiert sind.[10] Alle diese Rechtsschulen fußen auf Koran und Hadith, wobei dem Hadith große Bedeutung zukommt. Das gilt für Mālik ebenso wie für Aš-Šafi'î, der den Hadith auf die Höhe des Korans hebt, und auch für Hanbal, der, wie gesagt, in seinem Werk fleißig Hadithe sammelte. Für Hanifa gilt es weniger. Auch er nimmt zwar Koran und Hadith ernst, „läßt aber der Entscheidungsfreiheit (ra'y) des Richters einen beträchtlichen Freiraum"[11].

Die erhöhte Aufmerksamkeit für den Hadith, die sich in der Rechtsfindung aller Rechtsschulen spiegelt, findet auch darin ihren Ausdruck, dass in der Folgezeit, im Laufe des 9. Jahrhunderts, aus nahezu zahllosen Überlieferungen nach strengen Kriterien Hadith-Sammlungen angelegt wurden. Das sind die sehr angesehenen von Muslim (gest. 875) und Al-Bukhāri (gest. 870). Muslim wählte 9200, Al Bukhāri 7275 Überlieferungen aus, die als gesichert gelten konnten. Das sind sodann vier weitere Sammlungen: die von Abu Dawûd (gest. 889), die von At-Tirmidhi (gest. 892), die von Ibn Mâdscha (gest. 886) und die von An-Nasâi (gest. 915).[12]

Es ist nicht möglich, dieser Fülle von Überlieferungen auch nur annähernd gerecht zu werden. Und das Gleiche gilt in noch höherem Maße für die überaus voluminösen Werke der Rechtsschulen. Aber es wäre in letzterem Fall wohl kaum angezeigt, sich in unserem Zusammenhang ausführlich den entsprechenden Texten zu widmen. Sie haben didaktisches, juristisches und auch religiös verbindliches Gepräge, halten fest, was erlaubt oder verboten, was zu empfehlen und wovon abzuraten ist.

Vorab wäre zur Gesetzgebung der Scharia anzumerken, dass sie die weiter oben gegenüber Koran und Hadith angewandten Kategorien von „erlaubt" (halāl) und „verboten" (harām) auf deren fünf erweitert. Sie unterscheidet zwischen 1. vorgeschriebenen Akten (wajîb), 2. empfohlenen Akten (mandûb), für die man im Jenseits belohnt wird, 3. schlicht erlaubten Akten (mubâh), 4. verwerflichen Akten (makrûh) und 5. verbotenen Akten (harām).[13]

Dem religiösen Ritus, insbesondere dem Gebet, aber auch der obligaten Wallfahrt nach Mekka, wird dabei viel Platz eingeräumt. Der religiöse Charakter der Scharia ist somit offenkundig. Die Pflichten, nicht zuletzt religiöse Pflichten, das oft vom religiösen Standpunkt aus Empfohlene, das Indifferente, das Verwerfliche und das Verbotene, all das sind vorzugsweise religiöse Sichtweisen und Wertungen. Die Scharia gibt sich nicht als ein selbstständiges, sondern als ein religiöses Recht.

Die Rechtsgelehrten waren bemüht, ihre Gesetze gemäß den Vorgaben von Koran und Hadith festzulegen. Gleichwohl spricht manches dafür, die Gesetze der Scharia als eine dem Geist von Koran und Hadith in manchem widersprechende Zementierung von religiösen Gesetzen zu sehen, die dort an den Fluss des gelebten Lebens gebunden waren. Die Türkei hat gut daran getan, sich in ihrer Rechtsprechung von diesem mittelalterlichen Regelwerk loszusagen. Andere wählen den Weg des liberalen Umgangs mit ihr.

Das muslimische Gesetz der Scharia darf man sich im Übrigen nicht als ein unserem Bürgerlichen Gesetzbuch vergleichbares Werk vorstellen. Es besteht vielmehr aus einer Fülle von überwiegend moralisch wertenden Vorschriften, Verboten, Empfehlungen und Unbedenklichkeitserklärungen, die bis in Intimbereiche hinein das ganze Leben umfassen und zu reglementieren suchen. Der diesbezügliche Gegensatz zum Koran, der über beachtliche literarische Qualitäten verfügt, und auch zum Hadith, der ansprechende Erzählungen zu Wort und Tat des Mohammed zusammenstellt, könnte kaum größer sein.

Khalîl Ish'âqs Abriss des malekitischen Gesetzes (Abrégé de la loi musulmane selon l'Imam Mâlek) gibt eine lebhafte Vorstellung hiervon. Der umfangreiche erste Teil des Werks, „Das Rituelle“ (etwa: Die religiösen Pflichten) überschrieben, bringt zahllose Gebote, Vorschriften und Empfehlungen zum Gebet. Er beginnt mit detaillierten Ausführungen zur „rituellen Reinheit“, zur Waschung, die vor dem Gebet zu erfolgen hat (§ 6, 7), und enthält in diesem Zusammenhang sogar Vorschriften für die Verrichtung der Notdurft und das Urinieren (§ 8). So soll man etwa mit dem linken Fuß voran die Toilette betreten und sich mit der linken Hand abputzen. Des Weiteren steht zu lesen, dass man sich beim Gebet nach Mekka auszurichten habe (§ 20), wie man Gebete, die man vergessen hat, nachholen kann (§ 24), wodurch das Gebet ungültig wird (§ 26), welche Strafe man sich auferlegen muss, falls man ein wichtiges Element des Gebetes ausgelassen hat (§ 25), welcher Verfehlungen man sich beim Gebet schuldig machen kann (§ 27), welchem Imam man beim gemeinsamen Gebet folgen darf und welchem nicht (§ 30 ff.), was auf Reisen beim Gebet zu beachten ist (§ 35 f.). Immer wieder werden bis ins

Detail hinein Empfehlungen aufgelistet, wird Erlaubtes, dem Vorbild Mohammeds Entsprechendes und Verwerfliches unterschieden.

Breiten Raum nehmen die Bestimmungen ein für das Almosengeben (§ 49–61), für das Fasten nebst der spirituellen Einkehr (§ 62–67), für die Pilgerfahrt nach Mekka (§ 68–84), für Essen und Trinken (§ 85–89), für Schwüre und Gelübde (§ 90–98) und für den Djihad (§ 99–105).

Der Djihad, heißt es in letzterem Zusammenhang, ist eine Verpflichtung der Gemeinde. Jeder freie und männliche, geschlechtsreife Gläubige ist zur Teilnahme verpflichtet. Krankheit, Wahnsinn, Blindheit und Gehbehinderung sind Entschuldigungsgründe (§ 99). Den Ungläubigen ist vor dem Kampf der Übertritt zum Islam anzubieten. Erfolgt keine zufriedenstellende Antwort, wird der Kampf eröffnet und werden die Gegner getötet, ausgenommen die Frauen, die nicht am Kampf teilgenommen haben, die nicht Mannbaren, die gebrechlichen Alten, die Lahmen, die Blinden, die in Klöstern oder als Eremiten lebenden Mönche. Man kann im Krieg dem Gegner die Wasserzufuhr abschneiden oder mit Feuer gegen ihn vorgehen. Verboten ist es, Giftpfeile zu benutzen, von Polytheisten Hilfe anzunehmen, die über Hilfsarbeiterdienste hinausgeht, zu fliehen, wenn die Muslime über wenigstens halb so viele Mannen verfügen wie der Gegner etc. Man darf Beute machen in Gestalt von Sandalen, Gürteln, Nadeln, Kleidung, Waffen, Rüstung etc. (§ 100).

Das mag als Eindruck von der textlichen Organisation und Gestalt der Scharia-Gesetzgebung genügen. Aufmerksamkeit verdient sie nur über den Gegenstand ihrer Empfehlungen, Verbote etc. Deshalb wollen wir im Folgenden einen Sachbereich, den von „Ehe und Rechte und Pflichten der Frau" herausgreifen und beleuchten. Dies wird uns Gelegenheit geben zu veranschaulichen, wie die Scharia mit den Vorschriften von Koran und Hadith umgeht und wie sie diese auf ihre Weise ergänzt und petrifiziert.

Ehe und Scheidung

In vorislamischer Zeit gab es nicht eigentlich eine Ehe nach unserem Verständnis. Die „Ehe" hatte patriarchalischen und tribalen Charakter. Es herrschte unbeschränkte Polygamie, und von der Entlassung (der Frau) wurde reichlich Gebrauch gemacht. Es galt nur, den Bestand des patriarchalisch strukturierten Stammes (tribus) zu sichern. Zu diesem Zweck wurde geehelicht und wurden Frauen getauscht.[14] Beim Tod des Mannes fiel bezeichnenderweise die Frau an dessen nächsten Erben, und dieser konnte sie, wenn er selbst keinen Bedarf hatte, weiterverheiraten.[15] Mohammed kommt das

Verdienst zu, im arabischen Raum die Ehe in unserem Sinne, als Begründung einer Familie nämlich, durchgesetzt zu haben.

Wenn der Mann mehrere Frauen hat, ist er verpflichtet, seine Nächte gerecht, ohne etwa eine Frau zu bevorzugen, auf seine Frauen aufzuteilen.[16] Während die Ehefrau zu absoluter Treue verpflichtet ist, gilt dies für den Ehemann nicht im gleichen Maße. Da dieser nach weiteren Frauen Ausschau halten kann, wäre das auch nicht sinnvoll.[17] Auch kann sich der Ehemann durch Entlassung (talāq) seiner oder auch nur einer Frau Raum für eine neue Heirat schaffen – ein Verfahren, das allerdings Mohammed einzudämmen bemüht ist.

Zu diesem Zweck nämlich schiebt der Koran die Unwiderruflichkeit einer solchen Entlassung möglichst weit hinaus. Die Scheidung wird zwar nicht verboten oder abgelehnt, aber die Rettung der Ehe hat Vorrang. Einen Satz wie „Was aber Gott gestiftet hat, soll der Mensch nicht lösen“, bezogen auf die Ehe, würde man im Koran vergeblich suchen. „Und wenn sie [die Ehemänner] sich zur Entlassung entschließen – siehe, Gott hört und weiß alles“, heißt es im Vers 227 der zweiten Sure. Mit anderen Worten: Gott lässt dies zu. Der Ehemann sollte sich aber an die hierfür im Koran aufgestellten Regeln halten. Sie dienen dazu, die Möglichkeit, die Ehe wieder aufzunehmen, möglichst lange zu erhalten.

So heißt es im Vers 229 der gleichen Sure: „Die Entlassung darf zweimal erfolgen. Dann müssen sie entweder in rechtlicher Weise behalten oder im Guten freigegeben werden.“ Gemeint ist dies: Die ersten beiden Entlassungen, für die es Formeln gab und gibt – etwa „ich verstoße dich“ –, sind widerruflich. Nach ihnen kann es zu einer Aussöhnung der Eheleute kommen. Wird zum dritten Male die Entlassung ausgesprochen, so ist sie endgültig, ist die Scheidung eingetreten.

Mohammed will durch diese Bestimmung die Männer davor bewahren, so wie es vor ihm gang und gäbe war, aus dem nichtigsten Anlass durch Aussprechen der entsprechenden Formel die Scheidung zu bewirken. Es muss hier nach seinem Willen die Zeit zum Nachdenken und zur eventuellen Korrektur der Entscheidung eingeräumt werden.

Und Mohammed führt im gleichen Vers auch noch an, dass der Ehemann im Fall der Scheidung der Frau die Morgengabe belassen muss. Andererseits gibt diese Morgengabe der Frau eine Handhabe, von sich aus die Scheidung einzuleiten. Sie kann zu diesem Zweck dem Ehemann anbieten, dass er für den Fall ihrer Freigebung die Morgengabe für sich behalten darf. Ehe und Scheidung haben im Islam auch den Charakter eines Geschäfts.

Im Regelwerk der Scharia freilich gerät insbesondere die Entlassung zu einem kasuistischen Gefüge von Bestimmungen, die oft von Rechtsschule zu Rechtsschule voneinander abweichen.

Während der Mann das Recht hat, die Frau definitiv zu entlassen (tallaqa), kann die Frau lediglich die widerrufliche Auflösung der Ehe betreiben. Sie hat allerdings auch die Möglichkeit, die Initiative zu einer unwiderruflichen Scheidung zu ergreifen, indem sie dem Mann eine Entschädigung für den Fall anbietet, dass er sie frei lässt. Die Grundbedeutung von „talaqa" ist übrigens „frei sein". Der zweite, kausative Stamm dieses Verbs besagt in der Grundbedeutung „frei machen, frei geben". Der Mann willigt gewissermaßen ein, seine Frau frei zu geben, indem er sie entlässt.

Die Entlassung, das Auslösen der unwiderruflichen Ehescheidung ist somit das Vorrecht des Mannes. Er braucht hierzu keinen Richter und auch nicht die Einwilligung der Frau.[17] Zeitgenössische Rechtsgelehrte merken hierzu an, dass die Ehescheidung zwar ein Übel sei, es aber sinnvoll und gut sei, dass nur dem Mann das Recht zur „Entlassung" zustehe, denn der Mann sei besonnener als die Frau. Wenn die Frau die Ehe unwiederbringlich aufheben könne, würde sie dies meistens aus nichtigen Anlässen tun. Aus dem gleichen Grund sei es auch sinnvoll, wenn ihre Einwilligung in die Ehescheidung nicht erforderlich sei. Sie würde sich dieser oft aus belanglosen Erwägungen heraus widersetzen.[18]

Im Übrigen kann die „Entlassung" erlaubt (mubah), „verwerflich" (makrûh) oder verboten (harâm) sein. Doch sind das nur moralische Einschätzungen. Gültig ist die Ehescheidung in jedem Fall, wenn sie die formalen Voraussetzungen hierfür erfüllt[19], wohl ein Zeichen dafür, dass der talāq im Letzten als ein religiös verbindlicher Akt verstanden wird, als eine Entlassung (répudiation) vor Gott. Dies gilt sogar für den Fall, dass der Mann die Entlassungsformel nur im Spaß ausgesprochen hat[20]. Ungültig ist sie nur, wenn sie durch einen Versprecher oder im Zustand der Trunkenheit zustande gekommen ist.[21]

Was die Entlassungsformel selbst anbetrifft, durch deren Aussprechen seitens des Mannes die Ehescheidung zustande kommt, so unterscheidet man hier eine explizite Formel (sarih) und eine angedeutete Formel (kinâya). Letztere ist nur gültig, falls die Absicht vorlag, die Frau zu entlassen. Wenn der Mann im widrigen Fall die Entlassungsformel für ungültig erklären will, muss er schwören, dass es nicht seine Absicht war, sie wirklich auszusprechen.

Nach den Hanafiten bedarf es keiner bestimmten Formel. Es genügt, dass die Formel nach allgemeinem Sprachgebrauch als „Entlassung" verstanden wird. Die anderen drei Rechtsschulen verlangen die Verwendung bestimmter Termini wie „talâq" (Entlassung, Verstoßung), „furâq" (Trennung) oder

„sarah“ (Entlassung). Die Verwendung dieser Termini bewirkt die Scheidung.[22] Der Stumme kann seine Frau sogar mit Zeichen verstoßen.[23]

Zur unwiderruflichen Rechtsgültigkeit ist die dreimalige „Entlassung“ erforderlich. Nach der ersten und der zweiten „Entlassung“ kann der Mann, wie im Koran festgelegt, die Ehe wieder aufnehmen, ohne dass er die Einwilligung der Frau bräuchte. Gemäß hanafitischem Gesetz muss der Mann die Frau nach der endgültigen „Entlassung“ noch drei Perioden (Menstruationen) lang versorgen. Gemäß schafeitischem und malekitischem Gesetz muss er sie für diese Zeit noch in seinem Haus (seiner Wohnung) wohnen lassen.[24]

Der Mann kann auch nach Aussprechen der Formel „ich entlasse dich“ hinzufügen „dreimal“ oder mit den Fingern anzeigen, dass er die Formel gleich als dreimalig gewertet wissen möchte. Alle Rechtssschulen akzeptierten das, obwohl dies klar gegen die Intention des Korans verstößt.[25] Die zeitgenössische Rechtsprechung hat sich jedoch großenteils von dieser Unsitte distanziert. So wurde in Ägypten ein Gesetz erlassen, wonach die „Entlassung“ mit Angabe einer Zahl nur als *eine* „Verstoßung“ gilt. Jordanien übernahm diese Klarstellung 1951, Syrien 1953. Marokko stellte seinerseits 1958 klar: Die zweifache oder dreifache „Entlassung“ zählt nur als eine. Der Irak übernahm 1959 die ägyptische Formel.[26] Keine sunnitische Schule fordert übrigens für diese „Entlassungen“ Zeugen.[27]

Die Eheschließung

Die Ehe ist nach muslimischem Verständnis ein Vertrag, der den Mann verpflichtet, der Frau eine Brautgabe zukommen zu lassen und für ihren Unterhalt zu sorgen. Als Gegenleistung hat der Mann das Recht, sexuelle Beziehungen zu ihr aufzunehmen und zu unterhalten.[28]

Der Eheschließung geht die Brautwerbung (chitba) voraus. Diese ist nicht Teil der Eheschließung, sondern deren Voraussetzung. Sie erfolgt in der Regel durch die Mutter des Bräutigams in Absprache mit der Brautmutter oder durch den Vater des Bräutigams mit dem Brautvater.[29]

Die Eheschließung selbst wird vollzogen durch den Austausch der Einwilligung der Eheleute in Gegenwart zweier Zeugen, wobei die Malekiten in dieser Gegenwart von Zeugen lediglich eine Maßnahme sehen, die Öffentlichkeit herzustellen, während die anderen Rechtsschulen hierin eine wesentliche Bedingung für die Gültigkeit der Ehe erkennen.[30] Das Einverständnis des Mannes kann von diesem selbst oder von seinem Vormund (walî) gegeben werden, während das der Frau in jedem Fall von einem Vormund zu geben ist. Allerdings muss sich dieser vergewissern, dass die Frau tatsächlich einverstanden ist.[31] Als Begründung für diese Bestimmung, in der man ein Misstrauen gegenüber der Verlässlichkeit des Wortes einer Frau sehen kann, wird folgender Hadith angeführt: „Die Frau, die sich ohne Autorisierung durch ihren Vormund verheiratet, schließt eine Ehe, die nichtig, nichtig, nichtig ist."[32]

Für die Bestimmung, dass die Ehe vor zwei Zeugen geschlossen werden muss, führt man folgenden Hadith ins Feld: „Jede Eheschließung, bei der nicht wenigstens vier Personen gegenwärtig sind, der Vormund (der Frau), der Bräutigam und die zwei Zeugen, ist nur Prostitution."[33]

Die beiden Zeugen müssen männlichen Geschlechts und Muslime sein.[34] Nach der hanafitischen Rechtsschule werden auch ein Mann und zwei Frauen den Vorschriften für die Zeugen gerecht, nicht jedoch vier Frauen.[35] Die Frau gilt eben als weniger verlässlich, weshalb zwar zwei von ihnen einen Mann aufwiegen können, aber die Gültigkeit eines solchen Vertrages nicht ausschließlich auf weiblichen Zeugen ruhen darf.

Die Rechte des Mannes gegenüber seiner Frau

Der Mann hat im Islam eine nahezu unbegrenzte Autorität gegenüber seiner Frau. Er hat das Recht, den Wohnsitz zu bestimmen. Er hat das Recht, sich seiner Frau jederzeit zu nähern, außer während der Menstruation. Die Rechtsschulen berufen sich hier auf Sure 2, Vers 228, wo es heißt: „Die Männer stehen eine Stufe über ihnen", und Sure 4,34, wo man liest:

> *„Die Männer haben Vollmacht und Verantwortung gegenüber den Frauen, weil Gott die einen vor den anderen bevorzugt hat und weil sie von ihrem Vermögen (für die Frauen) ausgeben. Die rechtschaffenen (Frauen) sind demütig ergeben und bewahren das, was geheimgehalten werden soll, da Gott (es) bewahrt."*

Einige Hadithe werden deutlicher. Im Hadith 281 der zitierten Sammlung von Al-Nawawi heißt es: „Wenn der Ehemann seine Frau zu seinem Bett ruft, und sie kommt nicht zu ihm, und er verbringt die Nacht im Ärger auf sie, fluchen die Engel auf sie die ganze Nacht hindurch, bis zum Morgen." Dem Hadith 284 der gleichen Sammlung zufolge hat der Prophet gesagt: „Wenn ein Mann nach seiner Frau schickt, um sein Bedürfnis zu stillen, sollte sie zu ihm gehen, sogar wenn sie mit Brotbacken beschäftigt ist."[36] Die Rechtsschulen der Schafiiten, Malekiten und Hanbaliten verfügen, dass der Ehemann nicht mehr zum Unterhalt der Frau verpflichtet ist, wenn die Frau sich ihm verweigert.[37]

Der Mann kann seiner Frau verbieten, das Haus zu verlassen außer zum Besuch von Verwandten.[38] Er kann ihr verbieten, Besuch zu empfangen, denn, begründen dies die Hanafiten, das Haus gehört dem Mann, und er hat das Recht, den Zugang zu diesem Haus zu verbieten, wem immer er will.[39]

Wenn der Mann verreist, darf er sich unter seinen Frauen eine Begleiterin aussuchen. Empfohlen wird ihm allerdings, hierbei das Los entscheiden zu lassen.[40]

Der Mann darf seine Frau züchtigen, wenn sie widerspenstig ist. Er darf sie schlagen gemäß Sure 4,34, wo es heißt: „Ermahnt diejenigen, von denen ihr Widerspenstigkeit befürchtet, und entfernt euch von ihnen in den Schlafgemächern und schlagt sie.“ Der Hadith 276 der zitierten Sammlung von Al-Nawawi präzisiert: Ihr könnt „sie leicht schlagen, so dass ihr sie nicht verletzt“. Hadith 277 der gleichen Sammlung verdeutlicht: „schlage sie nicht ins Gesicht, verfluche sie nicht und trenne dich nicht von ihr außer innerhalb des Hauses.“[41] Andere Hadithe, wie auch der Koran, empfehlen freilich den Männer, ihre Frauen gut zu behandeln. Im Hadith der zitierten Sammlung von Al-Nawawi heißt es: „Die Besten unter euch sind jene, die ihre Ehefrauen am besten behandeln.“ Ein anderer Hadith der Sammlung (276) empfiehlt: „Seid gut zu den Frauen“, fügt aber bezeichnenderweise begründend hinzu: „sie sind wie Gefangene in euren Händen.“

Unzucht und Ehebruch

Unzucht und Ehebruch werden im Koran ausdrücklich verurteilt: „Und nähert euch nicht der Unzucht. Sie ist etwas Schändliches, und sie ist ein übler Weg.“ (17,32)[42] Sure 24,2 sieht hierfür ein konkretes Strafmaß vor und ermahnt die Gläubigen, kein unangebrachtes Mitleid walten zu lassen und dafür zu sorgen, dass bei der Vollstreckung eine Gruppe von Gläubigen zugegen ist: „Wenn eine Frau und ein Mann Unzucht (gemeint ist nichtehelicher Geschlechtsverkehr) begehen, dann geißelt jeden von ihnen mit hundert Hieben. Habt kein Mitleid mit ihnen angesichts (der Rechtsbestimmungen) der Religion Gottes, so ihr an Gott und den Jüngsten Tag glaubt. Und bei der Vollstreckung der Pein soll eine Gruppe von den Gläubigen zugegen sein.“ Es wird auch eine Bestrafung vorgesehen für denjenigen, der eine Frau fälschlicherweise der Unzucht bezichtigt: „Diejenigen, die den unter Schutz gestellten Frauen (verheiratete Frauen, die als keusch gelten) Untreue vorwerfen und hierauf nicht vier Zeugen beibringen, die sollt ihr mit achtzig Hieben geißeln." (24,4)

Kompliziert wird es, wenn der Mann der eigenen Frau Unzucht vorwirft und hierfür nicht vier Zeugen benennen kann: „Im Falle derer, die ihren Gattinnen Untreue vorwerfen, aber keine Zeugen haben außer sich selbst, besteht die Zeugenaussage eines solchen Mannes darin, daß er viermal bei Gott bezeugt, er gehöre zu denen, die die Wahrheit sagen, und zum fünften Mal (bezeugt), der Fluch Gottes komme über ihn, wenn er ein Lügner sein sollte." (24,6–7)

Der Koran sieht also bezeichnenderweise den Fall, dass eine Frau ihrem Mann oder überhaupt einem Mann Ehebruch oder Unzucht vorwirft, gar nicht explizit vor. Es ergibt sich somit hier im extremen Fall der Vergewaltigung eine für die Frau besonders schwierige Rechtslage. Es werden dann zwar nach Christine Schirrmacher analoge Bestimmungen zum Fall des Ehebruchs der Frau angewendet, doch hat dies zur Folge, dass die vergewaltigte Frau vier Zeugen der Tat beibringen muss. Die müssen erklären, dass sie gemeinsam gesehen haben, wie der Beschuldigte sein Geschlechtsglied in das Geschlechtsteil der Partnerin eingeführt hat.[43] Kann sie dies nicht – was der Normalfall sein dürfte – und erstattet sie trotzdem Anzeige, so muss sie damit rechnen, dass sie wegen fälschlicher Beschuldigung selbst empfindlich, mit achtzig Peitschenhieben, bestraft wird.[44]

Natürlich kann auch nur ein untadeliger, nicht zu religiösen Neuerungen neigender muslimischer Mann Richter sein.[45]

Der Beweis der Unzucht (Zina) wird vor ihm erbracht a) durch ein Geständnis, b) durch den legalen Beweis, der durch vier männliche und muslimische Zeugen zustande kommt (und den nicht das Zeugnis von vier Frauen hinfällig macht), c) durch die Schwangerschaft einer Frau, die nicht verheiratet und auch nicht eine Sklavin ist. Der solcherart überführte in einer Ehe lebende Partner wird gesteinigt, und zwar mit Steinen mittlerer Größe. Das malekitische Recht kennt dabei nicht die Regel, dass die Zeugen und dann der Imam, der Recht gesprochen hat, mit der Steinigung beginnen sollen.[46]

Anmerkungen zu Kapitel 8

1 Vgl. 2,176.213; 3,3; 4,105; 5,48; 31,2; 42,17.

2 Mohammed hat angenommen, dass im Christentum auch Maria als Gottheit gelte.

3 Hierzu Noel J. Coulson, A History of Islamic Law, Paperback Edinburgh 1978, S. 1 f.

4 Hinsichtlich der frauenfreundlichen Züge des Korans verweise ich auf Nahed Selim, Nehmt den Männern den Koran! Für eine weibliche Interpretation des Islam, München 2006.

5 „harām" meint im Koran allerdings durchweg „heilig". Mohammed zieht für Verbotenes die Wendung „Gott hat verboten" (harrama) vor.

6 Yusuf Al-Qaradawi, Erlaubtes und Verbotenes im Islam, München 2003, S. 31. – Das Folgende weitgehend nach diesem Werk. Die in Klammern gesetzten Seitenzahlen verweisen auf es. Was der Verfasser zur Würde der Arbeit im Islam ausführt (S. 180 ff.), kann er nicht überzeugend belegen. Ich bleibe einstweilen bei meiner Darstellung in Kapitel 2.

7 Christine Schirrmacher, Ursula Spuler-Stegemann, Frauen und die Scharia. Die Menschenrechte im Islam, Kreuzlingen/München 2004, S. 23. – Die Verfasserinnen geben leider im Falle des Hadith, der „Überlieferung", wie sie es nennen, keine Beleg- oder Fundstellen an. Die von mir verwendete Sammlung – Al-Nawawi, Riyâd us-Sâlihîn (Gärten der Tugendhaften) – kann diese Lücken nicht füllen. Sie spart offensichtlich, wie der Titel vielleicht andeutet, solche Rechtsfälle aus.

8 Näheres bei Hans Küng, Der Islam, a. a. O., S. 266 ff.

9 Joseph Schacht, An Introduction to Islamic Law, Oxford 1964, S. 27.

10 Das zu den Rechtsschulen Gesagte nach Hans Küng, Der Islam, a. a. O., S. 336–343. – Einen Einblick in die unterschiedliche Rechtsprechung dieser Schulen gibt Yvon Linant de Bellefonds in seinem ‚Traité de droit musulman comparé', 3 Bde., Paris/La Haye 1965–1973.

11 Hans Küng, ebda., S. 337.

12 Nach Al-Nawawi, a. a. O., S. XII.

13 Nach Yvon Linant de Bellefonds, a. a. O., Bd. 1, S. 78 f.

14 Louis Milliot, François-Paul Blanc, Introduction à l'étude du droit musulman, Paris 2001, S. 313.

15 Ebda., S. 378.

16 Ebda., S. 386.

17 Linant de Bellefonds, Bd. 2, S. 315.

18 Ebda., S. 316.

19 Ebda., S. 319 f.

20 Ebda., S. 340.

21 Ebda., S. 343 ff.; vgl. dagegen auch S. 354.

22 Ebda., S. 354.

23 Ebda., S. 362.

24 Ebda., S. 365.

25 Ebda., S. 366.

26 Ebda., S. 373.

27 Ebda., S. 382.

28 Ebda., S. 23.

29 Christine Schirrmacher/Ursula Spuler-Stegemann, Frauen und die Scharia. Die Menschenrechte im Islam, Kreuzlingen/München 2004, S. 75.
30 Linant de Bellefonds, Bd. 2, S. 39.
31 Ebda., S. 49 f.
32 Ebda., S. 51.
33 Ebda., S. 100.
34 Ebda., S. 101.
35 Ebda., S. 102.
36 Al-Nawawi, Riyâd us Sâlihîn, a. a. O., S. 133 f.
37 Linant de Bellefonds, a. a. O., Bd. 2, S. 289 f.
38 Ebda., S. 290.
39 Ebda., S. 292.
40 Ebda., S. 292 f.
41 Al-Nawawi, a. a. O., S. 131 f.
42 Zu „Ehebruch" vgl. 60,12.
43 Khalîl Ben Ish'âq, a. a. O., § 280.
44 Christine Schirrmacher/Ursula Spuler-Stegemann, Frauen und die Scharia, a. a. O., S. 43 ff.; vgl. auch ebda., S. 212 ff.
45 Khalîl Ben Ish'âq, a. a. O., § 272 in Verbindung mit § 277.
46 Ebda., § 304. – Zum Ganzen auch Erwin Gräf, Die Todesstrafen des islamischen Rechts, in: Bustan 1962, Heft 4, S. 8–22 sowie 1965, Heft 1, S. 9–22.

Nachwort

Es war und ist Ziel dieses Buches, muslimische Texte und im letzten Kapitel auch muslimische Praktiken für sich sprechen zu lassen, Aspekte des Islam zu erarbeiten. Schlussfolgerungen zu ziehen, sich etwa zu fragen, welche Möglichkeiten und Hemmnisse sich hieraus für den christlich-muslimischen Dialog ergeben, oder sich zu fragen, was Christen von den Muslimen und Muslime von Christen und westlicher Zivilisation lernen könnten und vielleicht sollten, wird bewusst dem Leser und der Leserin überlassen. Dies nicht zuletzt auch deswegen, weil man hier je nach Voraussetzung und Blickwinkel zu unterschiedlichen Folgerungen kommen kann und durchaus auch sollte.

Bibliographie

Ludwig Ammann, Vorbild und Vernunft. Die Regelung von Lachen und Scherzen im mittelalterlichen Islam, Hildesheim 1993

Ibn Scharaf Al-Nawawi, Riyād-us-Sālihīn (Gärten der Tugendhaften), Garching/München, Teil 1 1996, Teil 2 2002

Yusuf Al-Qaradawi, Erlaubtes und Verbotenes im Islam, München, 4. Aufl. 2003

Die Bedeutung des Korans, 17 Teile, München 1991 ff.

Régis Blachère, Introduction au Coran, 3. Aufl. Paris 1977

Noël J. Coulson, A History of Islamic Law, Edinburgh, Paperback edition, 1978

The Encyclopaedia of Islam, 11 Bde., Leiden 1960–2002

Ashgar Ali Engineer, The Rights of Women in Islam, London 1992

John L. Esposito, Von Kopftuch bis Scharia. Aus dem Englischen übersetzt von Henning Thies, Leipzig 2004

Joachim Gnilka, Bibel und Koran. Was sie verbindet, was sie trennt, Freiburg/Basel/Wien 2004

Ignaz Goldziher, Muhammedanische Studien, Hildesheim/New York 1971

Erwin Gräf, Die Todesstrafen des islamischen Rechts, in: Bustan 1962, Heft 4, S. 8–22, 1965, Heft 1, S. 9–22

Hadayatullah Hübsch, Fanatische Krieger im Namen Allahs. Die Wurzeln des islamistischen Terrors, Kreuzlingen/München 2001

Khalîl Ben Is'hâq, Abrégé de la loi musulmane selon le rite de l'Imam Mâlek, traduction nouvelle par Georges-Henri Bousquet, 4 Bde., Alger 1956–1961

Navid Kermani, Gott ist schön. Das ästhetische Erleben des Koran, München 1999

Adel Theodor Khoury, Der Koran. Arabisch-Deutsch. Mit wissenschaftlichem Kommentar, 12 Bde., Gütersloh 1990–2001

Des Abul-Hassan Achmed Ben-Mohammed Koduri von Bagdad Moslemistisches Eherecht nach hanefitischen Grundsätzen, aus arabischen Handschriften herausgegeben von Georg Helmsdörfer, Amsterdam 1968

Konkordanz zum Koran (nach Verben geordnet): Qurān karîm tasfîr wa bayān ma'a aslāb annazûl lil sayûti ma'a fahāris kāmila lil mavidi'a wa alfād i'bāt Dr. Muhammad Hassan al-Humsi, Dār Arrashîd, Damaskus/Beirut o. J.

Konkordanz zum Koran (die Wörter, auch Verbformen, grundsätzlich nach dem Alphabet einordnend): Al mu'djam almuyass lialfāz al-qurān al-karîm hasab badāyāt al-kalimat, Schaich Ibrahim Ramadān, Beirut 1994

Der Koran. Übersetzung von Rudi Paret, Stuttgart/Berlin/Köln, 8. Aufl. 2001
Hans Küng, Der Islam. Geschichte, Gegenwart, Zukunft, München/Zürich 2004
Wolfgang Günter Lerch, Muhammads Erben. Die unbekannte Vielfalt des Islam, Düsseldorf 1999
Reinhard Leuze, Christentum und Islam, Tübingen 1994
Yvon Linant de Bellefonds, Traité de droit musulman comparé, 3 Bde., Paris/La Haye 1965–1973
Christoph Luxenberg, Die syro-aramäische Lesart des Korans, 2., erw. Aufl., Berlin 2004
Fatima Mernissi, Islam und Demokratie, Freiburg/Basel/Wien 2002
Louis Milliot, François-Paul Blanc, Introduction à l'étude du droit musulman, Paris 2001
Neue Konkordanz zur Einheitsübersetzung der Bibel, Düsseldorf 2003
Theodor Nöldeke/Friedrich Schwally, Geschichte des Qorans, 3 Bde., 3. Aufl. Hildesheim 1961
Rudi Paret, Der Koran. Kommentar und Konkordanz, Stuttgart/Berlin/Köln, 6. Aufl. 2001
Rudi Paret, Mohammed und der Koran, Stuttgart/Berlin/Köln, 8. Aufl. 2001
Volker Perthes, Geheime Gärten. Die neue arabische Welt, Berlin 2002
Joseph Schacht, An Introduction to Islamic Law, Oxford 1964
Annemarie Schimmel, Mystische Dimensionen des Islam, Frankfurt am Main/Leipzig 1995
Annemarie Schimmel, Muhammad, Kreuzlingen/München 2002
Christine Schirrmacher, Ursula Spuler-Stegemann, Frauen und die Scharia. Die Menschenrechte im Islam, Kreuzlingen/München 2004
Nahed Selim, Nehmt den Männern den Koran! Für eine weibliche Interpretation des Islam, München 2006
Heinrich Speyer, Die biblischen Erzählungen im Qoran, 1. Aufl. 1931, Nachdruck Darmstadt 1961
Ursula Spuler-Stegemann, Muslime in Deutschland, Freiburg/Basel/Wien, 3. Aufl. 2002
Bassam Tibi, Der wahre Imam. Der Islam von Mohammed bis zur Gegenwart, München/Zürich, 2. Aufl. 2002
Bassam Tibi, Im Schatten Allahs. Der Islam und die Menschenrechte, Stuttgart 1996
Gustav Weil, Historisch-kritische Einleitung in den Koran, Bielefeld 1844; 2. Aufl. Leipzig 1872
Arent Jan Wensinck und Johan P. Mensing, Concordance et Indices de la Tradition musulmane, 8 Bde., Leiden 1936–1988
Hans Zirker, Der Koran. Zugänge und Lesarten, Darmstadt 1999